COLLECTION PARCOURS D'UNE ŒUVRE
Sous la direction de Michel Laurin

ÉCRIVAINS DES LUMIÈRES

CHAMFORT
ANDRÉ CHÉNIER
DENIS DIDEROT
MONTESQUIEU
JEAN-JACQUES ROUSSEAU
SADE
VOLTAIRE

Choix de textes

ÉDITION PRÉSENTÉE, ANNOTÉE ET COMMENTÉE

PAR

CLAUDE GONTHIER
ENSEIGNANT AU CÉGEP DE SAINT-LAURENT

livre premier

Écrivains des Lumières
Choix de textes
Édition présentée, annotée et commentée par Claude Gonthier
Collection « Parcours d'une œuvre » sous la direction
de Michel Laurin
© 2005   Groupe Beauchemin, éditeur ltée
          3281, avenue Jean-Béraud
          Laval (Québec) H7T 2L2
          Téléphone : (514) 334-5912
                       1 800 361-4504
          Télécopieur : (450) 688-6269
          www.beaucheminediteur.com

Nous reconnaissons l'aide financière du gouvernement du Canada
par l'entremise du Programme d'aide au développement de l'industrie
de l'édition (PADIÉ) pour nos activités d'édition.

ISBN : 2-7616-2574-9

Dépôt légal : 2ᵉ trimestre 2005
Bibliothèque nationale du Québec   Imprimé au Canada
Bibliothèque et Archives du Canada   1 2 3 4 5   09 08 07 06 05

Supervision éditoriale : Élise Bergeron
Charge de projet : Louise Perreault et Danièle Bellehumeur
Production : Maryse Quesnel
Révision linguistique : Manuela Giroux
Correction d'épreuves : Renée Bédard
Conception graphique : Martin Dufour, a.r.c.
Conception et réalisation de la couverture : Christine Dufour
Typographie et retouche des illustrations : Pénéga communication inc.
Impression : Imprimeries Transcontinental inc.

Table des matières

Remerciements

L'auteur tient à remercier chaleureusement Mme Sophie Gagnon pour sa générosité, M. Bernard Meney pour son aide inestimable et Mme Élise Bergeron pour sa supervision toujours aussi attentive et humaine.

La Liberté ou la Mort.

TABLEAU DE JEAN-BAPTISTE REGNAULT, 1795.
Kunsthalle, Hambourg.

Un idéal de fraternité, de tolérance et de justice

Au XVIIIe siècle, la pensée philosophique se déploie dans des registres et des systèmes fort différents. Pourtant, un point commun anime les philosophes : permettre à l'humanité de vivre selon une conscience plus aiguë des enjeux moraux, sociaux et politiques. En suggérant de modifier en profondeur la conduite morale des individus, Montesquieu, Voltaire, Diderot et Rousseau sapent l'ordre établi parce qu'ils invitent tous les hommes à revendiquer plus de liberté. Ils remettent en question les préjugés, les conventions et les actes de foi qui, depuis des siècles, maintiennent le peuple dans l'ignorance et l'asservissement. Pour ces libres penseurs, le temps est venu de secouer le joug des puissants et de favoriser l'accession de tous au bonheur et à la dignité humaine.

Pendant le Siècle des Lumières, le message philosophique est entendu, et plusieurs nations, en se dotant d'une démocratie, assouplissent leurs lois et font preuve de tolérance. Mais les régimes démocratiques peinent à se maintenir au pouvoir, et l'imparfaite réalité des gouvernements conduit parfois à la tyrannie. Chénier, Chamfort et Sade ont connu des temps où l'abus de pouvoir menaçait la liberté d'expression. Ils ont constaté combien l'homme se complaît dans l'abjecte exploitation ouvrière, dans la sottise du fanatisme et dans la bassesse du racisme, combien son individualisme forcené impose son plaisir, même aux dépens d'autrui. En somme, les Lumières jettent les bases d'un monde meilleur, sans parvenir à contrer les imperfections de la bête humaine. Elles proposent néanmoins un idéal de fraternité, de tolérance et de justice, aujourd'hui encore vivace dans le cœur de tous les hommes de bonne volonté.

Page de titre de l'édition originale d'Amsterdam
des *Lettres persanes*.

LETTRES PERSANES (EXTRAITS)

LETTRE 24

RICA à IBBEN, à Smyrne.

Nous sommes à Paris depuis un mois, et nous avons toujours été dans un mouvement continuel. Il faut bien des affaires avant qu'on soit logé, qu'on ait trouvé les gens à qui on est adressé, et qu'on se soit pourvu des choses nécessaires, qui manquent 5 toutes à la fois.

Paris est aussi grand qu'Ispahan[1]. Les maisons y sont si hautes qu'on jurerait qu'elles ne sont habitées que par des astrologues. Tu juges bien qu'une ville bâtie en l'air, qui a six ou sept maisons les unes sur les autres, est extrêmement 10 peuplée, et que, quand tout le monde est descendu dans la rue, il s'y fait un bel embarras.

Tu ne le croirais pas peut-être : depuis un mois que je suis ici, je n'y ai encore vu marcher personne. Il n'y a point de gens au monde qui tirent mieux parti de leur machine que 15 les Français : ils courent ; ils volent. Les voitures lentes d'Asie, le pas réglé de nos chameaux, les feraient tomber en syncope. Pour moi, qui ne suis point fait à ce train, et qui vais souvent à pied sans changer d'allure, j'enrage quelquefois comme un chrétien : car encore passe qu'on m'éclabousse depuis les 20 pieds jusqu'à la tête ; mais je ne puis pardonner les coups de coude que je reçois régulièrement et périodiquement. Un homme qui vient après moi, et qui me passe[2], me fait faire un demi-tour, et un autre, qui me croise de l'autre côté, me remet soudain où le premier m'avait pris ; et je n'ai pas fait 25 cent pas, que je suis plus brisé que si j'avais fait dix lieues.

---

1   *Paris est aussi grand qu'Ispahan* : Paris compte 700 000 habitants en 1713. Ispahan, capitale de la Perse au XVIIIe siècle, est aussi populeuse à la même époque. La Perse est l'actuel Iran dont la capitale est Téhéran. Ispahan est devenue une ville de province d'environ 350 000 habitants.

2   *me passe* : me dépasse.

Ne crois pas que je puisse, quant à présent[1], te parler à fond des mœurs et des coutumes européennes : je n'en ai moi-même qu'une légère idée, et je n'ai eu à peine que le temps de m'étonner.

30   Le roi de France est le plus puissant prince de l'Europe. Il n'a point de mines d'or comme le roi d'Espagne[2], son voisin ; mais il a plus de richesses que lui, parce qu'il les tire de la vanité de ses sujets, plus inépuisable que les mines. On lui a vu entreprendre ou soutenir de grandes guerres, n'ayant

35   d'autres fonds que des titres d'honneur à vendre[3], et, par un prodige de l'orgueil humain, ses troupes se trouvaient payées, ses places munies[4], et ses flottes équipées.

D'ailleurs ce roi est un grand magicien : il exerce son empire sur l'esprit même de ses sujets ; il les fait penser

40   comme il veut. S'il n'a qu'un million d'écus dans son trésor, et qu'il en ait besoin de deux, il n'a qu'à leur persuader qu'un écu en vaut deux, et ils le croient[5]. S'il a une guerre difficile à soutenir, et qu'il n'ait point d'argent, il n'a qu'à leur mettre dans la tête qu'un morceau de papier[6] est de l'ar-

45   gent, et ils en sont aussitôt convaincus. Il va même jusqu'à leur faire croire qu'il les guérit de toutes sortes de maux en les touchant[7], tant est grande la force et la puissance qu'il a sur les esprits.

---

1   *quant à présent* : présentement, aujourd'hui.

2   *mines d'or comme le roi d'Espagne* : l'or provient du Pérou, possession coloniale espagnole au XVIIIᵉ siècle.

3   *titres d'honneur à vendre* : à partir de 1689, la couronne de France vend des titres pour rembourser des créances en souffrance.

4   *ses places munies* : ses places fortifiées dotées de canons et de soldats.

5   *qu'un écu en vaut deux, et ils le croient* : allusion aux fréquentes variations de la valeur de l'argent à la fin du règne de Louis XIV.

6   *morceau de papier* : le premier billet papier-monnaie émis par le Trésor de France en 1701 devient courant vers 1706 pour rembourser les créanciers de l'État qui ne peut plus honorer ses dettes avec de la monnaie de métal.

7   *il les guérit de toutes sortes de maux en les touchant* : les dons de guérisseur du roi demeurent l'une des superstitions les plus habilement entretenues auprès du peuple par le pouvoir.

Ce que je te dis de ce prince ne doit pas t'étonner : il y a
50 un autre magicien plus fort que lui, qui n'est pas moins
maître de son esprit qu'il l'est lui-même de celui des autres.
Ce magicien s'appelle *le Pape*. Tantôt il lui fait croire que
trois ne sont qu'un[1], que le pain qu'on mange n'est pas du
pain, ou que le vin qu'on boit n'est pas du vin[2], et mille
55 autres choses de cette espèce.

Et, pour le tenir toujours en haleine et ne point lui laisser
perdre l'habitude de croire, il lui donne de temps en temps,
pour l'exercer, de certains[3] articles de croyance. Il y a deux
ans qu'il lui envoya un grand écrit, qu'il appela
60 *Constitution*[4], et voulut obliger, sous de grandes peines, ce
prince et ses sujets de croire tout ce qui y était contenu. Il
réussit à l'égard du prince, qui se soumit aussitôt et donna
l'exemple à ses sujets. Mais quelques-uns d'entre eux se
révoltèrent, et dirent qu'ils ne voulaient rien croire de tout
65 ce qui était dans cet écrit. Ce sont les femmes qui ont été les
motrices de toute cette révolte, qui divise toute la cour, tout
le royaume et toutes les familles. Cette Constitution leur
défend de lire un livre[5] que tous les chrétiens disent avoir été

1   *que trois ne sont qu'un* : allusion à la sainte Trinité. Dieu le Père, le Fils et le Saint-Esprit ne font qu'un seul Dieu.
2   *que le pain qu'on mange n'est pas du pain, ou que le vin qu'on boit n'est pas du vin* : allusion à l'eucharistie de la messe, quand le pain et le vin deviennent le corps et le sang du Christ sacrifié sur la croix pour laver les péchés des hommes.
3   *de certains* : certains.
4   *Constitution* : Il s'agit de la bulle *Unigenitus*. Une bulle est un document, émis par le pape, qui contient des lois morales auxquelles doivent se conformer les croyants sous peine d'excommunication. En 1713, la bulle *Unigenitus* condamne la doctrine des jansénistes, sorte de secte religieuse que Louis XIV voulait faire disparaître. C'est à la demande du roi que le pape Clément XI publie cette bulle qui confirme en outre que les femmes doivent s'abstenir de lire la Bible, dont la signification sacrée devrait leur être communiquée par des hommes. La contestation qui s'en suivit constitue la première opposition historique de l'opinion publique française à un ordre du pape. Montesquieu fait ici une erreur chronologique puisqu'il date la lettre de Rica de 1712, soit un an avant la promulgation de la bulle, à moins qu'il l'ait fait intentionnellement pour se protéger des attaques dont il aurait pu faire l'objet.
5   *un livre* : la Bible. Voir la note précédente.

apporté du ciel : c'est proprement leur Alcoran[1]. Les
70 femmes, indignées de l'outrage fait à leur sexe, soulèvent
tout contre la Constitution : elles ont mis les hommes de
leur parti, qui, dans cette occasion, ne veulent point avoir de
privilège. On doit pourtant avouer que ce moufti[2] ne raisonne pas mal, et, par le grand Hali[3], il faut qu'il ait été ins-
75 truit des principes de notre sainte loi. Car, puisque les
femmes sont d'une création inférieure à la nôtre, et que nos
prophètes nous disent qu'elles n'entreront point dans le
paradis, pourquoi faut-il qu'elles se mêlent de lire un livre
qui n'est fait que pour apprendre le chemin du paradis ?

80   J'ai ouï[4] raconter du roi des choses qui tiennent du prodige,
et je ne doute pas que tu ne balances[5] à les croire.

    On dit que, pendant qu'il faisait la guerre à ses voisins,
qui s'étaient tous ligués contre lui[6], il avait dans son
royaume un nombre innombrable d'ennemis invisibles[7] qui
85 l'entouraient. On ajoute qu'il les a cherchés pendant plus de
trente ans, et que, malgré les soins infatigables de certains
dervis[8] qui ont sa confiance, il n'en a pu trouver un seul. Ils
vivent avec lui : ils sont à sa cour, dans sa capitale, dans ses
troupes, dans ses tribunaux ; et cependant on dit qu'il aura
90 le chagrin de mourir sans les avoir trouvés. On dirait qu'ils
existent en général, et qu'ils ne sont plus rien en particulier :

---

1   *Alcoran* : Le Coran, livre sacré de la religion musulmane. *Al* est l'équivalent en
    arabe de l'article « le ».
2   *moufti* : dirigeant, chef religieux, législateur spirituel. Rica nomme ainsi le pape
    de Rome.
3   *le grand Hali* : gendre de Mahomet et fondateur d'un dogme issu du culte musul-
    man et adopté par la Perse comme religion officielle.
4   *ouï* : entendu.
5   *balances* : hésites.
6   *tous ligués contre lui* : la guerre de Succession d'Autriche voit l'Espagne,
    l'Angleterre, les principautés allemandes, la Hollande, le Danemark et l'Autriche
    unir leurs forces contre la France.
7   *ennemis invisibles* : les jansénistes.
8   *dervis* : moines, religieux. Ceux qui ont ici la confiance de Louis XIV sont ses
    confesseurs jésuites qui attisèrent la persécution royale contre les jansénistes.

c'est un corps, mais point de membres. Sans doute que le ciel veut punir ce prince de n'avoir pas été assez modéré envers les ennemis qu'il a vaincus[1], puisqu'il lui en donne
95 d'invisibles, et dont le génie et le destin sont au-dessus du sien.

Je continuerai à t'écrire, et je t'apprendrai des choses bien éloignées du caractère et du génie persan. C'est bien la même terre qui nous porte tous deux ; mais les hommes du
100 pays où je vis, et ceux du pays où tu es, sont des hommes bien différents.

De Paris, le 4 de la lune de Rébiab[2], 2, 1712.

LETTRE 30
RICA au même, à Smyrne.

Les habitants de Paris sont d'une curiosité qui va jusqu'à l'extravagance. Lorsque j'arrivai, je fus regardé comme si
105 j'avais été envoyé du ciel : vieillards, hommes, femmes, enfants, tous voulaient me voir. Si je sortais, tout le monde se mettait aux fenêtres ; si j'étais aux Tuileries[3], je voyais aussitôt un cercle se former autour de moi ; les femmes mêmes faisaient un arc-en-ciel nuancé de mille couleurs, qui m'en-
110 tourait. Si j'étais aux spectacles, je voyais aussitôt cent lorgnettes dressées contre ma figure : enfin jamais homme n'a tant été vu que moi. Je souriais quelquefois d'entendre des gens qui n'étaient presque jamais sortis de leur chambre, qui disaient entre eux : « Il faut avouer qu'il a l'air bien persan. »
115 Chose admirable ! Je trouvais de mes portraits partout ; je me voyais multiplié dans toutes les boutiques, sur toutes les cheminées, tant on craignait de ne m'avoir pas assez vu.

Tant d'honneurs ne laissent pas d'être à la charge[4] : je ne

---

1 *les ennemis qu'il a vaincus* : allusion à la destruction, en 1710, sur l'ordre de Louis XIV, du couvent de Port-Royal, haut lieu des jansénistes.

2 *Rébiab* : correspond au mois de juin.

3 *Tuileries* : jardin et promenade situés dans le prolongement du château du Louvre à Paris.

4 *ne laissent pas d'être à la charge* : ne manquent pas d'être lourds à porter, d'être un poids psychologique.

me croyais pas un homme si curieux et si rare ; et quoique
120 j'aie très bonne opinion de moi, je ne me serais jamais ima-
giné que je dusse troubler le repos d'une grande ville où je
n'étais point connu. Cela me fit résoudre à quitter l'habit persan, et à en endosser un à l'européenne, pour voir s'il resterait
encore dans ma physionomie quelque chose d'admirable. Cet
125 essai me fit connaître ce que je valais réellement. Libre de tous
les ornements étrangers, je me vis apprécié au plus juste. J'eus
sujet de me plaindre de mon tailleur, qui m'avait fait perdre
en un instant l'attention et l'estime publique ; car j'entrai tout
à coup dans un néant affreux. Je demeurais quelquefois une
130 heure dans une compagnie sans qu'on m'eût regardé, et
qu'on m'eût mis en occasion[1] d'ouvrir la bouche ; mais, si
quelqu'un par hasard apprenait à la compagnie que j'étais
Persan, j'entendais aussitôt autour de moi un bourdonne-
ment : « Ah ! ah ! Monsieur est Persan ? C'est une chose bien
135 extraordinaire ! Comment peut-on être Persan ? »

De Paris, le 6 de la lune de Chalval[2], 1712.

LETTRE 38
RICA à IBBEN, à Smyrne.

C'est une grande question parmi les hommes de savoir
s'il est plus avantageux d'ôter aux femmes la liberté que de
la leur laisser. Il me semble qu'il y a bien des raisons pour et
140 contre. Si les Européens disent qu'il n'y a pas de générosité
à rendre malheureuses les personnes que l'on aime, nos
Asiatiques répondent qu'il y a de la bassesse aux hommes de
renoncer à l'empire que la nature leur a donné sur les
femmes. Si on leur dit que le grand nombre des femmes
145 enfermées est embarrassant, ils répondent que dix femmes

---

1   *mis en occasion* : donné l'occasion.
2   *Chalval* : correspond au mois de décembre.

qui obéissent embarrassent moins qu'une qui n'obéit pas.
Que s'ils objectent à leur tour que les Européens ne sauraient être heureux avec des femmes qui ne leur sont pas
fidèles, on leur répond que cette fidélité qu'ils vantent tant
150 n'empêche pas le dégoût qui suit toujours les passions satis-
faites; que nos femmes sont trop à nous; qu'une possession
si tranquille ne nous laisse rien à désirer ni à craindre;
qu'un peu de coquetterie est un sel qui pique et prévient la
corruption. Peut-être qu'un homme plus sage que moi
155 serait embarrassé de décider: car, si les Asiatiques font fort
bien de chercher des moyens propres à calmer leurs inquié-
tudes, les Européens font fort bien aussi de n'en point avoir.

« Après tout, disent-ils, quand nous serions malheureux
en qualité de maris, nous trouverions toujours moyen de
160 nous dédommager en qualité d'amants. Pour qu'un homme
pût se plaindre avec raison de l'infidélité de sa femme, il faudrait qu'il n'y eût que trois personnes dans le monde; ils
seront toujours à but[1] quand il y en aura quatre.»

C'est une autre question de savoir si la loi naturelle sou-
165 met les femmes aux hommes. «Non, me disait l'autre jour
un philosophe très galant[2]: la nature n'a jamais dicté une
telle loi; l'empire que nous avons sur elles est une véritable
tyrannie; elles ne nous l'ont laissé prendre que parce
qu'elles ont plus de douceur que nous, et par conséquent,
170 plus d'humanité et de raison: ces avantages, qui devaient
sans doute leur donner la supériorité si nous avions été raisonnables, la leur ont fait perdre, parce que nous ne le
sommes point. Or, s'il est vrai que nous n'avons sur les
femmes qu'un pouvoir tyrannique, il ne l'est pas moins
175 qu'elles ont sur nous un empire naturel, celui de la beauté,
à qui rien ne résiste. Le nôtre n'est pas de tous les pays; mais

---

1   *à but*: contentés, dédommagés.
2   *un philosophe très galant*: l'identité de ce philosophe demeure incertaine. Est-ce
    Fontenelle, le chef de file des Modernes, comme plusieurs le prétendent?

celui de la beauté est universel. Pourquoi aurions-nous donc un privilège? Est-ce parce que nous sommes les plus forts? Mais c'est une véritable injustice. Nous employons toutes
180 sortes de moyens pour leur abattre le courage; les forces seraient égales, si l'éducation l'était aussi; éprouvons-les dans les talents que l'éducation n'a point affaiblis, et nous verrons si nous sommes si forts.»

Il faut l'avouer, quoique cela choque nos mœurs: chez les
185 peuples les plus polis, les femmes ont toujours eu de l'autorité sur leurs maris; elle fut établie par une loi chez les Égyptiens en l'honneur d'Isis[1] et chez les Babyloniens en l'honneur de Sémiramis[2]. On disait des Romains qu'ils commandaient à toutes les nations, mais qu'ils obéissaient à leurs femmes. Je ne
190 parle point des Sauromates[3], qui étaient véritablement dans la servitude du sexe[4]; ils étaient trop barbares pour que leur exemple puisse être cité.

Tu verras, mon cher Ibben, que j'ai pris le goût de ce pays-ci, où l'on aime à soutenir des opinions extraordi-
195 naires et à réduire tout en paradoxe. Le prophète a décidé la question, et a réglé les droits de l'un et de l'autre sexe. «Les femmes, dit-il, doivent honorer leurs maris: leurs maris les doivent honorer; mais ils ont l'avantage d'un degré sur elles[5].»

200 *De Paris, le 26 de la lune de Gemmadi[6], 2, 1713.*

---

1   *Isis*: divinité féminine égyptienne dont les pouvoirs dépassent ceux mêmes de Rê, le puissant dieu-soleil, dans les légendes du cycle d'Osiris.

2   *Sémiramis*: reine légendaire de Babylonie; elle aurait mené avec succès ses troupes au combat.

3   *Sauromates*: peuple nomade installé dans la steppe de la Volga, dans le Caucase et au nord de la mer Noire. Leurs femmes, fières écuyères et agressives combattantes, participaient à toutes les guerres et seraient à l'origine de la légende des amazones.

4   *la servitude du sexe*: la servitude du sexe (faible), des femmes. Les Sauromates avaient la réputation d'être dominés au foyer par leurs épouses. Une fille ne se mariait qu'après avoir tué au moins un homme à la guerre.

5   Citation du *Coran*, II, 228.

6   *Gemmadi*: correspond au mois d'août.

LETTRE 46
USBEK à RHÉDI, à Venise.

Je vois ici des gens qui disputent sans fin sur la religion, mais il semble qu'ils combattent en même temps à qui l'observera le moins.

205 Non seulement ils ne sont pas meilleurs chrétiens, mais même meilleurs citoyens; et c'est ce qui me touche: car, dans quelque religion qu'on vive, l'observation des lois, l'amour pour les hommes, la piété envers les parents, sont toujours les premiers actes de religion.

En effet, le premier objet[1] d'un homme religieux ne doit-il 210 pas être de plaire à la divinité qui a établi la religion qu'il professe? Mais le moyen le plus sûr pour y parvenir est sans doute d'observer les règles de la société et les devoirs de l'humanité. Car, en quelque religion qu'on vive, dès qu'on en suppose une, il faut bien que l'on suppose aussi que Dieu aime les hommes, 215 puisqu'il établit une religion pour les rendre heureux; que s'il aime les hommes, on est sûr de lui plaire en les aimant aussi, c'est-à-dire en exerçant envers eux tous les devoirs de la charité et de l'humanité, en ne violant point les lois sous lesquelles ils vivent.

220 On est bien plus sûr par là de plaire à Dieu qu'en observant telle ou telle cérémonie; car les cérémonies n'ont point un degré de bonté par elles-mêmes; elles ne sont bonnes qu'avec égard, et dans la supposition que Dieu les a commandées; mais c'est la matière d'une grande discussion: on 225 peut facilement s'y tromper, car il faut choisir les cérémonies d'une religion entre celles de deux mille.

Un homme faisait tous les jours à Dieu cette prière: «Seigneur, je n'entends[2] rien dans les disputes que l'on fait sans cesse à votre sujet; je voudrais vous servir selon votre 230 volonté; mais chaque homme que je consulte veut que je vous

---

1 *objet*: ici, préoccupation, intérêt, but.
2 *entends*: comprends.

serve à la sienne. Lorsque je veux vous faire ma prière, je ne sais en quelle langue je dois vous parler. Je ne sais pas non plus en quelle posture je dois me mettre : l'un dit que je dois vous prier debout ; l'autre veut que je sois assis ; l'autre exige que
235 mon corps porte sur mes genoux. Ce n'est pas tout : il y en a qui prétendent que je dois me laver tous les matins avec de l'eau froide ; d'autres soutiennent que vous me regarderez avec horreur, si je ne me fais pas couper un petit morceau de chair. Il m'arriva l'autre jour de manger un lapin dans un caravan-
240 sérail[1] : trois hommes qui étaient auprès de là me firent trembler ; ils me soutinrent tous trois que je vous avais grièvement offensé : l'un[2], parce que cet animal était immonde ; l'autre[3], parce qu'il était étouffé ; l'autre enfin[4], parce qu'il n'était pas un poisson[5]. Un brachmane[6] qui passait par là, et que je pris pour
245 juge, me dit : « Ils ont tort, car apparemment vous n'avez pas tué vous-même cet animal. – Si fait, lui dis-je. – Ah ! vous avez commis une action abominable, et que Dieu ne vous pardonnera jamais, me dit-il d'une voix sévère : que savez-vous si l'âme de votre père n'était pas passée dans cette bête ? » Toutes
250 ces choses, Seigneur, me jettent dans un embarras inconcevable : je ne puis remuer la tête que je ne sois menacé de vous offenser ; cependant je voudrais vous plaire, et employer à cela ma vie que je tiens de vous. Je ne sais si je me trompe ; mais je crois que le meilleur moyen pour y parvenir est de vivre en
255 bon citoyen dans la société où vous m'avez fait naître, et en bon père dans la famille que vous m'avez donnée. »

De Paris, le 8 de la lune de Chahban[7], 1713.

---

1   *caravansérail* : hôtellerie, auberge servant de lieu de repos pour les caravanes.

2   *l'un* : un Juif. (Note de Montesquieu.)

3   *l'autre* : un Turc. (Note de Montesquieu.)

4   *l'autre enfin* : un Arménien. (Note de Montesquieu.)

5   *parce qu'il n'était pas un poisson* : erreur de Montesquieu. La religion des Arméniens ignore en effet cette interdiction.

6   *Brachman* : aussi appelé brahmane. Prêtre de la religion brahmanique.

7   *Chahban* : correspond au mois d'octobre.

LETTRE 52
RICA à USBEK, à ***.

J'étais l'autre jour dans une société[1] où je me divertis
assez bien. Il y avait là des femmes de tous les âges : une de
260 quatre-vingts ans, une de soixante, une de quarante,
laquelle avait une nièce qui pouvait en avoir vingt ou vingt-
deux. Un certain instinct me fit approcher de cette dernière,
et elle me dit à l'oreille : «Que dites-vous de ma tante, qui à
son âge veut avoir des amants, et fait la jolie ? – Elle a tort,
265 lui dis-je : c'est un dessein[2] qui ne convient qu'à vous. » Un
moment après, je me trouvai auprès de sa tante, qui me dit :
« Que dites-vous de cette femme qui a pour le moins
soixante ans, qui a passé aujourd'hui plus d'une heure à sa
toilette ? – C'est du temps perdu, lui dis-je ; et il faut avoir
270 vos charmes pour devoir y songer. » J'allai à cette malheureuse femme de soixante ans, et la plaignais dans mon âme,
lorsqu'elle me dit à l'oreille : « Y a-t-il rien de si ridicule ?
Voyez-vous cette femme qui a quatre-vingts ans, et qui met
des rubans couleur de feu ; elle veut faire la jeune, et elle y
275 réussit : car cela approche de l'enfance. » Ah ! bon Dieu, dis-
je en moi-même, ne sentirons-nous jamais que le ridicule
des autres ? C'est peut-être un bonheur, disais-je ensuite,
que nous trouvions de la consolation dans les faiblesses
d'autrui. Cependant j'étais en train de me divertir, et je dis[3] :
280 nous avons assez monté, descendons à présent, et commen-
çons par la vieille qui est au sommet. « Madame, vous vous
ressemblez si fort, cette dame à qui je viens de parler et vous,
qu'il semble que vous soyez deux sœurs ; et je ne crois pas
que vous soyez plus âgées l'une que l'autre. – Eh ! vraiment,
285 monsieur, me dit-elle, lorsque l'une mourra, l'autre devra
avoir grand'peur : je ne crois pas qu'il y ait d'elle à moi deux

---

1 *société* : ici, réunion de gens de qualité, assemblée mondaine.
2 *dessein* : projet, objectif, but.
3 *je dis* : je me dis.

jours de différence.» Quand je tins cette femme décrépite[1],
j'allai à celle de soixante ans : «Il faut, madame, que vous
décidiez un pari que j'ai fait ; j'ai gagé que cette femme et
290 vous (lui montrant la femme de quarante ans) étiez de
même âge. – Ma foi, dit-elle, je ne crois pas qu'il y ait six
mois de différence.» Bon, m'y voilà ; continuons. Je descen-
dis encore, et j'allai à la femme de quarante ans. «Madame,
faites-moi la grâce de me dire si c'est pour rire que vous
295 appelez cette demoiselle, qui est à l'autre table, votre nièce ?
Vous êtes aussi jeune qu'elle ; elle a même quelque chose
dans le visage de passé, que vous n'avez certainement pas ;
et ces couleurs vives qui paraissent sur votre teint...
– Attendez, me dit-elle : je suis sa tante, mais sa mère avait
300 pour le moins vingt-cinq ans plus que moi[2] : nous n'étions
pas de même lit ; j'ai ouï dire à feu ma sœur[3] que sa fille et
moi naquîmes la même année. – Je le disais bien, madame,
et je n'avais pas tort d'être étonné.»

   Mon cher Usbek, les femmes qui se sentent finir d'avance par
305 la perte de leurs agréments voudraient reculer vers la jeunesse.
Eh ! comment ne chercheraient-elles pas à tromper les autres ?
elles font tous leurs efforts pour se tromper elles-mêmes, et
pour se dérober à la plus affligeante de toutes les idées.

De Paris, le 3 de la lune de Chalval[§], *1713.*

LETTRE 56
USBEK à IBBEN, à Smyrne.

310   Le jeu est très en usage en Europe : c'est un état que d'être
joueur ; ce seul titre tient lieu de naissance, de bien, de probité : il met tout homme qui le porte au rang des honnêtes

---

1   *Quand je tins cette femme décrépite* : quand j'eus acquis la confiance et saisi les
    propos que tenait cette vieille femme.

2   *vingt-cinq ans plus que moi* : vingt-cinq ans de plus que moi.

3   *feu ma sœur* : ma sœur décédée.

gens, sans examen; quoiqu'il n'y ait personne qui ne sache qu'en jugeant ainsi il s'est trompé très souvent: mais on est
315 convenu d'être incorrigible.

Les femmes y sont surtout très adonnées; il est vrai qu'elles ne s'y livrent guère dans leur jeunesse que pour favoriser une passion plus chère; mais, à mesure qu'elles vieillissent, leur passion pour le jeu semble rajeunir, et cette
320 passion remplit tout le vide des autres.

Elles veulent ruiner leurs maris; et pour y parvenir, elles ont des moyens pour tous les âges, depuis leur plus tendre jeunesse jusqu'à la vieillesse la plus décrépite: les habits et les équipages commencent le dérangement, la coquetterie l'aug-
325 mente, le jeu l'achève.

J'ai vu souvent neuf ou dix femmes, ou plutôt neuf ou dix siècles, rangées autour d'une table; je les ai vues dans leurs espérances, dans leurs craintes, dans leurs joies, surtout dans leurs fureurs: tu aurais dit qu'elles n'auraient
330 jamais le temps de s'apaiser, et que la vie allait les quitter avant leur désespoir; tu aurais été en doute si ceux qu'elles payaient étaient leurs créanciers, ou leurs légataires.

Il semble que notre saint prophète ait eu principalement en vue de nous priver de tout ce qui peut troubler notre rai-
335 son: il nous a interdit l'usage du vin, qui la tient ensevelie; il nous a, par un précepte exprès, défendu les jeux de hasard; et quand il lui a été impossible d'ôter la cause des passions, il les a amorties. L'amour parmi nous ne porte ni trouble ni fureur: c'est une passion languissante qui laisse
340 notre âme dans le calme; la pluralité des femmes nous sauve de leur empire; elle tempère la violence de nos désirs.

De Paris, le 18 de la lune de Zilhagé[1], 1714.

---

1   *Zilhagé :* correspond au mois de février.

LETTRE 76

USBEK à son ami IBBEN, à Smyrne.

Les lois sont furieuses en Europe contre ceux qui se tuent eux-mêmes : on les fait mourir, pour ainsi dire, une seconde fois ; ils sont traînés indignement par les rues ; on les note d'infamie ; on confisque leurs biens.

Il me paraît, Ibben, que ces lois sont bien injustes. Quand je suis accablé de douleur, de misère, de mépris, pourquoi veut-on m'empêcher de mettre fin à mes peines, et me priver cruellement d'un remède qui est en mes mains ?

Pourquoi veut-on que je travaille pour une société, dont je consens de n'être plus ? que je tienne, malgré moi, une convention qui s'est faite sans moi ? La société est fondée sur un avantage mutuel : mais lorsqu'elle me devient onéreuse, qui m'empêche d'y renoncer ? La vie m'a été donnée comme une faveur ; je puis donc la rendre lorsqu'elle ne l'est plus : la cause cesse, l'effet doit donc cesser aussi.

Le prince veut-il que je sois son sujet quand je ne retire point les avantages de la sujétion ? Mes concitoyens peuvent-ils demander ce partage inique de leur utilité et de mon désespoir ? Dieu, différent de tous les bienfaiteurs, veut-il me condamner à recevoir des grâces qui m'accablent ?

Je suis obligé de suivre les lois quand je vis sous les lois : mais quand je n'y vis plus, peuvent-elles me lier encore ?

Mais, dira-t-on, vous troublez l'ordre de la Providence[1]. Dieu a uni votre âme avec votre corps ; et vous l'en séparez : vous vous opposez donc à ses desseins[§], et vous lui résistez.

Que veut dire cela ? Troublé-je l'ordre de la Providence, lorsque je change les modifications de la matière, et que je rends carrée une boule que les premières lois du mouvement, c'est-à-dire les lois de la création et de la conservation, avaient faite ronde ? Non, sans doute : je ne fais qu'user du droit qui m'a été donné ; et, en ce sens, je puis troubler à

---

1   *Providence* : destin assujetti à la volonté de Dieu.

ma fantaisie toute la nature, sans que l'on puisse dire que je
375 m'oppose à la Providence[§].

Lorsque mon âme sera séparée de mon corps, y aura-t-il moins d'ordre et moins d'arrangement dans l'univers? Croyez-vous que cette nouvelle combinaison soit moins parfaite, et moins dépendante des lois générales? que le monde y
380 ait perdu quelque chose? et que les ouvrages de Dieu soient moins grands, ou plutôt moins immenses?

Croyez-vous que mon corps, devenu un épi de blé, un ver, un gazon, soit changé en un ouvrage de la nature moins digne d'elle, et que mon âme, dégagée de tout ce qu'elle
385 avait de terrestre, soit devenue moins sublime?

Toutes ces idées, mon cher Ibben, n'ont d'autre source que notre orgueil: nous ne sentons point notre petitesse; et, malgré qu'on en ait, nous voulons être comptés dans l'univers, y figurer, et y être un objet[1] important. Nous nous ima-
390 ginons que l'anéantissement d'un être aussi parfait que nous dégraderait toute la nature; et nous ne concevons pas qu'un homme de plus ou de moins dans le monde, que dis-je? tous les hommes ensemble, cent millions de têtes comme la nôtre, ne sont qu'un atome subtil et délié que Dieu n'aperçoit qu'à
395 cause de l'immensité de ses connaissances.

De Paris, le 15 de la lune de Saphar[2], 1715.

LETTRE 99
RICA À RHÉDI, à Venise.

Je trouve les caprices de la mode, chez les Français, étonnants. Ils ont oublié comment ils étaient habillés cet été; ils ignorent encore plus comment ils le seront cet hiver: mais surtout on ne
400 saurait croire combien il en coûte à un mari pour mettre sa femme à la mode.

---

1   *objet*: ici, personne, sujet
2   *Saphar*: correspond au mois d'avril.

Que me servirait de te faire une description exacte de leur habillement et de leurs parures? Une mode nouvelle viendrait détruire tout mon ouvrage, comme celui de leurs ouvriers; et, 405 avant que tu eusses reçu ma lettre, tout serait changé.

Une femme qui quitte Paris pour aller passer six mois à la campagne en revient aussi antique que si elle s'y était oubliée trente ans. Le fils méconnaît le portrait de sa mère, tant l'habit avec lequel elle est peinte lui paraît étranger; il s'imagine que 410 c'est quelque Américaine[1] qui y est représentée, ou que le peintre a voulu exprimer quelqu'une de ses fantaisies.

Quelquefois les coiffures montent insensiblement; et une révolution les fait descendre tout à coup. Il a été un temps que leur hauteur immense mettait le visage d'une femme au milieu 415 d'elle-même: dans un autre, c'était les pieds qui occupaient cette place; les talons faisaient un piédestal, qui les tenait en l'air. Qui pourrait le croire? Les architectes ont été souvent obligés de hausser, de baisser et d'élargir leurs portes, selon que les parures des femmes exigeaient d'eux ce changement; et les règles de 420 leur art ont été asservies à ces fantaisies. On voit quelquefois sur un visage une quantité prodigieuse de mouches, et elles disparaissent toutes le lendemain. Autrefois les femmes avaient de la taille, et des dents; aujourd'hui, il n'en est pas question. Dans cette changeante nation, quoi qu'en dise le critique, les filles se 425 trouvent autrement faites que leurs mères.

Il en est des manières et de la façon de vivre comme des modes: les Français changent de mœurs selon l'âge de leur roi. Le monarque pourrait même parvenir à rendre la nation grave, s'il l'avait entrepris. Le prince imprime le caractère de son esprit 430 à la cour; la cour, à la ville; la ville, aux provinces. L'âme du souverain est un moule qui donne la forme à toutes les autres.

De Paris, le 8 de la lune de Saphar[§], 1717.

Secondat de montesquieu

---

1   *Américaine*: Amérindienne.

Mlle Glavani en costume turc (détail).

Peinture de Jean-Étienne Liotard, 1740.
Musée du Louvre, Paris.

OEUVRES

DE

M. DE VOLTAIRE.

NOUVELLE EDITION,

Revuë, corrigée, augmentée par l'Auteur ; & enrichie de Figures en Taille-douce.

TOME PREMIER.

L'ESPERANCE ME GUIDE.

A AMSTERDAM,

Chez ESTIENNE LEDET.

MDCCXXXII.

Première de couverture des *Œuvres* de M. de Voltaire.
ÉDITION ESTIENNE LEDET, AMSTERDAM, 1732.

L'ÉDUCATION D'UNE FILLE

Mes amis, l'hiver dure, et ma plus douce étude
Est de vous raconter les faits des temps passés.
Parlons ce soir un peu de Madame Gertrude.
Je n'ai jamais connu de plus aimable prude[1] :
5   Par trente-six printemps sur sa tête amassés
Ses modestes appas[2] n'étaient point effacés.
Son maintien était sage, et n'avait rien de rude ;
Ses yeux étaient charmants, mais ils étaient baissés.
Sur sa gorge[3] d'albâtre[4], une gaze étendue
10 Avec un art discret en permettait la vue.
L'industrieux pinceau d'un carmin[5] délicat,
D'un visage arrondi relevant l'incarnat[6],
Embellissait ses traits sans outrer la nature ;
Moins elle avait d'apprêt[7], plus elle avait d'éclat :
15 La simple propreté composait sa parure.
Toujours sur sa toilette[8] est la Sainte Écriture :
Auprès d'un pot de rouge on voit un Massillon[9]
Et le petit Carême[10] est surtout sa lecture ;
Mais ce qui nous charmait dans sa dévotion[11],
20 C'est qu'elle était toujours aux femmes indulgente :
Gertrude était dévote[12], et non pas médisante[13].
Elle avait une fille ; un dix avec un sept

---

1   *prude* : femme pudique, vertueuse et austère.
2   *appas* : attraits physiques d'une femme.
3   *gorge* : poitrine féminine, seins.
4   *d'albâtre* : d'un blanc aussi pur que le gypse de ce nom.
5   *carmin* : rouge vif.
6   *incarnat* : rouge clair.
7   *apprêt* : ici, maquillage.
8   *toilette* : table surmontée d'un miroir où se trouve le nécessaire de maquillage et de coiffure.
9   *Massillon* : prédicateur français (1663-1742), auteur de *Sermons*.
10 *petit Carême* : livre de sermons du Carême qui ne contient, à la différence du grand Carême, que ceux du dimanche.
11 *dévotion* : pratique sincère de la religion.
12 *dévote* : personne pieuse qui observe la pratique sincère de la religion.
13 *médisante* : qui colporte des commérages, dit du mal d'autrui.

Composait l'âge heureux de ce divin objet[1],
Qui depuis son baptême eut le nom d'Isabelle :
25 Plus fraîche que sa mère, elle était aussi belle.
À côté de Minerve[2] on eût cru voir Vénus[3].
Gertrude à l'élever prit des soins assidus.
Elle avait dérobé cette rose naissante
Au souffle empoisonné d'un monde dangereux :
30 Les conversations, les spectacles, les jeux,
Ennemis séduisants de toute âme innocente,
Vrais pièges du démon par les saints abhorrés[4],
Étaient dans la maison des plaisirs ignorés.
Gertrude en son logis avait un oratoire,
35 Un boudoir de dévote[5], où, pour se recueillir,
Elle allait saintement occuper son loisir,
Et faisait l'oraison qu'on dit jaculatoire[5].
Des meubles recherchés, commodes, précieux,
Ornaient cette retraite au public inconnue :
40 Un escalier secret loin des profanes yeux
Conduisait au jardin, du jardin dans la rue.
Vous savez qu'en été les ardeurs du soleil
Rendent souvent les nuits aux beaux jours préférables ;
La lune fait aimer ses rayons favorables ;
45 Les filles en ce temps goûtent[6] peu le sommeil.
Isabelle, inquiète, en secret agitée,
Et de ses dix-sept ans doucement tourmentée,
Respirait dans la nuit sous un ombrage frais,
En ignorait l'usage, et s'étendait auprès ;
50 Sans savoir l'admirer regardait la nature ;

---

1   *objet* : ici, personne digne d'amour. Le terme n'a aucun sens péjoratif au XVIIIe siècle.
2   *Minerve* : déesse mythologique du logis.
3   *Vénus* : déesse mythologique de l'amour.
4   *abhorrés* : détestés, rejetés avec horreur.
5   *oraison qu'on dit jaculatoire* : courte prière d'une ferveur religieuse intense.
6   *goûtent* : apprécient.

Puis se levait, allait, marchait à l'aventure,
Sans dessein§, sans objet§ qui pût l'intéresser,
Ne pensant point encore et cherchant à penser.
Elle entendit du bruit au boudoir de sa mère.
55 La curiosité l'aiguillonne à l'instant:
Elle ne soupçonnait nulle ombre de mystère;
Cependant elle hésite, elle approche en tremblant,
Posant sur l'escalier une jambe en avant,
Étendant une main, portant l'autre en arrière,
60 Le cou tendu, l'œil fixe, et le cœur palpitant,
D'une oreille attentive avec peine écoutant.
D'abord elle entendit un tendre et doux murmure,
Des mots entrecoupés, des soupirs languissants.
« Ma mère a du chagrin, dit-elle entre ses dents,
65 Et je dois partager les peines qu'elle endure. »
Elle approche; elle entend ces mots pleins de douceur:
« André, mon cher André, vous faites mon bonheur. »
Isabelle à ces mots pleinement se rassure.
« Ma tendresse, dit-elle, a pris trop de souci,
70 Ma mère est fort contente, et je dois l'être aussi. »
Isabelle, à la fin, dans son lit se retire,
Ne peut fermer les yeux, se tourmente et soupire:
« André fait des heureux ! et de quelle façon ?
Que ce talent est beau ! mais comment s'y prend-on ? »
75 Elle revit le jour avec inquiétude.
Son trouble fut d'abord aperçu par Gertrude.
Isabelle était simple, et sa naïveté
Laissa parler enfin sa curiosité.
« Quel est donc cet André, lui dit-elle, Madame,
80 Qui fait, à ce qu'on dit, le bonheur d'une femme ? »
Gertrude fut confuse : elle s'aperçut bien
Qu'elle était découverte, et n'en témoigna rien.
Elle se composa, puis répondit : « Ma fille,
Il faut avoir un saint pour toute une famille,
85 Et depuis quelque temps, j'ai choisi saint André,

Je lui suis très dévote[§] : il m'en sait fort bon gré ;
Je l'invoque en secret, j'implore ses lumières ;
Il m'apparaît souvent la nuit dans mes prières ;
C'est un des plus grands saints qui soient en paradis. »

90 À quelque temps de là, certain Monsieur Denis,
Jeune homme bien tourné, fut épris d'Isabelle.
Tout conspirait[1] pour lui, Denis fut aimé d'elle,
Et plus d'un rendez-vous confirma leur amour.
Gertrude en sentinelle entendit à son tour

95 Les belles oraisons[2], les antiennes[3] charmantes
Qu'Isabelle entonnait quand ses mains caressantes
Pressaient son tendre amant de plaisir enivré.
Gertrude les surprit, et se mit en colère.
La fille répondit : « Pardonnez-moi, ma mère,

100 J'ai choisi saint Denis, comme vous saint André. »
Gertrude dès ce jour, plus sage et plus heureuse,
Conservant son amant, et renonçant aux saints,
Quitta le vain projet de tromper les humains :
On ne les trompe point. La malice[4] envieuse

105 Porte sur votre masque un coup d'œil pénétrant ;
On vous devine mieux que vous ne savez feindre ;
Et le stérile honneur de toujours vous contraindre
Ne vaut pas le plaisir de vivre librement.
La charmante Isabelle, au monde présentée,

110 Se forma, s'embellit, fut en tous lieux goûtée[§].
Gertrude en sa maison rappela pour toujours
Les doux amusements, compagnons des amours[5] :
Les plus honnêtes gens y passèrent leur vie.
Il n'est jamais de mal en bonne compagnie.

---

1   *conspirait* : concourait.
2   *oraisons* : longs discours religieux.
3   *antiennes* : refrains d'un psaume, poèmes religieux de la Bible.
4   *malice* : méchanceté hypocrite.
5   *amours* : petits angelots, divinités païennes de l'amour.

JEANNOT ET COLIN

115   Plusieurs personnes dignes de foi ont vu Jeannot et Colin
à l'école dans la ville d'Issoire, en Auvergne[1], ville fameuse
dans tout l'univers par son collège et par ses chaudrons.
Jeannot était fils d'un marchand de mulets très renommé;
Colin devait le jour à un brave laboureur des environs, qui
120   cultivait la terre avec quatre mulets, et qui, après avoir payé
la taille, le taillon, les aides et gabelles, le sou pour livre, la
capitation, et les vingtièmes[2], ne se trouvait pas puissam-
ment riche au bout de l'année.

Jeannot et Colin étaient fort jolis pour des Auvergnats[3]; ils
125   s'aimaient beaucoup; et ils avaient ensemble de petites privautés[4], de petites familiarités, dont on se ressouvient toujours avec
agrément quand on se rencontre ensuite dans le monde.

Le temps de leurs études était sur le point de finir, quand
un tailleur apporta à Jeannot un habit de velours à trois
130   couleurs, avec une veste de Lyon[5] de fort bon goût; le tout
était accompagné d'une lettre à Monsieur de La Jeannotière.
Colin admira l'habit, et ne fut point jaloux; mais Jeannot
prit un air de supériorité qui affligea Colin. Dès ce moment
Jeannot n'étudia plus, se regarda au miroir, et méprisa tout
135   le monde. Quelque temps après un valet de chambre arrive
en poste[6], et apporte une seconde lettre à monsieur le mar-

---

1   *ville d'Issoire, en Auvergne*: petite localité d'une région agricole du cœur de la
France, en plein Massif central. La ville ne possède ni collège ni usine de chaudrons au temps de Voltaire.

2   *la taille, le taillon, les aides et gabelles, le sou pour livre, la capitation, et les vingtièmes*:
énumération de divers impôts et taxes que le paysan a toujours détesté payer.

3   *jolis pour des Auvergnats*: paysans trapus, les Auvergnats ont rarement la haute et
fine taille des aristocrates, valorisée par les canons de la beauté masculine du
XVIIIe siècle.

4   *privautés*: grossières libertés.

5   *Lyon*: importante ville de France, Lyon est le grand centre urbain le plus près
de l'Auvergne.

6   *en poste*: par la voiture ou chaise de la poste, sorte de diligence qui assure la distribution du courrier et transporte des voyageurs.

quis de La Jeannotière; c'était un ordre de monsieur son
père de faire venir monsieur son fils à Paris. Jeannot monta
en chaise[1] en tendant la main à Colin avec un sourire de
140 protection assez noble. Colin sentit son néant, et pleura.
Jeannot partit dans toute la pompe de sa gloire.

Les lecteurs qui aiment à s'instruire doivent savoir que
Monsieur Jeannot, le père, avait acquis assez rapidement des
biens immenses dans les affaires. Vous demandez comment
145 on fait ces grandes fortunes? C'est parce qu'on est heureux[2].
Monsieur Jeannot était bien fait, sa femme aussi, et elle avait
encore de la fraîcheur. Ils allèrent à Paris pour un procès qui
les ruinait, lorsque la fortune[3], qui élève et qui abaisse les
hommes à son gré, les présenta à la femme d'un entrepre-
150 neur des hôpitaux des armées, homme d'un grand talent, et
qui pouvait se vanter d'avoir tué plus de soldats en un an
que le canon n'en fait périr en dix. Jeannot plut à madame;
la femme de Jeannot plut à monsieur. Jeannot fut bientôt de
part dans l'entreprise; il entra dans d'autres affaires. Dès
155 qu'on est dans le fil de l'eau, il n'y a qu'à se laisser aller; on
fait sans peine une fortune immense. Les gredins, qui du
rivage vous regardent voguer à pleines voiles, ouvrent des
yeux étonnés; ils ne savent comment vous avez pu parvenir;
ils vous envient au hasard, et font contre vous des bro-
160 chures[4] que vous ne lisez point. C'est ce qui arriva à Jeannot
le père, qui fut bientôt Monsieur de La Jeannotière, et qui,
ayant acheté un marquisat au bout de six mois, retira de
l'école monsieur le marquis son fils, pour le mettre à Paris
dans le beau monde.

---

1 *chaise*: petite voiture tirée par des chevaux.
2 *qu'on est heureux*: qu'on a de la chance.
3 *fortune*: ici, chance, circonstance opportune.
4 *brochures*: écrits diffamatoires, souvent publiés sous le couvert de l'anonymat,
   qui attaquent la réputation d'hommes en vue.

165 Colin, toujours tendre, écrivit une lettre de compliments à
son ancien camarade, *et lui fit ces lignes pour le congratuler*[1].
Le petit marquis ne lui fit point de réponse : Colin en fut
malade de douleur.

Le père et la mère donnèrent d'abord un gouverneur[2] au
170 jeune marquis : ce gouverneur, qui était un homme du bel
air[3], et qui ne savait rien, ne put rien enseigner à son pupille.
Monsieur voulait que son fils apprît le latin, madame ne le
voulait pas. Ils prirent pour arbitre un auteur qui était
célèbre alors par des ouvrages agréables. Il fut prié à dîner.
175 Le maître de la maison commença par lui dire :

« Monsieur, comme vous savez le latin, et que vous êtes
un homme de la cour...

– Moi, monsieur, du latin ! je n'en sais pas un mot, répondit le bel esprit, et bien m'en a pris : il est clair qu'on parle
180 beaucoup mieux sa langue quand on ne partage pas son
application entre elle et les langues étrangères. Voyez toutes
nos dames, elles ont l'esprit plus agréable que les hommes ;
leurs lettres sont écrites avec cent fois plus de grâce ; elles
n'ont sur nous cette supériorité que parce qu'elles ne savent
185 pas le latin.

– Eh bien ! n'avais-je pas raison ? dit madame. Je veux que
mon fils soit un homme d'esprit, qu'il réussisse dans le
monde ; et vous voyez bien que, s'il savait le latin, il serait
perdu. Joue-t-on, s'il vous plaît, la comédie et l'opéra en
190 latin ? plaide-t-on en latin quand on a un procès ? fait-on
l'amour[4] en latin ? »

Monsieur, ébloui de ces raisons, passa condamnation, et il
fut conclu que le jeune marquis ne perdrait point son temps
à connaître Cicéron, Horace, et Virgile. Mais qu'apprendra-
195 t-il donc ? car encore faut-il qu'il sache quelque chose ; ne

1   Passage souligné par Voltaire.
2   *gouverneur* : enseignant.
3   *homme du bel air* : homme d'esprit.
4   *faire l'amour* : faire la cour, chanter la pomme à des femmes. Au XVIIIᵉ siècle,
    l'expression n'implique aucunement l'acte sexuel.

pourrait-on pas lui montrer un peu de géographie?

«À quoi cela lui servira-t-il? répondit le gouverneur.
Quand monsieur le marquis ira dans ses terres, les postillons
ne sauront-ils pas les chemins? ils ne l'égareront certaine-
200 ment pas. On n'a pas besoin d'un quart de cercle pour voyager, et on va très commodément de Paris en Auvergne, sans
qu'il soit besoin de savoir sous quelle latitude on se trouve.

– Vous avez raison, répliqua le père; mais j'ai entendu
parler d'une belle science qu'on appelle, je crois, l'astrono-
205 mie.

– Quelle pitié! repartit le gouverneur; se conduit-on par
les astres dans ce monde? et faudra-t-il que monsieur le
marquis se tue à calculer une éclipse, quand il la trouve à
point nommé dans l'almanach, qui lui enseigne de plus les
210 fêtes mobiles, l'âge de la lune, et celui de toutes les prin-
cesses de l'Europe?»

Madame fut entièrement de l'avis du gouverneur. Le petit
marquis était au comble de la joie; le père était très indécis.
«Que faudra-t-il donc apprendre à mon fils? disait-il.

215 – À être aimable, répondit l'ami que l'on consultait; et s'il
sait les moyens de plaire, il saura tout: c'est un art qu'il
apprendra chez madame sa mère, sans que ni l'un ni l'autre
se donnent la moindre peine.»

Madame, à ce discours, embrassa le gracieux ignorant, et
220 lui dit: «On voit bien, monsieur, que vous êtes l'homme du
monde le plus savant; mon fils vous devra toute son éducation: je m'imagine pourtant qu'il ne serait pas mal qu'il sût
un peu d'histoire.

– Hélas! madame, à quoi cela est-il bon? répondit-il; il
225 n'y a certainement d'agréable et d'utile que l'histoire du
jour. Toutes les histoires anciennes, comme le disait un de
nos beaux esprits[1], ne sont que des fables convenues; et
pour les modernes, c'est un chaos qu'on ne peut débrouiller.

---

1   *un de nos beaux esprits*: le philosophe Fontenelle dans *De l'origine des*
    fables (1724).

Qu'importe à monsieur votre fils que Charlemagne[1] ait institué
230   les douze pairs de France, et que son successeur ait été bègue[2] ?

– Rien n'est mieux dit ! s'écria le gouverneur : on étouffe
l'esprit des enfants sous un amas de connaissances inutiles ;
mais de toutes les sciences la plus absurde, à mon avis, et
celle qui est la plus capable d'étouffer toute espèce de génie,
235   c'est la géométrie. Cette science ridicule a pour objet[§] des
surfaces, des lignes, et des points, qui n'existent pas dans la
nature. On fait passer en esprit cent mille lignes courbes
entre un cercle et une ligne droite qui le touche, quoique
dans la réalité on n'y puisse pas passer un fétu[3]. La géomé-
240   trie, en vérité, n'est qu'une mauvaise plaisanterie. »

Monsieur et madame n'entendaient[§] pas trop ce que le gouverneur voulait dire ; mais ils furent entièrement de son avis.

« Un seigneur comme monsieur le marquis, continua-
t-il, ne doit pas se dessécher le cerveau dans ces vaines
245   études. Si un jour il a besoin d'un géomètre sublime, pour
lever le plan de ses terres, il les fera arpenter pour son
argent. S'il veut débrouiller l'antiquité de sa noblesse, qui
remonte aux temps les plus reculés, il enverra chercher un
bénédictin[4]. Il en est de même de tous les arts. Un jeune sei-
250   gneur heureusement né n'est ni peintre, ni musicien, ni
architecte, ni sculpteur ; mais il fait fleurir tous ces arts en les
encourageant par sa magnificence. Il vaut sans doute mieux
les protéger que de les exercer ; il suffit que monsieur le marquis ait du goût ; c'est aux artistes à travailler pour lui ; et
255   c'est en quoi on a très grande raison de dire que les gens de
qualité (j'entends ceux qui sont très riches) savent tout sans
avoir rien appris, parce qu'en effet ils savent à la longue juger

---

1   *Charlemagne* : roi de France de 742 à 814.

2   *son successeur ait été bègue* : Louis II le Bègue (qui était affligé d'un bégaie-
ment) ne succède pas à Charlemagne, mais à Charles le Chauve en 877. L'auteur
à la mode connaît mal son histoire.

3   *fétu* : brin (de paille).

4   *bénédictin* : moine de l'ordre de saint Benoît réputé pour sa patience et sa per-
sévérance dans les longs et difficiles travaux.

de toutes les choses qu'ils commandent et qu'ils payent.»

L'aimable ignorant prit alors la parole, et dit: «Vous avez
260 très bien remarqué, madame, que la grande fin de l'homme
est de réussir dans la société. De bonne foi, est-ce par les
sciences qu'on obtient ce succès? s'est-on jamais avisé dans
la bonne compagnie de parler de géométrie? demande-t-on
jamais à un honnête homme[1] quel astre se lève aujourd'hui
265 avec le soleil? s'informe-t-on à souper si Clodion le Chevelu
passa le Rhin[2]?»

– Non, sans doute, s'écria la marquise de La Jeannotière,
que ses charmes avaient initiée[3] quelquefois dans le beau
monde, et monsieur mon fils ne doit point éteindre son
270 génie par l'étude de tous ces fatras; mais enfin que lui
apprendra-t-on? car il est bon qu'un jeune seigneur puisse
briller dans l'occasion, comme dit monsieur mon mari. Je
me souviens d'avoir ouï[§] dire à un abbé que la plus agréable
des sciences était une chose dont j'ai oublié le nom, mais qui
275 commence par un *B*.

– Par un *B*, madame? ne serait-ce point la botanique?

– Non, ce n'était point de botanique qu'il me parlait; elle
commençait, vous dis-je, par un *B*, et finissait par un *on*.

– Ah! j'entends[§], madame; c'est le blason: c'est, à la
280 vérité, une science fort profonde; mais elle n'est plus à la
mode depuis qu'on a perdu l'habitude de faire peindre ses
armes aux portières de son carrosse; c'était la chose du
monde la plus utile dans un état bien policé. D'ailleurs cette
étude serait infinie; il n'y a point aujourd'hui de barbier qui
285 n'ait ses armoiries; et vous savez que tout ce qui devient
commun est peu fêté.»

Enfin, après avoir examiné le fort et le faible des sciences,
il fut décidé que monsieur le marquis apprendrait à danser.

---

1   *honnête homme*: idéal de comportement d'un homme du monde au XVIIIᵉ siècle.
2   *Clodion le Chevelu passa le Rhin*: chef des Francs Saliens et ancêtre probable des
    Mérovingiens, mort en 447. D'origine allemande, il aurait franchi le Rhin pour
    gagner la France.
3   *avaient initiée*: avaient introduite.

La nature, qui fait tout, lui avait donné un talent qui se
290 développa bientôt avec un succès prodigieux; c'était de chanter agréablement des vaudevilles[1]. Les grâces de la jeunesse,
jointes à ce don supérieur, le firent regarder comme le jeune
homme de la plus grande espérance. Il fut aimé des femmes;
et ayant la tête toute pleine de chansons, il en fit pour ses maî-
295 tresses. Il pillait *Bacchus et l'Amour* dans un vaudeville, *La
Nuit et le Jour* dans un autre, *Les Charmes et les Alarmes* dans
un troisième; mais, comme il y avait toujours dans ses vers
quelques pieds de plus ou de moins qu'il ne fallait, il les faisait corriger moyennant vingt louis d'or par chanson; et il fut
300 mis dans l'*Année littéraire*[2] au rang des La Fare, des Chaulieu,
des Hamilton, des Sarrasin, et des Voiture[3].

Madame la marquise crut alors être la mère d'un bel
esprit, et donna à souper aux beaux esprits de Paris. La tête
du jeune homme fut bientôt renversée; il acquit l'art de par-
305 ler sans s'entendre, et se perfectionna dans l'habitude de
n'être propre à rien. Quand son père le vit si éloquent, il
regretta vivement de ne lui avoir pas fait apprendre le latin,
car il lui aurait acheté une grande charge dans la robe[4]. La
mère, qui avait des sentiments plus nobles, se chargea de
310 solliciter un régiment pour son fils; et en attendant il fit
l'amour[5]. L'amour est quelquefois plus cher qu'un régiment.
Il dépensa beaucoup, pendant que ses parents s'épuisaient
encore davantage à vivre en grands seigneurs.

Une jeune veuve de qualité, leur voisine, qui n'avait
315 qu'une fortune médiocre, voulut bien se résoudre à mettre

---

1   *vaudeville*: chanson dont on modifie les paroles tout en conservant l'air.

2   *Année littéraire*: journal littéraire de Fréron, ennemi de Voltaire.

3   *des La Fare, des Chaulieu, des Hamilton, des Sarrasin, et des Voiture*: écrivains
    d'œuvres galantes et un peu superficielles, fort appréciés de Voltaire. Le plus
    connu, Vincent Voiture (1597-1648), est un précieux du XVIIᵉ siècle.

4   *une grande charge dans la robe*: une fonction éminente au sein de l'Église. Les
    ecclésiastiques, aussi appelés «gens de robe», détiennent leur charge en en faisant
    l'achat.

en sûreté les grands biens de monsieur et de madame de La
Jeannotière, en se les appropriant, et en épousant le jeune
marquis. Elle l'attira chez elle, se laissa aimer, lui fit entrevoir
qu'il ne lui était pas indifférent, le conduisit par degrés, l'en-
320 chanta, le subjugua sans peine. Elle lui donnait tantôt des
éloges, tantôt des conseils ; elle devint la meilleure amie du
père et de la mère. Une vieille voisine proposa le mariage ; les
parents, éblouis de la splendeur de cette alliance, acceptèrent
avec joie la proposition : ils donnèrent leur fils unique à leur
325 amie intime. Le jeune marquis allait épouser une femme
qu'il adorait et dont il était aimé ; les amis de la maison le
félicitaient ; on allait rédiger les articles, en travaillant aux
habits de noce et à l'épithalame[1].

Il était un matin aux genoux de la charmante épouse que
330 l'amour, l'estime, et l'amitié, allaient lui donner ; ils goûtaient[§],
dans une conversation tendre et animée, les prémices[2] de leur
bonheur ; ils s'arrangeaient pour mener une vie délicieuse,
lorsqu'un valet de chambre de madame la mère arrive tout
effaré.

335 « Voici bien d'autres nouvelles, dit-il ; des huissiers démé-
nagent la maison de monsieur et de madame ; tout est saisi
par des créanciers ; on parle de prise de corps[3], et je vais faire
mes diligences[4] pour être payé de mes gages.

– Voyons un peu, dit le marquis, ce que c'est que ça, ce
340 que c'est que cette aventure-là.

– Oui, dit la veuve, allez punir ces coquins-là, allez vite. »

Il y court, il arrive à la maison ; son père était déjà emprisonné : tous les domestiques avaient fui chacun de leur côté,
en emportant tout ce qu'ils avaient pu. Sa mère était seule,
345 sans secours, sans consolation, noyée dans les larmes ; il ne

---

1   *épithalame* : poème récité pendant la noce à l'intention des nouveaux mariés.
2   *prémices* : débuts, avant-goûts.
3   *prise de corps* : arrestation et emprisonnement.
4   *faire mes diligences* : me dépêcher.

lui restait rien que le souvenir de sa fortune, de sa beauté, de ses fautes, et de ses folles dépenses.

Après que le fils eut longtemps pleuré avec la mère, il lui dit enfin:

350 «Ne nous désespérons pas; cette jeune veuve m'aime éperdument; elle est plus généreuse encore que riche, je réponds d'elle; je vole à elle, et je vais vous l'amener.»

Il retourne donc chez sa maîtresse, il la trouve tête à tête avec un jeune officier fort aimable.

355 «Quoi! c'est vous, Monsieur de La Jeannotière; que venez-vous faire ici? abandonne-t-on ainsi sa mère? Allez chez cette pauvre femme, et dites-lui que je lui veux toujours du bien: j'ai besoin d'une femme de chambre, et je lui donnerai la préférence.

360 – Mon garçon, tu me parais assez bien tourné, lui dit l'officier; si tu veux entrer dans ma compagnie, je te donnerai un bon engagement.»

Le marquis stupéfait, la rage dans le cœur, alla chercher son ancien gouverneur, déposa ses douleurs dans son sein,
365 et lui demanda des conseils. Celui-ci lui proposa de se faire, comme lui, gouverneur d'enfants.

«Hélas! je ne sais rien, vous ne m'avez rien appris, et vous êtes la première cause de mon malheur»; et il sanglotait en lui parlant ainsi.

370 «Faites des romans, lui dit un bel esprit qui était là; c'est une excellente ressource à Paris.»

Le jeune homme, plus désespéré que jamais, courut chez le confesseur de sa mère; c'était un théatin[1] très accrédité, qui ne dirigeait que les femmes de la première considéra-
375 tion; dès qu'il le vit, il se précipita vers lui.

---

1   *théatin*: religieux de l'ordre de Tiene et Carafa, ecclésiastiques qui voulaient réformer les mœurs du clergé.

« Eh ! mon Dieu ! monsieur le marquis, où est votre carrosse ? comment se porte la respectable madame la marquise votre mère ? »

Le pauvre malheureux lui conta le désastre de sa famille.
380 À mesure qu'il s'expliquait, le théatin prenait une mine plus grave, plus indifférente, plus imposante :

« Mon fils, voilà où Dieu vous voulait ; les richesses ne servent qu'à corrompre le cœur ; Dieu a donc fait la grâce à votre mère de la réduire à la mendicité ?
385 — Oui, monsieur.
— Tant mieux, elle est sûre de son salut.
— Mais, mon père, en attendant, n'y aurait-il pas moyen d'obtenir quelques secours dans ce monde ?
— Adieu, mon fils ; il y a une dame de la cour qui m'at-
390 tend. »

Le marquis fut prêt à s'évanouir ; il fut traité à peu près de même par tous ses amis, et apprit mieux à connaître le monde dans une demi-journée que dans tout le reste de sa vie.

Comme il était plongé dans l'accablement du désespoir, il
395 vit avancer une chaise⁵ roulante, à l'antique, espèce de tombereau couvert, accompagné de rideaux de cuir, suivi de quatre charrettes énormes toutes chargées. Il y avait dans la chaise un jeune homme grossièrement vêtu ; c'était un visage rond et frais qui respirait la douceur et la gaieté. Sa
400 petite femme brune, et assez grossièrement agréable, était cahotée¹ à côté de lui. La voiture n'allait pas comme le char d'un petit-maître² : le voyageur eut tout le temps de contempler le marquis immobile, abîmé dans sa douleur. « Eh ! mon Dieu ! s'écria-t-il, je crois que c'est là Jeannot. » À ce nom le
405 marquis lève les yeux, la voiture s'arrête : « C'est Jeannot lui-même, c'est Jeannot. » Le petit homme rebondi ne fait qu'un

---

1 *cahotée* : secouée par les cahots.
2 *petit-maître* : jeune homme élégant, maniéré et prétentieux ; dandy.

saut, et court embrasser son ancien camarade. Jeannot recon-
nut Colin; la honte et les pleurs couvrirent son visage. «Tu
m'as abandonné, dit Colin; mais tu as beau être grand
410 Seigneur, je t'aimerai toujours.» Jeannot, confus et attendri,
lui conta, en sanglotant, une partie de son histoire. «Viens
dans l'hôtellerie où je loge me conter le reste, lui dit Colin;
embrasse ma petite femme, et allons dîner ensemble.»

Ils vont tous trois à pied, suivis du bagage.

415 «Qu'est-ce donc que tout cet attirail? vous appartient-il?

– Oui, tout est à moi et à ma femme. Nous arrivons du
pays; je suis à la tête d'une bonne manufacture de fer étamé
et de cuivre. J'ai épousé la fille d'un riche négociant en
ustensiles nécessaires aux grands et aux petits; nous tra-
420 vaillons beaucoup; Dieu nous bénit; nous n'avons point
changé d'état, nous sommes heureux, nous aiderons notre
ami Jeannot. Ne sois plus marquis; toutes les grandeurs de
ce monde ne valent pas un bon ami. Tu reviendras avec moi
au pays, je t'apprendrai le métier, il n'est pas bien difficile;
425 je te mettrai de part[1], et nous vivrons gaiement dans le coin
de terre où nous sommes nés.»

Jeannot, éperdu, se sentait partagé entre la douleur et la
joie, la tendresse et la honte; et il se disait tout bas: «Tous
mes amis du bel air m'ont trahi, et Colin, que j'ai méprisé,
430 vient seul à mon secours. Quelle instruction!» La bonté
d'âme de Colin développa dans le cœur de Jeannot le germe
du bon naturel, que le monde n'avait pas encore étouffé. Il
sentit qu'il ne pouvait abandonner son père et sa mère.
«Nous aurons soin de ta mère, dit Colin; et quant à ton bon
435 homme de père, qui est en prison, j'entends[§] un peu les
affaires; ses créanciers, voyant qu'il n'a plus rien, s'accom-
moderont pour peu de chose; je me charge de tout.» Colin

---

1   *je te mettrai de part*: je te ferai mon associé.

« *Tu m'as abandonné, dit Colin ; mais tu as beau être grand*
Seigneur, je t'aimerai toujours. »
Lignes 408 à 410.

MADAME DE LA CARLIÈRE

« Rentrons-nous ?

– C'est de bonne heure.

– Voyez-vous ces nuées ?

– Ne craignez rien ; elles disparaîtront d'elles-mêmes, et
5 sans le secours de la moindre haleine de vent.

– Vous croyez ?

– J'en ai souvent fait l'observation en été, dans les temps
chauds. La partie basse de l'atmosphère, que la pluie a dégagée de son humidité, va reprendre une portion de la vapeur
10 épaisse qui forme le voile obscur qui vous dérobe le ciel. La
masse de cette vapeur se distribuera à peu près également
dans toute la masse de l'air ; et, par cette exacte distribution
ou combinaison, comme il vous plaira de dire, l'atmosphère
deviendra transparente et lucide. C'est une opération de nos
15 laboratoires, qui s'exécute en grand au-dessus de nos têtes.
Dans quelques heures, des points azurés commenceront à
percer à travers les nuages raréfiés ; les nuages se raréfieront
de plus en plus ; les points azurés se multiplieront et s'éten-
dront ; bientôt vous ne saurez ce que sera devenu le crêpe[1]
20 noir qui vous effrayait, et vous serez surpris et récréé de la
limpidité de l'air, de la pureté du ciel et de la beauté du jour.

– Mais cela est vrai, car tandis que vous parliez, je regar-
dais, et le phénomène semblait s'exécuter à vos ordres.

– Ce phénomène n'est qu'une espèce de dissolution de
25 l'eau par l'air.

– Comme la vapeur, qui ternit la surface extérieure d'un
verre que l'on remplit d'eau glacée, n'est qu'une espèce
de précipitation.

– Et ces énormes ballons qui nagent ou restent suspendus
30 dans l'atmosphère ne sont qu'une surabondance d'eau que
l'air saturé ne peut dissoudre.

---

1 *crêpe* : tissu léger et rigide. Le crêpe noir se porte en signe de deuil.

– Ils demeurent là comme des morceaux de sucre au fond d'une tasse de café qui n'en saurait plus prendre.

– Fort bien.

35   – Et vous me promettez donc à notre retour...

– Une voûte aussi étoilée que vous l'ayez jamais vue.

– Puisque nous continuons notre promenade, pourriez-vous me dire, vous qui connaissez tous ceux qui fréquentent[1] ici, quel est ce personnage long, sec et mélancolique

40   qui s'est assis, qui n'a pas dit un mot, et qu'on a laissé seul dans le salon lorsque le reste de la compagnie s'est dispersé?

– C'est un homme dont je respecte vraiment la douleur.

– Et vous le nommez?

– Le chevalier Desroches.

45   – Ce Desroches qui, devenu possesseur d'une fortune immense à la mort d'un père avare, s'est fait un nom par sa dissipation, ses galanteries, et la diversité de ses états?

– Lui-même.

– Ce fou qui a subi toutes sortes de métamorphoses, et

50   qu'on a vu successivement en petit collet, en robe de Palais et en uniforme[2]?

– Oui, ce fou.

– Qu'il est changé!

– Sa vie est un tissu d'événements singuliers. C'est une des

55   plus malheureuses victimes des caprices du sort et des jugements inconsidérés des hommes. Lorsqu'il quitta l'Église pour la magistrature, sa famille jeta les hauts cris; et tout le sot public, qui ne manque jamais de prendre le parti des pères contre les enfants, se mit à clabauder[3] à l'unisson.

60   – Ce fut bien un autre vacarme, lorsqu'il se retira du tribunal pour entrer au service.

---

1   *ceux qui fréquentent ici*: ceux qui ont l'habitude de fréquenter les lieux.

2   *en petit collet, en robe de Palais et en uniforme*: le petit collet blanc d'un membre du clergé, la robe d'un magistrat qui fréquente le Palais de Justice et l'uniforme d'un militaire.

3   *clabauder*: crier et protester à tort et à travers.

– Cependant que fit-il? un trait[1] de vigueur dont nous nous glorifierions l'un et l'autre, et qui le qualifia la plus mauvaise tête qu'il y eût; et puis vous êtes étonné que l'ef-
65 fréné bavardage de ces gens-là m'importune, m'impatiente, me blesse!

– Ma foi, je vous avoue que j'ai jugé Desroches comme tout le monde.

– Et c'est ainsi que de bouche en bouche, échos ridicules
70 les unes des autres, un galant homme[2] est traduit pour un plat homme[3], un homme d'esprit pour un sot, un homme honnête pour un coquin, un homme de courage pour un insensé, et réciproquement. Non, ces impertinents jaseurs ne valent pas la peine que l'on compte leur approbation,
75 leur improbation pour quelque chose dans la conduite de sa vie. Écoutez, morbleu! et mourez de honte. Desroches entre conseiller au Parlement très jeune; des circonstances favo-rables le conduisent rapidement à la Grand'Chambre[4]; il est de Tournelle[5] à son tour, et l'un des rapporteurs[6] dans une
80 affaire criminelle. D'après ses conclusions, le malfaiteur est condamné au dernier supplice[7]. Le jour de l'exécution, il est d'usage que ceux qui ont décidé la sentence du tribu-nal se rendent à l'hôtel de ville, afin d'y recevoir les der-nières dispositions du malheureux, s'il en a quelques-unes
85 à faire, comme il arriva cette fois-là. C'était en hiver. Desroches et son collègue étaient assis devant le feu lors-qu'on leur annonça l'arrivée du patient[8]. Cet homme, que

---

1   *trait*: action, geste, attitude.

2   *galant homme*: homme de bonne éducation et de haute valeur.

3   *plat homme*: homme vulgaire et bas.

4   *Grand'Chambre*: haute chambre de la magistrature. Desroches devient très tôt un juge éminent.

5   *Tournelle*: chambre criminelle du Parlement où siègent tour à tour des membres des autres chambres.

6   *rapporteurs*: juges qui examinent une cause et rédigent le rapport des faits devant une cour de justice.

7   *dernier supplice*: la pendaison.

8   *patient*: prisonnier qui attend son supplice.

la torture[1] avait disloqué, était étendu et porté sur un matelas. En entrant, il se relève, il tourne ses regards vers le ciel,
90 il s'écrie : « Grand Dieu ! tes jugements sont justes. » Le voilà
sur son matelas, aux pieds de Desroches. « Et c'est vous,
monsieur, qui m'avez condamné ? lui dit-il en l'apostro-
phant d'une voix forte. Je suis coupable du crime dont on
m'accuse ; oui, je le suis, je le confesse ; mais vous n'en savez
95 rien. » Puis, reprenant toute la procédure, il démontra clair
comme le jour qu'il n'y avait ni solidité dans les preuves ni
justice dans la sentence. Desroches, saisi d'un tremblement
universel[2], se lève, déchire sur lui sa robe magistrale[3] et
renonce pour jamais à la périlleuse fonction de prononcer
100 sur la vie des hommes. Et voilà ce qu'ils appellent un fou !
Un homme qui se connaît, et qui craint d'avilir l'habit ecclésiastique par de mauvaises mœurs, ou de se trouver un jour
souillé du sang de l'innocent.

– C'est qu'on ignore ces choses-là.

105 – C'est qu'il faut se taire, quand on ignore.

– Mais pour se taire, il faut se méfier.

– Et quel inconvénient à se méfier ?

– De refuser de la croyance à vingt personnes qu'on
estime, en faveur d'un homme qu'on ne connaît pas.

110 – Eh ! monsieur, je ne vous demande pas tant de garants,
quand il s'agit d'assurer le bien ; mais le mal !... Laissons
cela, vous m'écartez de mon récit et me donnez de
l'humeur. Cependant il fallait être quelque chose. Il acheta
une compagnie[4].

115 – C'est-à-dire qu'il laissa le métier de condamner ses semblables, pour celui de les tuer sans aucune forme de procès.

---

1   *torture* : Diderot s'insurge contre la pratique courante de la torture judiciaire,
     abolie à la fin du XVIIIe siècle.

2   *tremblement universel* : tremblement de tous ses membres, de toute sa personne.

3   *magistrale* : de magistrat, de juge.

4   *compagnie* : ici, un grade d'officier et, par conséquent, la compagnie d'infanterie
     placée sous ses ordres.

– Je n'entends[§] pas comment on plaisante en pareil cas.

– Que voulez-vous ? vous êtes triste, et je suis gai.

– C'est la suite de son histoire qu'il faut savoir, pour
120 apprécier la valeur du caquet public[1].

– Je la saurais, si vous vouliez.

– Cela sera long.

– Tant mieux.

– Desroches fait la campagne de 1745[2] et se montre bien.
125 Échappé aux dangers de la guerre, à deux cent mille coups de
fusil, il vient se faire casser la jambe par un cheval ombrageux[3],
à douze ou quinze lieues[4] d'une maison de campagne où il
s'était proposé de passer son quartier d'hiver[5] ; et Dieu sait
comment cet accident fut arrangé par nos agréables[6].

130 – C'est qu'il y a certains personnages dont on s'est fait
une habitude de rire, et qu'on ne plaint de rien.

– Un homme qui a la jambe fracassée, cela est en effet très
plaisant ! Eh bien ! messieurs les rieurs impertinents, riez
bien, mais sachez qu'il eût peut-être mieux valu pour
135 Desroches d'avoir été emporté d'un boulet de canon ou
d'être resté sur le champ de bataille, le ventre crevé d'un
coup de baïonnette. Cet accident lui arriva dans un méchant
petit village où il n'y avait d'asile supportable que le presby-
tère ou le château. On le transporta au château qui apparte-
140 nait à une jeune veuve appelée Mme de La Carlière, la dame
du lieu.

– Qui n'a pas entendu parler de Mme de La Carlière ? Qui
n'a pas entendu parler de ses complaisances sans bornes
pour un vieux mari jaloux, à qui la cupidité de ses parents
145 l'avait sacrifiée à l'âge de quatorze ans ?

---

1   *caquet public* : rumeur publique, commérage.

2   *la campagne de 1745* : année de la victoire de Fontenoy, près de Tournai, pendant
la guerre de Succession d'Autriche.

3   *ombrageux* : facile à effrayer, qui se cabre devant un rien.

4   *lieues* : ancienne mesure de distance. Une lieue égale 4,86 km.

5   *quartier d'hiver* : lieu où logent les troupes pendant la saison froide.

6   *nos agréables* : nos commères, nos médisants, nos rapporteurs.

– À cet âge, où l'on prend le plus sérieux des engage-
ments, parce qu'on mettra du rouge et qu'on aura de belles
boucles. Mme de La Carlière fut, avec son premier mari, la
femme de la conduite la plus réservée et la plus honnête.

150 – Je le crois, puisque vous me le dites.

– Elle reçut et traita le chevalier Desroches avec toutes les
attentions imaginables. Ses affaires la rappelaient à la ville;
malgré ses affaires et les pluies continuelles d'un vilain
automne, qui, en gonflant les eaux de la Marne[1] qui coule

155 dans son voisinage, l'exposait à ne sortir de chez elle qu'en
bateau, elle prolongea son séjour à sa terre jusqu'à l'entière
guérison de Desroches. Le voilà guéri. Le voilà à côté de
Mme de La Carlière dans une même voiture qui les ramène à
Paris, et le chevalier lié de reconnaissance et attaché d'un

160 sentiment plus doux à sa jeune, riche et belle hospitalière.

– Il est vrai que c'était une créature céleste; elle ne parut
jamais au spectacle sans faire sensation.

– Et c'est là que vous l'avez vue?

– Il est vrai.

165 – Pendant la durée d'une intimité de plusieurs années,
l'amoureux chevalier, qui n'était pas indifférent à Mme de La
Carlière, lui avait proposé plusieurs fois de l'épouser, mais la
mémoire récente des peines qu'elle avait endurées sous la
tyrannie d'un premier époux, et plus encore cette réputa-

170 tion de légèreté que le chevalier s'était faite par une multitude d'aventures galantes, effrayaient Mme de La Carlière qui
ne croyait pas à la conversion des hommes de ce caractère.
Elle était alors en procès avec les héritiers de son mari.

– N'y eut-il pas encore des propos à l'occasion de ce

175 procès-là?

– Beaucoup, et de toutes les couleurs. Je vous laisse à penser
si Desroches, qui avait conservé nombre d'amis dans la magistrature, s'endormit sur les intérêts de Mme de La Carlière.

---

1   *la Marne*: rivière du nord-est de la France qui se jette dans la Seine non loin de Paris.

– Et si nous l'en supposions reconnaissante !

180 – Il était sans cesse à la porte des juges.

– Le plaisant, c'est que, parfaitement guéri de sa fracture, il ne les visitait jamais sans un brodequin[1] à la jambe : il prétendait que ses sollicitations, appuyées de son brodequin, en devenaient plus touchantes. Il est vrai qu'il le plaçait tantôt

185 d'un côté, tantôt d'un autre, et qu'on en faisait quelquefois la remarque.

– Et que pour le distinguer d'un parent du même nom, on l'appela Desroches-le-Brodequin. Cependant, à l'aide du bon droit et du brodequin pathétique du chevalier, Mme de

190 La Carlière gagna son procès.

– Et devint Mme Desroches en titre.

– Comme vous y allez ! Vous n'aimez pas les détails communs, et je vous en fais grâce. Ils étaient d'accord, ils touchaient au moment de leur union, lorsque Mme de La

195 Carlière, après un repas d'apparat, au milieu d'un cercle nombreux, composé des deux familles et d'un certain nombre d'amis, prenant un maintien auguste[2] et un ton solennel, s'adressa au chevalier, et lui dit : « Monsieur Desroches, écoutez-moi. Aujourd'hui nous sommes libres

200 l'un et l'autre, demain nous ne le serons plus, et je vais devenir maîtresse de votre bonheur ou de votre malheur ; vous, du mien. J'y ai bien réfléchi ; daignez y penser aussi sérieusement. Si vous vous sentez ce même penchant à l'inconstance[3] qui vous a dominé jusqu'à présent, si je ne suffisais pas à

205 toute l'étendue de vos désirs, ne vous engagez pas, je vous en conjure par vous-même et par moi. Songez que moins je me crois faite pour être négligée, plus je ressentirais vivement une injure. J'ai de la vanité, et beaucoup. Je ne sais pas haïr, mais personne ne sait mieux mépriser, et je ne reviens point

---

1 *brodequin* : ici, sorte de botte rigide qui, comme un plâtre, sert à maintenir en place les os d'une récente fracture.

2 *auguste* : digne, noble, qui inspire le respect.

3 *inconstance* : infidélité.

210 du mépris. Demain, au pied des autels, vous jurerez de m'appartenir et de n'appartenir qu'à moi. Sondez-vous ; interrogez votre cœur, tandis qu'il en est encore temps ; songez qu'il y va de ma vie. Monsieur, on me blesse aisément, et la blessure de mon âme ne cicatrise point ; elle saigne toujours. Je
215 ne me plaindrai point, parce que la plainte, importune d'abord, finit par aigrir le mal, et parce que la pitié est un sentiment qui dégrade celui qui l'inspire. Je renfermerai ma douleur et j'en périrai. Chevalier, je vais vous abandonner ma personne et mon bien, vous résigner mes volontés et mes
220 fantaisies ; vous serez tout au monde pour moi, mais il faut que je sois tout au monde pour vous ; je ne puis être satisfaite à moins. Je suis, je crois, l'unique pour vous dans ce moment, et vous l'êtes certainement pour moi ; mais il est très possible que nous rencontrions, vous, une femme qui
225 soit plus aimable, moi, quelqu'un qui me le paraisse. Si la supériorité de mérite, réelle ou présumée, justifiait l'inconstance§, il n'y aurait plus de mœurs. J'ai des mœurs[1], je veux en avoir, je veux que vous en ayez. C'est par tous les sacrifices imaginables que je prétends vous acquérir et vous acquérir
230 sans réserve. Voilà mes droits, voilà mes titres et je n'en rabattrai jamais rien. Je ferai tout pour que vous ne soyez pas seulement un inconstant[2], mais pour qu'au jugement des hommes sensés, au jugement de votre propre conscience, vous soyez le dernier des ingrats. J'accepte le même reproche
235 si je ne réponds pas à vos soins, à vos égards, à votre tendresse, au-delà de vos espérances. J'ai appris ce dont j'étais capable à côté d'un époux qui ne rendait les devoirs d'une femme ni faciles ni agréables. Vous savez à présent ce que vous avez à attendre de moi. Voyez ce que vous avez à craindre
240 de vous. Parlez-moi, chevalier, parlez-moi nettement ; ou je deviendrai votre épouse, ou je resterai votre amie ; l'alternative

---

1   *J'ai des mœurs* : j'ai de bonnes mœurs, une bonne conduite morale.
2   *inconstant* : infidèle.

n'est pas cruelle. Mon ami, mon tendre ami, je vous en conjure,
ne m'exposez pas à détester, à fuir le père de mes enfants, et
peut-être, dans un accès de désespoir, à repousser leurs inno-
245 centes caresses : que je puisse, toute ma vie, avec un nouveau
transport, vous retrouver en eux et me réjouir d'avoir été leur
mère. Donnez-moi la plus grande marque de confiance qu'une
femme honnête ait sollicitée d'un galant homme§ ; refusez-moi,
refusez-moi, si vous croyez que je me mette à un trop haut prix.
250 Loin d'en être offensée, je jetterai mes bras autour de votre cou,
et l'amour de celles que vous avez captivées, et les fadeurs que
vous leur avez débitées, ne vous auront jamais valu un baiser
aussi sincère, aussi doux que celui que vous aurez obtenu de
votre franchise et de ma reconnaissance. »
255   – Je crois avoir entendu dans le temps une parodie bien
comique de ce discours.
         – Et par quelque bonne amie de Mme de La Carlière ?
         – Ma foi, je me la rappelle ; vous avez deviné.
         – Et cela ne suffirait pas à rencogner[1] un homme au fond
260 d'une forêt, loin de toute cette décente canaille, pour
laquelle il n'y a rien de sacré ? J'irai, cela finira par là, rien
n'est plus sûr, j'irai. L'assemblée qui avait commencé par
sourire finit par verser des larmes. Desroches se précipita
aux genoux de Mme de La Carlière, se répandit en protesta-
265 tions honnêtes et tendres, n'omit rien de ce qui pouvait
aggraver ou excuser sa conduite passée, compara Mme de La
Carlière aux femmes qu'il avait connues et délaissées, tira de
ce parallèle juste et flatteur des motifs de la rassurer, de se
rassurer lui-même contre un penchant à la mode, une effer-
270 vescence de jeunesse, le vice des mœurs générales plutôt que
le sien ; ne dit rien qu'il ne pensât et qu'il ne se promît de
faire. Mme de La Carlière le regardait, l'écoutait, cherchait à
le pénétrer dans ses discours, dans ses mouvements, et inter-
prétait tout à son avantage.

---

1   *rencogner* : pousser, envoyer.

275   – Pourquoi non, s'il était vrai?

– Elle lui avait abandonné une de ses mains, qu'il baisait, qu'il pressait contre son cœur, qu'il baisait encore, qu'il mouillait de ses larmes. Tout le monde partageait leur tendresse; toutes les femmes sentaient comme Mme de La
280   Carlière, tous les hommes comme le chevalier.

– C'est l'effet de ce qui est honnête, de ne laisser à une grande assemblée qu'une pensée et qu'une âme. Comme on s'estime, comme on s'aime dans ces moments! Par exemple, que l'humanité est belle au spectacle! Pourquoi faut-il
285   qu'on se sépare si vite! Les hommes sont si bons et si heureux lorsque l'honnête[1] réunit leurs suffrages, les confond, les rend uns!

– Nous jouissions de ce bonheur qui nous assimilait, lorsque Mme de La Carlière, transportée d'un mouvement
290   d'âme exaltée, se leva et dit à Desroches: «Chevalier, je ne vous crois pas encore, mais tout à l'heure je vous croirai.»

– La petite comtesse[2] jouait sublimement cet enthousiasme de sa belle cousine.

– Elle est bien plus faite pour le jouer que pour le sentir.
295   «Les serments prononcés au pied des autels…» Vous riez?

– Ma foi, je vous en demande pardon, mais je vois encore la petite comtesse hissée sur la pointe de ses pieds; et j'entends son ton emphatique.

– Allez, vous êtes un scélérat, un corrompu comme tous
300   ces gens-là, et je me tais.

– Je vous promets de ne plus rire.

– Prenez-y garde.

– Eh bien, les serments prononcés au pied des autels…

– … «ont été suivis de tant de parjures, que je ne fais
305   aucun compte de la promesse solennelle de demain. La pré-

---

1   *l'honnête*: l'honnêteté.
2   *la petite comtesse*: celle qui a parodié le discours de Mme de La Carlière plus haut,
      ligne 255.

sence de Dieu est moins redoutable pour nous que le jugement de nos semblables. Monsieur Desroches, approchez,
voilà ma main ; donnez-moi la vôtre, et jurez-moi une fidélité, une tendresse éternelles. Attestez-en les hommes qui
310 nous entourent : permettez que, s'il arrive que vous me don-
niez quelques sujets légitimes de me plaindre, je vous
dénonce à ce tribunal, et vous livre à son indignation.
Consentez qu'ils se rassemblent à ma voix, et qu'ils vous
appellent traître, ingrat, perfide, homme faux, homme
315 méchant. Ce sont mes amis et les vôtres. Consentez qu'au
moment où je vous perdrais, il ne vous en reste aucun. Vous,
mes amis, jurez-moi de le laisser seul. » À l'instant le salon
retentit de cris mêlés : « Je promets ! je permets ! je consens !
nous le jurons ! » Et au milieu de ce tumulte délicieux, le
320 chevalier, qui avait jeté ses bras autour de Mme de La
Carlière, la baisait sur le front, sur les yeux, sur les joues.
« Mais, chevalier ! – Mais, madame, la cérémonie est faite ; je
suis votre époux, vous êtes ma femme. – Au fond des bois,
assurément ; ici il manque une petite formalité d'usage.
325 En attendant mieux, tenez, voilà mon portrait ; faites-en ce
qu'il vous plaira. N'avez-vous pas ordonné[1] le vôtre ? Si vous
l'avez, donnez-le-moi. » Desroches présenta son portrait à
Mme de La Carlière, qui le mit à son bras, et qui se fit appeler, le reste de la journée, Mme Desroches.

330   – Je suis bien pressé de savoir ce que cela deviendra.

         – Un moment de patience. Je vous ai promis d'être long, et
il faut que je tienne parole. Mais... il est vrai : c'était dans le
temps de votre grande tournée, et vous étiez alors absent du
royaume. Deux ans, deux ans entiers, Desroches et sa femme
335 furent les époux les plus unis, les plus heureux. On crut
Desroches vraiment corrigé, et il l'était en effet. Ses amis de
libertinage, qui avaient entendu parler de la scène précédente
et qui avaient plaisanté, disaient que c'était réellement le

---

1   *ordonné* : commandé.

prêtre qui portait malheur, et que Mme de La Carlière avait
340 découvert, au bout de deux mille ans, le secret d'esquiver la
malédiction du sacrement[1]. Desroches eut un enfant de
Mme de La Carlière que j'appellerai Mme Desroches jusqu'à ce
qu'il me convienne d'en user autrement. Elle voulut absolument le nourrir. Ce fut un long et périlleux intervalle pour un
345 jeune homme d'un tempérament ardent et peu fait à cette
espèce de régime[2]. Tandis que Mme Desroches était à ses fonc-
tions…

– … son mari se répandait dans la société[§], et il eut le
malheur de trouver un jour sur son chemin une de ces
350 femmes séduisantes, artificieuses, secrètement irritées de
voir ailleurs une concorde[3] qu'elles ont exclue de chez elles,
et dont il semble que l'étude et la consolation soient de
plonger les autres dans la misère qu'elles éprouvent.

– C'est votre histoire, mais ce n'est pas la sienne.
355 Desroches, qui se connaissait, qui connaissait sa femme, qui
la respectait, qui la redoutait…

– C'est presque la même chose…

– Passait ses journées à côté d'elle. Son enfant, dont il
était fou, était presque aussi souvent entre ses bras qu'entre
360 ceux de la mère dont il s'occupait, avec quelques amis communs, à soulager la tâche honnête, mais pénible, par la
variété des amusements domestiques.

– Cela est fort beau.

– Certainement. Un de ces amis s'était engagé dans les
365 opérations du gouvernement[4]. Le ministère lui redevait une
somme considérable, qui faisait presque toute sa fortune et
dont il sollicitait inutilement la rentrée. Il s'en ouvrit à
Desroches. Celui-ci se rappela qu'il avait été autrefois fort
bien avec une femme assez puissante par ses liaisons pour

---

1   *malédiction du sacrement*: infidélité.
2   *régime*: les femmes qui allaitaient n'avaient aucune relation sexuelle.
3   *concorde*: bonne entente, climat serein, bonheur.
4   *opérations du gouvernement*: opérations financières avec le gouvernement.

370 finir cette affaire. Il se tut, mais dès le lendemain, il vit cette
femme et lui parla. On fut enchanté de retrouver et de servir un galant homme[§] qu'on avait tendrement aimé et sacrifié à des vues ambitieuses. Cette première entrevue fut
suivie de plusieurs autres. Cette femme était charmante ; elle
375 avait des torts, et la manière dont elle s'en expliquait n'était
point équivoque. Desroches fut quelque temps incertain de
ce qu'il ferait.
     – Ma foi, je ne sais pas pourquoi.
     – Mais, moitié goût, désœuvrement ou faiblesse, moitié
380 crainte qu'un misérable scrupule...
     – Sur un amusement assez indifférent pour sa femme...
     – Ne ralentît la vivacité de la protectrice de son ami, et
n'arrêtât le succès de sa négociation, il oublia un moment
Mme Desroches et s'engagea dans une intrigue que sa com-
385 plice avait le plus grand intérêt de tenir secrète, et dans une
correspondance nécessaire et suivie. On se voyait peu, mais
on s'écrivait souvent. J'ai dit cent fois aux amants :
« N'écrivez point, les lettres vous perdront : tôt ou tard, le
hasard en détournera une de son adresse. » Le hasard com-
390 bine tous les cas possibles, et il ne lui faut que du temps
pour amener la chance fatale.
     – Aucuns ne vous ont cru ?
     – Et tous se sont perdus, et Desroches, comme cent mille
qui l'ont précédé, et cent mille qui le suivront. Celui-ci gar-
395 dait les siennes dans un de ces petits coffrets cerclés en dessus
et par les côtés de lames d'acier. À la ville, à la campagne, le
coffret était sous la clef d'un secrétaire ; en voyage, il était
déposé dans une des malles de Desroches ou sur le devant de
la voiture ; cette fois-ci, il était sur le devant. Ils partent, ils
400 arrivent. En mettant pied à terre, Desroches donne à un
domestique le coffret à porter dans son appartement où l'on
n'arrivait qu'en traversant celui de sa femme. Là, l'anneau
casse, le coffret tombe, le dessus se sépare du reste, et voilà
une multitude de lettres éparses aux pieds de Mme Desroches.

405 Elle en ramasse quelques-unes et se convainc de la perfidie de
son époux. Elle ne se rappela jamais cet instant sans frisson.
Elle me disait qu'une sueur froide s'était échappée de toutes
les parties de son corps, et qu'il lui avait semblé qu'une griffe
de fer lui serrait le cœur et tiraillait ses entrailles. Que va-
410 t-elle devenir ? Que fera-t-elle ? Elle se recueillit ; elle rappela
ce qui lui restait de raison et de force. Entre ces lettres, elle fit
choix de quelques-unes des plus significatives ; elle rajusta le
fond du coffret et ordonna au domestique de le placer dans
l'appartement de son maître sans parler de ce qui venait d'ar-
415 river, sous peine d'être chassé sur-le-champ. Elle avait promis
à Desroches qu'il n'entendrait jamais une plainte de sa
bouche ; elle tint parole. Cependant la tristesse s'empara
d'elle : elle pleurait quelquefois ; elle voulait être seule, chez
elle ou à la promenade ; elle se faisait servir dans son apparte-
420 ment ; elle gardait un silence continu ; il ne lui échappait que
quelques soupirs involontaires. L'affligé mais tranquille
Desroches traitait cet état de vapeurs[1], quoique les femmes
qui nourrissent n'y soient pas sujettes. En très peu de temps
la santé de sa femme s'affaiblit au point qu'il fallut quitter la
425 campagne et s'en revenir à la ville. Elle obtint de son mari de
faire la route dans une voiture séparée. De retour ici, elle mit
dans ses procédés tant de réserve et d'adresse, que Desroches,
qui ne s'était point aperçu de la soustraction des lettres, ne vit
dans les légers dédains de sa femme, son indifférence, ses sou-
430 pirs échappés, ses larmes retenues, son goût pour la solitude,
que les symptômes accoutumés de l'indisposition qu'il lui
croyait. Quelquefois il lui conseillait d'interrompre la nourriture de son enfant ; c'était précisément le seul moyen d'éloi-
gner tant qu'il lui plairait un éclaircissement entre elle et son

---

1   *vapeurs* : maladie exclusivement féminine, en grande partie imaginaire et liée à
l'hystérie ou à la mode, qui se caractérise par des étourdissements et des
évanouissements. Au XVIIIe siècle, une femme de haut rang considère de bon ton
d'être de temps à autre la proie de vapeurs.

435 mari. Desroches continuait donc de vivre à côté de sa femme
dans la plus entière sécurité sur le mystère de sa conduite,
lorsqu'un matin elle lui apparut grande, noble, digne, vêtue
du même habit et parée des mêmes ajustements qu'elle avait
portés dans la cérémonie domestique de la veille de son
440 mariage. Ce qu'elle avait de fraîcheur et d'embonpoint[1], ce
que la peine secrète dont elle était consumée lui avait ôté de
charmes, était réparé avec avantage par la noblesse de son
maintien. Desroches écrivait à son amie lorsque sa femme
entra. Le trouble les saisit l'un et l'autre, mais tous les deux
445 également habiles et intéressés à dissimuler, ce trouble ne fit
que passer. «Oh ma femme! s'écria Desroches en la voyant et
en chiffonnant, comme de[2] distraction, le papier qu'il avait
écrit, que vous êtes belle! Quels sont vos projets du jour?
– Mon projet, monsieur, est de rassembler les deux familles.
450 Nos amis, nos parents sont invités, et je compte sur vous.
– Certainement. À quelle heure me désirez-vous? – À quelle
heure je vous désire? mais... à l'heure accoutumée – Vous avez
un éventail et des gants, est-ce que vous sortez? – Si vous le
permettez. – Et pourrait-on savoir où vous allez? – Chez ma
455 mère. – Je vous prie de lui présenter mon respect. – Votre respect! – Assurément.» Mme Desroches ne rentra qu'à l'heure
de se mettre à table. Les convives étaient arrivés. On l'attendait. Aussitôt qu'elle parut, ce fut la même exclamation que
celle de son mari. Les hommes, les femmes l'entourèrent en
460 disant tous à la fois: «Mais voyez donc, qu'elle est belle!» Les
femmes rajustaient quelque chose qui s'était dérangé à sa
coiffure; les hommes, placés à distance et immobiles d'admi-
ration, répétaient entre eux: «Non, Dieu ni la nature n'ont
rien fait, n'ont rien pu faire de plus imposant, de plus grand,

---

1 *d'embonpoint*: de parfait état physique, de santé idéale. Le mot n'a aucun sens
péjoratif.
2 *de*: par.

465 de plus beau, de plus noble, de plus parfait. – Mais, ma
femme, lui disait Desroches, vous ne me paraissez pas assez
sensible à l'impression que vous faites sur nous. De grâce, ne
souriez pas; un souris[1], accompagné de tant de charmes,
nous ravirait à tous le sens commun. » Mme Desroches répon-
470 dit d'un léger mouvement d'indignation, détourna la tête et
porta son mouchoir à ses yeux qui commençaient à s'humec-
ter. Les femmes, qui remarquent tout, se demandaient tout
bas : « Qu'a-t-elle donc ? On dirait qu'elle a envie de pleurer. »
Desroches, qui les devinait, portait la main à son front et leur
475 faisait signe que la tête de madame était un peu dérangée.

– En effet, on m'écrivit au loin qu'il se répandait un bruit
sourd que la belle Mme Desroches, ci-devant la belle Mme de
La Carlière, était devenue folle.

– On servit. La gaieté se montrait sur tous les visages,
480 excepté sur celui de Mme de La Carlière. Desroches la plai-
santa légèrement sur son air de dignité. Il ne faisait pas assez
de cas de sa raison ni de celle de ses amis pour craindre le
danger d'un de ses souris. « Ma femme, si tu voulais sourire... » Mme de La Carlière affecta de ne pas entendre et
485 garda son air grave. Les femmes dirent que toutes les phy-
sionomies lui allaient si bien qu'on pouvait lui en laisser le
choix. Le repas est achevé ; on rentre dans le salon. Le cercle
est formé. Mme de La Carlière...

– Vous voulez dire Mme Desroches ?

490 – Non, il ne me plaît plus de l'appeler ainsi. Mme de La
Carlière sonne ; elle fait signe, on lui apporte son enfant. Elle
le reçoit en tremblant, elle découvre son sein, lui donne à
téter et le rend à la gouvernante, après l'avoir regardé triste-
ment et mouillé d'une larme qui tomba sur le visage de l'en-
495 fant. Elle dit, en essuyant cette larme : « Ce ne sera pas la
dernière. » Mais ces mots furent prononcés si bas qu'on les
entendit à peine. Ce spectacle attendrit tous les assistants et éta-

---

1   *souris* : sourire.

blit dans le salon un silence profond. Ce fut alors que Mme de La
Carlière se leva et, s'adressant à la compagnie, dit ce qui suit, ou
500 l'équivalent: «Mes parents, mes amis, vous y étiez tous le
jour que j'engageai ma foi à M. Desroches, et qu'il m'engagea la sienne. Les conditions auxquelles je reçus sa main et
lui donnai la mienne, vous vous les rappelez sans doute.
Monsieur Desroches, parlez. Ai-je été fidèle à mes pro-
505 messes? – Jusqu'au scrupule. – Et vous, monsieur, vous
m'avez trompée, vous m'avez trahie... – Moi, madame!
– Vous, monsieur. – Qui sont les malheureux, les indignes...
– Il n'y a de malheureux ici que moi, et d'indigne que vous...
– Madame... ma femme... – Je ne la suis plus... – Madame...
510 – Monsieur, n'ajoutez pas le mensonge et l'arrogance à la
perfidie. Plus vous vous défendrez, plus vous serez confus.
Épargnez-vous vous-même.» En achevant ces mots elle tira
les lettres de sa poche, en présenta de côté quelques-unes à
Desroches, et distribua les autres aux assistants. On les prit,
515 mais on ne les lisait pas. «Messieurs, mesdames, disait
Mme de La Carlière, lisez et jugez-nous. Vous ne sortirez
point d'ici sans avoir prononcé.» Puis s'adressant à
Desroches: «Vous, monsieur, vous devez reconnaître l'écriture.» On hésita encore, mais sur les instances réitérées de
520 Mme de La Carlière, on lut. Cependant Desroches, tremblant, immobile, s'était appuyé la tête contre une glace, le
dos tourné à la compagnie qu'il n'osait regarder. Un de ses
amis en eut pitié, le prit par la main et l'entraîna hors du
salon.
525   – Dans les détails qu'on me fit de cette scène, on me disait
qu'il avait été bien plat et sa femme honnêtement ridicule.
  – L'absence de Desroches mit à l'aise. On convint de sa
faute; on approuva le ressentiment de Mme de La Carlière,
pourvu qu'elle ne le poussât pas trop loin. On s'attroupa
530 autour d'elle, on la pressa, on la supplia, on la conjura. L'ami
qui avait entraîné Desroches entrait et sortait, l'instruisant

de ce qui se passait. Mme de La Carlière resta ferme dans une
résolution dont elle ne s'était point encore expliquée. Elle ne
répondait que le même mot à tout ce qu'on lui représentait.

535 Elle disait aux femmes : « Mesdames, je ne blâme point votre
indulgence… » aux hommes : « Messieurs, cela ne se peut ; la
confiance est perdue, et il n'y a point de ressource. » On
ramena le mari. Il était plus mort que vif. Il tomba plutôt
qu'il ne se jeta aux pieds de sa femme ; il y restait sans par-

540 ler. Mme de La Carlière lui dit : « Monsieur, relevez-vous. » Il
se releva, et elle ajouta : « Vous êtes un mauvais époux. Êtes-
vous, n'êtes-vous pas un galant homme[§], c'est ce que je vais
savoir. Je ne puis ni vous aimer ni vous estimer ; c'est vous
déclarer que nous ne sommes pas faits pour vivre ensemble.

545 Je vous abandonne ma fortune. Je n'en réclame qu'une partie suffisante pour ma subsistance étroite et celle de mon
enfant. Ma mère est prévenue, j'ai un logement préparé chez
elle, et vous permettrez que je l'aille occuper[1] sur-le-champ.
La seule grâce que je demande et que je suis en droit d'ob-

550 tenir, c'est de m'épargner un éclat[2] qui ne changerait pas
mes desseins[§], et dont le seul effet serait d'accélérer la cruelle
sentence que vous avez prononcée contre moi. Souffrez que
j'emporte mon enfant, et que j'attende à côté de ma mère
qu'elle me ferme les yeux ou que je ferme les siens. Si vous

555 avez de la peine, soyez sûr que ma douleur et le grand âge de
ma mère la finiront bientôt. » Cependant les pleurs cou-
laient de tous les yeux ; les femmes lui tenaient les mains ; les
hommes s'étaient prosternés. Mais ce fut lorsque Mme de La
Carlière s'avança vers la porte, tenant son enfant entre ses

560 bras, qu'on entendit des sanglots et des cris. Le mari criait :
« Ma femme ! ma femme ! écoutez-moi ; vous ne savez pas. »
Les hommes criaient, les femmes criaient : « Madame
Desroches ! madame ! » Le mari criait : « Mes amis, la laisserez-

---

1   *je l'aille occuper* : j'aille l'occuper.
2   *éclat* : scandale.

vous aller? Arrêtez-la, arrêtez-la donc! Qu'elle m'en-
565 tende, que je lui parle.» Comme on le pressait de se jeter au-
devant d'elle: «Non, disait-il, je ne saurais, je n'oserais: moi,
porter une main sur elle! la toucher! je n'en suis pas digne.»
Mme de La Carlière partit. J'étais chez sa mère lorsqu'elle y
arriva, brisée des efforts qu'elle s'était faits. Trois de ses
570 domestiques l'avaient descendue de sa voiture et la portaient par la tête et par les pieds; suivait la gouvernante, pâle
comme la mort, avec l'enfant endormi sur son sein. On
déposa cette malheureuse femme sur un lit de repos, où elle
resta un temps sans mouvement, sous les yeux de sa vieille
575 et respectable mère, qui ouvrait la bouche sans crier, qui
s'agitait autour d'elle, qui voulait secourir sa fille et qui ne le
pouvait. Enfin la connaissance lui revint, et ses premiers
mots, en levant les paupières, furent: «Je ne suis donc pas
morte? C'est une chose bien douce que d'être morte. Ma
580 mère, mettez-vous là, à côté de moi, et mourons toutes
deux. Mais si nous mourons, qui aura soin de ce pauvre
enfant?» Alors elle prit les deux mains sèches et tremblantes
de sa mère dans une des siennes, elle posa l'autre sur son
enfant; elle se mit à répandre un torrent de larmes: elle san-
585 glotait, elle voulait se plaindre, mais sa plainte et ses sanglots
étaient interrompus d'un hoquet violent. Lorsqu'elle put
articuler quelques paroles, elle dit: «Serait-il possible qu'il
souffrît autant que moi!» Cependant on s'occupait à conso-
ler Desroches et à lui persuader que le ressentiment d'une
590 faute aussi légère que la sienne ne pourrait durer; mais qu'il
fallait accorder quelques instants à l'orgueil d'une femme
fière, sensible et blessée, et que la solennité d'une cérémonie
extraordinaire engageait presque d'honneur à une
démarche violente. «C'est un peu notre faute, disaient les
595 hommes... – Vraiment oui, disaient les femmes, si nous
eussions vu sa sublime momerie[1] du même œil que le public

---

1   *vu sa sublime momerie* : considéré sa puérile volonté à cacher ses sentiments.

et la comtesse[1], rien de ce qui nous désole à présent ne serait
arrivé. – C'est que les choses d'un certain appareil[2] nous en
imposent et que nous nous laissons aller à une sotte admi-
600 ration, lorsqu'il n'y aurait qu'à hausser les épaules et à rire...
– Vous verrez, vous verrez le beau train que cette dernière
scène va faire, et comme on nous y tympanisera tous[3]. »
    – Entre nous, cela prêtait.
    – De ce jour, Mme de La Carlière reprit son nom de veuve
605 et ne souffrit jamais qu'on l'appelât Mme Desroches. Sa
porte, longtemps fermée à tout le monde, le fut pour toujours à son mari. Il écrivit, on brûla ses lettres sans les
ouvrir. Mme de La Carlière déclara à ses parents et à ses amis
qu'elle cesserait de voir le premier qui intercéderait pour lui.
610 Les prêtres s'en mêlèrent sans fruit[4]. Pour les grands[5], elle
rejeta leur médiation avec tant de hauteur et de fermeté
qu'elle en fut bientôt délivrée.
    – Ils dirent sans doute que c'était une impertinente, une
prude§ renforcée.
615   – Et les autres le répétèrent tous d'après eux. Cependant
elle était absorbée dans la mélancolie ; sa santé s'était
détruite avec une rapidité inconcevable. Tant de personnes
étaient confidentes de cette séparation inattendue et du
motif singulier qui l'avait amenée, que ce fut bientôt l'entre-
620 tien général. C'est ici que je vous prie de détourner vos yeux,
s'il se peut, de Mme de La Carlière, pour les fixer sur le
public, sur cette foule imbécile qui nous juge, qui dispose de

---

1   *la comtesse* : c'est-à-dire la cousine de Mme de La Carlière qui se moquait d'elle en
    la parodiant.
2   *les choses d'un certain appareil* : les actes publics faits avec importance et dignité.
3   *on nous y tympanisera tous* : on entachera publiquement notre réputation à tous
    (en colportant l'histoire).
4   *fruit* : résultat.
5   *les grands* : les hommes de haute position ou fonction sociale.

notre honneur, qui nous porte aux nues ou qui nous traîne
dans la fange, et qu'on respecte d'autant plus qu'on a moins
625 d'énergie et de vertu. Esclaves du public, vous pourrez être
les fils adoptifs du tyran, mais vous ne verrez jamais le quatrième jour des Ides[1]!... Il n'y avait qu'un avis sur la conduite
de Mme de La Carlière : « C'était une folle à enfermer. – Le bel
exemple à donner et à suivre ! – C'est à séparer les trois
630 quarts des maris de leurs femmes. – Les trois quarts, dites-
vous ? Est-ce qu'il y en a deux sur cent qui soient fidèles à la
rigueur ? – Mme de La Carlière est très aimable, sans contre-
dit ; elle avait fait ses conditions, d'accord ; c'est la beauté, la
vertu, l'honnêteté même ; ajoutez que le chevalier lui doit
635 tout ; mais aussi vouloir, dans tout un royaume, être
l'unique à qui son mari s'en tienne strictement, la prétention est par trop ridicule. » Et puis l'on continuait : « Si le
Desroches en est si féru[2], que ne s'adresse-t-il aux lois, et
que ne met-il cette femme à la raison ? » Jugez de ce qu'ils
640 auraient dit, si Desroches ou son ami avait pu s'expliquer ;
mais tout les réduisait au silence. Ces derniers propos furent
inutilement rebattus aux oreilles du chevalier. Il eût tout
mis en œuvre pour recouvrer sa femme, excepté la violence.
Cependant Mme de La Carlière était une femme vénérée ; et
645 du centre de ces voix qui la blâmaient, il s'en élevait
quelques-unes qui hasardaient un mot de défense, mais un
mot bien timide, bien faible, bien réservé, moins de conviction que d'honnêteté.

---

1   *quatrième jour des Ides* : allusion à des assassinats commis pendant les fêtes des Ides
     dans la Rome antique ; celui de Jules César par Brutus, son fils adoptif, en
     44 av. J.-C. ; et celui de Galba, tyran de la cité, qui adopte un fils auquel il veut
     transmettre le pouvoir pour spolier les droits de son fils légitime Othon. Aux Ides
     de février 69, les Romains massacrèrent Galba et l'usurpateur, puis couronnèrent
     Othon.

2   *féru* : épris, passionnément amoureux.

    – Dans les circonstances les plus équivoques, le parti de
650 l'honnêteté se grossit sans cesse de transfuges[1].

    – C'est bien vu.

    – Le malheur qui dure réconcilie avec tous les hommes,
et la perte des charmes d'une belle femme la réconcilie avec
toutes les autres.

655   – Encore mieux. En effet, lorsque la belle Mme de La
Carlière ne présenta plus que son squelette, le propos de la
commisération[2] se mêla à celui du blâme: «S'éteindre à la
fleur de son âge, passer[3] ainsi, et cela par la trahison d'un
homme qu'elle avait bien averti, qui devait la connaître, et
660 qui n'avait qu'un seul moyen d'acquitter tout ce qu'elle avait
fait pour lui: car, entre nous, lorsque Desroches l'épousa,
c'était un cadet de Bretagne[4] qui n'avait que la cape et l'épée.
– La pauvre Mme de La Carlière! cela est pourtant bien triste.
– Mais aussi, pourquoi ne pas retourner avec lui? – Ah!
665 pourquoi? C'est que chacun a son caractère, et qu'il serait
peut-être à souhaiter que celui-là fût plus commun; nos seigneurs et maîtres y regarderaient à deux fois.» Tandis qu'on
s'amusait ainsi pour et contre, en faisant du filet[5] ou en bro-
dant une veste, et que la balance penchait insensiblement en
670 faveur de Mme de La Carlière, Desroches était tombé dans un
état déplorable d'esprit et de corps, mais on ne le voyait pas;
il s'était retiré à la campagne, où il attendait, dans la douleur
et dans l'ennui, un sentiment de pitié qu'il avait inutilement
sollicité par toutes les voies de la soumission. De son côté,
675 réduite au dernier degré d'appauvrissement et de faiblesse,
Mme de La Carlière fut obligée de remettre à une mercenaire[6]
la nourriture de son enfant. L'accident qu'elle redoutait d'un

---

1   *transfuges*: traîtres, dissidents.

2   *commisération*: pitié, apitoiement, compassion.

3   *passer*: mourir.

4   *cadet de Bretagne*: simple soldat. (Ce qui est faux, puisque Desroches avait acheté
    un grade.)

5   *en faisant du filet*: en tricotant.

6   *mercenaire*: nourrice.

changement de lait arriva ; de jour en jour, l'enfant dépérit et
mourut. Ce fut alors qu'on dit : « Savez-vous ? cette pauvre
680 Mme de La Carlière a perdu son enfant... – Elle doit être
inconsolable. – Qu'appelez-vous inconsolable ? C'est un chagrin qui ne se conçoit pas. Je l'ai vue ; cela fait pitié ! on n'y
tient pas[1]. – Et Desroches ? – Ne me parlez pas des hommes ;
ce sont des tigres. Si cette femme lui était un peu chère, est-
685 ce qu'il serait à sa campagne ? est-ce qu'il n'aurait pas
accouru ? est-ce qu'il ne l'obséderait pas dans les rues, dans
les églises, à sa porte ? C'est qu'on se fait ouvrir une porte
quand on le veut bien ; c'est qu'on y reste, qu'on y couche,
qu'on y meurt. » C'est que Desroches n'avait omis aucune de
690 ces choses, et qu'on l'ignorait ; car le point important n'est
pas de savoir, mais de parler. On parlait donc : « L'enfant est
mort. Qui sait si ce n'aurait pas été un monstre comme son
père ? – La mère se meurt. – Et le mari que fait-il pendant ce
temps-là ? – Belle question ! Le jour, il court la forêt à la suite
695 de ses chiens, et il passe la nuit à crapuler avec des espèces
comme lui. – Fort bien ! » Autre événement : Desroches avait
obtenu les honneurs de son état. Lorsqu'il épousa, Mme de La
Carlière avait exigé qu'il quittât le service et qu'il cédât son
régiment à son frère cadet.
700   – Est-ce que Desroches avait un cadet ?
         – Non, mais bien Mme de La Carlière.
         – Eh bien ?
         – Eh bien ! le jeune homme est tué à la première bataille,
et voilà qu'on s'écrie de tous côtés : « Le malheur est entré
705 dans cette maison avec ce Desroches ! » À les entendre, on eût
cru que le coup dont le jeune officier avait été tué était parti
de la main de Desroches. C'était un déchaînement, un dérai-
sonnement aussi général qu'inconcevable. À mesure que les
peines de Mme de La Carlière se succédaient, le caractère de
710 Desroches se noircissait, sa trahison s'exagérait et, sans en

---

1 *on n'y tient pas* : on ne supporte pas ce spectacle.

être ni plus ni moins coupable, il en devenait de jour en jour plus odieux. Vous croyez que c'est tout? Non, non. La mère de Mme de La Carlière avait ses soixante-seize ans passés. Je conçois que la mort de son petit-fils et le spectacle assidu de
715 la douleur de sa fille suffisaient pour abréger ses jours; mais elle était décrépite, mais elle était infirme. N'importe: on oublia sa vieillesse et ses infirmités, et Desroches fut encore responsable de sa mort. Pour le coup, on trancha le mot; et ce fut un misérable, dont Mme de La Carlière ne pouvait se
720 rapprocher sans fouler aux pieds toute pudeur; le meurtrier de sa mère, de son frère, de son fils!

— Mais, d'après cette belle logique, si Mme de La Carlière fût morte, surtout après une maladie longue et douloureuse qui eût permis à l'injustice et à la haine publiques de faire
725 tous leurs progrès, ils auraient dû le regarder comme l'exécrable assassin de toute une famille.

— C'est ce qui arriva et ce qu'ils firent.

— Bon!

— Si vous ne m'en croyez pas, adressez-vous à quelques-
730 uns de ceux qui sont ici, et vous verrez comment ils s'en expliqueront. S'il est resté seul dans le salon, c'est qu'au moment où il s'est présenté, chacun lui a tourné le dos.

— Pourquoi donc? On sait qu'un homme est un coquin; mais cela n'empêche pas qu'on ne l'accueille.

735 — L'affaire est un peu récente, et tous ces gens-là sont les parents ou les amis de la défunte. Mme de La Carlière mourut la seconde fête de la Pentecôte[1] dernière, et savez-vous où? À Saint-Eustache[2], à la messe de la paroisse, au milieu d'un peuple nombreux.

740 — Mais quelle folie! On meurt dans son lit. Qui est-ce qui s'est jamais avisé de mourir à l'église? Cette femme avait projeté d'être bizarre jusqu'au bout.

---

1   *seconde fête de la Pentecôte*: fête chrétienne du septième dimanche après Pâques (au mois de mai ou juin). La seconde fête, c'est le lundi qui suit et qui est aussi férié.

2   *Saint-Eustache*: église de Paris, située aujourd'hui devant le Forum des Halles.

– Oui, bizarre; c'est le mot. Elle se trouvait un peu
mieux; elle s'était confessée la veille; elle se croyait assez de
745 force pour aller recevoir le sacrement à l'église, au lieu de
l'appeler chez elle. On la porte dans une chaise[5]. Elle entend
l'office, sans se plaindre et sans paraître souffrir. Le moment
de la communion arrive. Ses femmes lui donnent le bras et
la conduisent à la sainte table; le prêtre la communie, elle
750 s'incline comme pour se recueillir et elle expire.

– Elle expire!

– Oui, elle expire bizarrement, comme vous l'avez dit.

– Et Dieu sait le tumulte!

– Laissons cela, on le conçoit de reste, et venons à la suite.

755 – C'est que cette femme en devint cent fois plus intéressante, et son mari cent fois plus abominable.

– Cela va sans dire.

– Et ce n'est pas tout?

– Non. Le hasard voulut que Desroches se trouvât sur le
760 passage de Mme de La Carlière lorsqu'on la transférait morte
de l'église dans sa maison.

– Tout semble conspirer contre ce pauvre diable.

– Il approche, il reconnaît sa femme, il pousse des cris.
On demande qui est cet homme. Du milieu de la foule il
765 s'élève une voix indiscrète (c'était celle d'un prêtre de la
paroisse), qui dit: «C'est l'assassin de cette femme.»
Desroches ajoute, en se tordant les bras, en s'arrachant les
cheveux: «Oui, oui, je le suis.» À l'instant, on s'attroupe
autour de lui, on le charge d'imprécations, on ramasse des
770 pierres; et c'était un homme assommé sur la place, si
quelques honnêtes gens ne l'avaient sauvé de la fureur de la
populace irritée.

– Et quelle avait été sa conduite pendant la maladie de
sa femme?

775 – Aussi bonne qu'elle pouvait l'être. Trompé, comme nous

tous, par Mme de La Carlière qui dérobait[1] aux autres et qui
peut-être se dissimulait à elle-même sa fin prochaine...

— J'entends[§] : il n'en fut pas moins un barbare, un inhumain.

— Une bête féroce, qui avait enfoncé peu à peu un poi-
780 gnard dans le sein d'une femme divine, son épouse et sa
bienfaitrice, et qu'il avait laissé périr sans se montrer, sans
donner le moindre signe d'intérêt et de sensibilité.

— Et cela pour n'avoir pas su ce qu'on lui cachait.

— Et ce qui était ignoré de ceux mêmes qui vivaient
785 autour d'elle.

— Et qui étaient à portée de la voir tous les jours.

— Précisément, et voilà ce que c'est que le jugement public
de nos actions particulières ; voilà comme une faute légère...

— Oh ! très légère.

790 — S'aggrave à leurs yeux par une suite d'événements qu'il
était de toute impossibilité de prévoir et d'empêcher.

— Même par des circonstances tout à fait étrangères à la
première origine, telles que la mort du frère de Mme de La
Carlière par la cession du régiment de Desroches.

795 — C'est qu'ils sont en bien comme en mal alternativement
panégyristes[2] ridicules ou censeurs[3] absurdes. L'événement est
toujours la mesure de leur éloge ou de leur blâme. Mon ami,
écoutez-les, s'ils ne vous ennuient pas, mais ne les croyez point,
et ne les répétez jamais, sous peine d'appuyer une impertinence
800 de la vôtre. À quoi pensez-vous donc ? vous rêvez.

— Je change la thèse, en supposant un procédé plus ordinaire à Mme de La Carlière. Elle trouve les lettres ; elle boude.
Au bout de quelques jours, l'humeur amène une explication,
et l'oreiller un raccommodement, comme c'est l'usage. Malgré
805 les excuses, les protestations et les serments renouvelés, le
caractère léger de Desroches le rentraîne dans une seconde

---

1   *dérobait* : cachait son état de santé.
2   *panégyristes* : louangeurs, auteurs d'éloges excessifs.
3   *censeurs* : critiques, juges malveillants.

erreur. Autre bouderie, autre explication, autre raccommodement, autres serments, autres parjures, et ainsi de suite pendant une trentaine d'années, comme c'est l'usage. Cependant
810 Desroches est un galant homme§, qui s'occupe à réparer par
des égards multipliés, par une complaisance sans bornes, une
assez petite injure.

    – Comme il n'est pas toujours d'usage.

    – Point de séparation, point d'éclat§ ; ils vivent ensemble
815 comme nous vivons tous ; et la belle-mère, et la mère, et le
frère et l'enfant seraient morts qu'on n'en aurait pas sonné
le mot[1].

    – Ou qu'on n'en aurait parlé que pour plaindre un infor-
tuné poursuivi par le sort et accablé de malheurs.

820   – Il est vrai.

    – D'où je conclus que vous n'êtes pas loin d'accorder à
cette vilaine bête à cent mille mauvaises têtes et à autant de
mauvaises langues tout le mépris qu'elle mérite. Mais tôt ou
tard, le sens commun lui revient, et le discours de l'avenir
825 rectifie le bavardage du présent.

    – Ainsi vous croyez qu'il y aura un moment où la chose
sera vue telle qu'elle est, Mme de La Carlière accusée et
Desroches absous ?

    – Je ne pense pas même que ce moment soit éloigné.
830 Premièrement, parce que les absents ont tort et qu'il n'y a pas
d'absent plus absent qu'un mort. Secondement, c'est qu'on
parle, on dispute, les aventures les plus usées reparaissent en
conversation et sont pesées avec moins de partialité : c'est
qu'on verra peut-être encore dix ans ce pauvre Desroches,
835 comme vous l'avez vu, traînant de maison en maison sa malheureuse existence ; qu'on se rapprochera de lui, qu'on l'in-
terrogera, qu'on l'écoutera, qu'il n'aura plus aucune raison
de se taire, qu'on saura le fond de son histoire, qu'on réduira
sa première sottise à rien.

---

1   *sonné le mot* : retenu la nouvelle, diffusé avec tapage la nouvelle.

840   — À ce qu'elle vaut.

— Et que nous sommes assez jeunes tous deux pour entendre traiter la belle, la grande, la vertueuse, la digne Mme de La Carlière d'inflexible et hautaine bégueule[1] ; car ils se poussent tous les uns les autres, et comme ils n'ont point
845 de règles dans leurs jugements, ils n'ont pas plus de mesure dans leur expression.

— Mais si vous aviez une fille à marier, la donneriez-vous à Desroches ?

— Sans délibérer, parce que le hasard l'avait engagé dans
850 un de ces pas glissants dont ni vous, ni moi, ni personne ne peut se promettre de se tirer ; parce que l'amitié, l'honnêteté, la bienfaisance, toutes les circonstances possibles avaient préparé sa faute et son excuse ; parce que la conduite qu'il a tenue, depuis sa séparation volontaire d'avec sa
855 femme, a été irrépréhensible, et que, sans approuver les maris infidèles, je ne prise pas autrement[2] les femmes qui mettent tant d'importance à cette rare qualité. Et puis j'ai mes idées, peut-être justes, à coup sûr bizarres, sur certaines actions, que je regarde moins comme des vices de l'homme
860 que comme des conséquences de nos législations absurdes, sources de mœurs aussi absurdes qu'elles, et d'une dépravation que j'appellerais volontiers artificielle. Cela n'est pas trop clair, mais cela s'éclaircira peut-être une autre fois. Et regagnons notre gîte. J'entends d'ici les cris enroués de deux
865 ou trois de nos vieilles brelandières[3] qui vous appellent, sans compter que voilà le jour qui tombe et la nuit qui s'avance avec ce nombreux cortège d'étoiles que je vous avais promis.

— Il est vrai. »

---

1   *bégueule* : femme ridiculement vertueuse qui se scandalise pour un rien.
2   *je ne prise pas autrement* : je n'admire, n'apprécie, n'aime pas plus que cela.
3   *brelandières* : joueuses de cartes ; femmes qui jouent au brelan.

Gravure d'après *La dame du Palais de la Reine,*
tableau de Moreau Le Jeune.

Gravure de l'édition originale illustrant la rencontre entre
Diderot et la maréchale de Broglie, en 1771.

ENTRETIEN D'UN PHILOSOPHE AVEC LA MARÉCHALE DE ***[1]

J'avais je ne sais quelle affaire à traiter avec le maréchal de ***; j'allai à son hôtel[2], un matin; il était absent: je me fis annoncer à madame la maréchale. C'est une femme charmante; elle est belle et dévote§ comme un ange; elle a la dou-
5 ceur peinte sur son visage; et puis, un son de voix et une naïveté de discours tout à fait avenants à sa physionomie. Elle était à sa toilette. On m'approche un fauteuil; je m'assieds, et nous causons. Sur quelques propos de ma part, qui l'édifièrent et qui la surprirent (car elle était dans l'opinion
10 que celui qui nie la très sainte Trinité est un homme de sac et de corde[3], qui finira par être pendu), elle me dit: «N'êtes-vous pas monsieur Diderot?

DIDEROT. – Oui, madame.

LA MARÉCHALE. – C'est donc vous qui ne croyez rien?
15 DIDEROT. – Moi-même.

LA MARÉCHALE. – Cependant votre morale est d'un croyant.

DIDEROT. – Pourquoi non, quand il est honnête homme§?

LA MARÉCHALE. – Et cette morale-là, vous la pratiquez?
20 DIDEROT. – De mon mieux.

LA MARÉCHALE. – Quoi! vous ne volez point, vous ne tuez point, vous ne pillez point?

DIDEROT. – Très rarement.

LA MARÉCHALE. – Que gagnez-vous donc à ne pas croire?
25 DIDEROT. – Rien du tout, madame la maréchale. Est-ce qu'on croit, parce qu'il y a quelque chose à gagner?

LA MARÉCHALE. – Je ne sais; mais la raison d'intérêt ne gâte rien aux affaires de ce monde ni de l'autre.

---

1   *maréchale de ****: au XVIIIe siècle, l'identité d'une personne de haut rang est, par décence, masquée par trois astérisques. Il s'agit ici de la maréchale de Broglie.

2   *hôtel*: il s'agit d'un hôtel privé, grande demeure parisienne des nantis.

3   *un homme de sac et de corde*: un criminel, un bandit.

DIDEROT. – J'en suis un peu fâché pour notre pauvre
30   espèce humaine. Nous ne valons pas mieux.

LA MARÉCHALE. – Mais quoi! vous ne volez point?

DIDEROT. – Non, d'honneur.

LA MARÉCHALE. – Si vous n'êtes ni voleur ni assassin,
convenez du moins que vous n'êtes pas conséquent.

35   DIDEROT. – Pourquoi donc?

LA MARÉCHALE. – C'est qu'il me semble que si je n'avais
rien à espérer ni à craindre, quand je n'y serai plus, il y a bien
de petites douceurs dont je ne me priverais pas, à présent que
j'y suis. J'avoue que je prête à Dieu à la petite semaine[1].

40   DIDEROT. – Vous l'imaginez.

LA MARÉCHALE. – Ce n'est point une imagination,
c'est un fait.

DIDEROT. – Et pourrait-on vous demander quelles sont ces
choses que vous vous permettriez, si vous étiez incrédule[2]?

45   LA MARÉCHALE. – Non pas, s'il vous plaît; c'est un
article de ma confession.

DIDEROT. – Pour moi, je mets à fonds perdu[3].

LA MARÉCHALE. – C'est la ressource des gueux[4].

DIDEROT. – M'aimeriez-vous mieux usurier[5]?

50   LA MARÉCHALE. – Mais oui; on peut faire l'usure[6] avec
Dieu tant qu'on veut: on ne le ruine pas. Je sais bien que cela
n'est pas délicat, mais qu'importe? Comme le point est d'at-
traper le ciel, d'adresse ou de force, il faut tout porter[7] en
ligne de compte, ne négliger aucun profit. Hélas! nous
55   aurons beau faire, notre mise sera toujours bien mesquine

---

1   *à la petite semaine*: au jour le jour.
2   *incrédule*: qui ne croit pas en Dieu, athée.
3   *je mets à fonds perdu*: je dépense à tort et à travers; j'investis sans rien escompter.
    Diderot use d'un vocabulaire financier pour parler de son attitude athée qui
    refuse la foi en Dieu.
4   *gueux*: pauvres, misérables, voyous.
5   *usurier*: prêteur sur gage.
6   *usure*: encaissement de l'intérêt sur un prêt.
7   *porter*: prendre.

en comparaison de la rentrée que nous attendons. Et vous n'attendez rien, vous?

DIDEROT. – Rien.

LA MARÉCHALE. – Cela est triste. Convenez donc que
60 vous êtes bien méchant ou bien fou!

DIDEROT. – En vérité, je ne saurais, madame la maréchale.

LA MARÉCHALE. – Quel motif peut avoir un incrédule[§] d'être bon, s'il n'est pas fou? Je voudrais bien le savoir.

DIDEROT. – Et je vais vous le dire.

65 LA MARÉCHALE. – Vous m'obligerez[1].

DIDEROT. – Ne pensez-vous pas qu'on peut être si heureusement né, qu'on trouve un grand plaisir à faire le bien?

LA MARÉCHALE. – Je le pense.

DIDEROT. – Qu'on peut avoir reçu une excellente éduca-
70 tion, qui fortifie le penchant naturel à la bienfaisance?

LA MARÉCHALE. – Assurément.

DIDEROT. – Et que, dans un âge plus avancé, l'expérience nous ait convaincus, qu'à tout prendre, il vaut mieux, pour son bonheur dans ce monde, être un honnête homme[§]
75 qu'un coquin?

LA MARÉCHALE. – Oui-da; mais comment est-on honnête homme, lorsque de mauvais principes se joignent aux passions pour entraîner au mal?

DIDEROT. – On est inconséquent: et y a-t-il rien de plus
80 commun que d'être inconséquent!

LA MARÉCHALE. – Hélas! malheureusement, non: on croit, et tous les jours on se conduit comme si l'on ne croyait pas.

DIDEROT. – Et sans croire, l'on se conduit à peu près
85 comme si l'on croyait.

LA MARÉCHALE. – À la bonne heure; mais quel inconvénient y aurait-il à avoir une raison de plus; la religion,

---

1   *Vous m'obligerez*: vous me rendrez service; vous me ferez plaisir.

pour faire le bien, et une raison de moins, l'incrédulité[1],
pour mal faire ?

90   DIDEROT. – Aucun, si la religion était un motif de faire
le bien, et l'incrédulité un motif de faire le mal.

LA MARÉCHALE. – Est-ce qu'il y a quelque doute là-
dessus ? Est-ce que l'esprit de religion n'est pas de contrarier
sans cesse cette vilaine nature corrompue, et celui de l'in-
95   crédulité, de l'abandonner à sa malice, en l'affranchissant de
la crainte ?

DIDEROT. – Ceci, madame la maréchale, va nous jeter
dans une longue discussion.

LA MARÉCHALE. – Qu'est-ce que cela fait ? Le maréchal
100   ne rentrera pas sitôt ; et il vaut mieux que nous parlions raison, que de médire[2] de notre prochain.

DIDEROT. – Il faudra que je reprenne les choses d'un
peu haut.

LA MARÉCHALE. – De si haut que vous voudrez,
105   pourvu que je vous entende[§].

DIDEROT. – Si vous ne m'entendiez pas, ce serait bien
ma faute.

LA MARÉCHALE. – Cela est poli ; mais il faut que vous
sachiez que je n'ai jamais lu que mes heures[3], et que je ne me
110   suis guère occupée qu'à pratiquer l'Évangile et à faire des
enfants.

DIDEROT. – Ce sont deux devoirs dont vous vous êtes
bien acquittée.

LA MARÉCHALE. – Oui, pour les enfants vous en avez
115   trouvé six autour de moi, et dans quelques jours vous en
pourriez voir un de plus sur mes genoux ; mais commencez.

DIDEROT. – Madame la maréchale, y a-t-il quelque bien,
dans ce monde-ci, qui soit sans inconvénient ?

---

1   *incrédulité* : absence de croyance en Dieu, athéisme.

2   *médire* : parler en mal, faire des commérages.

3   *mes heures* : mes prières. Un livre d'Heures est un recueil de prières à réciter.

LA MARÉCHALE. – Aucun.

120   DIDEROT. – Et quelque mal qui soit sans avantage?

LA MARÉCHALE. – Aucun.

DIDEROT. – Qu'appelez-vous donc mal ou bien?

LA MARÉCHALE. – Le mal, ce sera ce qui a plus d'inconvénients que d'avantages; et le bien, au contraire, ce qui a
125   plus d'avantages que d'inconvénients.

DIDEROT. – Madame la maréchale aura-t-elle la bonté
de se souvenir de sa définition du bien et du mal?

LA MARÉCHALE. – Je m'en souviendrai. Vous appelez
cela une définition?

130   DIDEROT. – Oui.

LA MARÉCHALE. – C'est donc de la philosophie?

DIDEROT. – Excellente.

LA MARÉCHALE. – Et j'ai fait de la philosophie!

DIDEROT. – Ainsi, vous êtes persuadée que la religion a
135   plus d'avantages que d'inconvénients; et c'est pour cela que
vous l'appelez un bien?

LA MARÉCHALE. – Oui.

DIDEROT. – Pour moi, je ne doute point que votre
intendant ne vous vole un peu moins la veille de Pâques que
140   le lendemain des fêtes; et que de temps en temps la religion
n'empêche nombre de petits maux et ne produise nombre
de petits biens.

LA MARÉCHALE. – Petit à petit, cela fait somme.

DIDEROT. – Mais croyez-vous que les terribles ravages
145   qu'elle a causés dans les temps passés, et qu'elle causera dans
les temps à venir, soient suffisamment compensés par ces
guenilleux avantages-là? Songez qu'elle a créé et qu'elle perpétue la plus violente antipathie entre les nations. Il n'y a
pas un musulman qui n'imaginât faire une action agréable
150   à Dieu et à son Prophète, en exterminant tous les chrétiens,
qui, de leur côté, ne sont guère plus tolérants. Songez qu'elle
a créé et qu'elle perpétue, dans une même contrée, des divi-
sions qui se sont rarement éteintes sans effusion de sang.

Notre histoire ne nous en offre que de trop récents et trop
155   funestes exemples. Songez qu'elle a créé et qu'elle perpétue
dans la société entre les citoyens, et dans les familles entre les
proches, les haines les plus fortes et les plus constantes. Le
Christ a dit qu'il était venu pour séparer l'époux de la femme,
la mère de ses enfants, le frère de sa sœur, l'ami de l'ami[1] ; et
160   sa prédiction ne s'est que trop fidèlement accomplie.

LA MARÉCHALE. – Voilà bien les abus ; mais ce n'est pas
la chose.

DIDEROT. – C'est la chose, si les abus en sont inséparables.

LA MARÉCHALE. – Et comment me montrerez-vous
165   que les abus de la religion sont inséparables de la religion ?

DIDEROT. – Très aisément : dites-moi, si un misanthrope[2] s'était proposé de faire le malheur du genre humain,
qu'aurait-il pu inventer de mieux que la croyance en un être
incompréhensible, sur lequel les hommes n'auraient jamais
170   pu s'entendre[§], et auquel ils auraient attaché plus d'importance qu'à leur vie ? Or est-il possible de séparer de la notion
d'une divinité l'incompréhensibilité la plus profonde et
l'importance la plus grande ?

LA MARÉCHALE. – Non.

175   DIDEROT. – Concluez donc.

LA MARÉCHALE. – Je conclus que c'est une idée qui
n'est pas sans conséquence dans la tête des fous.

DIDEROT. – Et ajoutez que les fous ont toujours été et
seront toujours le plus grand nombre ; et que les plus dan-
180   gereux, ce sont ceux que la religion fait, et dont les pertur-
bateurs de la société savent tirer bon parti dans l'occasion.

LA MARÉCHALE. – Mais il faut quelque chose qui
effraye les hommes sur les mauvaises actions qui échappent

---

1   *Le Christ a dit qu'il était venu pour séparer l'époux de la femme, la mère de ses*
enfants, le frère de sa sœur, l'ami de l'ami : paraphrase de l'Évangile selon saint
Luc, XII, 51-53.

2   *misanthrope* : individu qui déteste la société des hommes.

à la sévérité des lois; et si vous détruisez la religion, que lui
185 substituerez-vous?

DIDEROT. – Quand je n'aurais rien à mettre à la place, ce
serait toujours un terrible préjugé de moins; sans compter
que, dans aucun siècle et chez aucune nation, les opinions
religieuses n'ont servi de base aux mœurs nationales. Les
190 dieux qu'adoraient ces vieux Grecs et ces vieux Romains, les
plus honnêtes gens de la terre, étaient la canaille la plus dis-
solue: un Jupiter[1], à brûler tout vif; une Vénus[§], à enfermer
à l'Hôpital[2]; un Mercure[3], à mettre à Bicêtre[4].

LA MARÉCHALE. – Et vous pensez qu'il est tout à fait
195 indifférent que nous soyons chrétiens ou païens; que
païens, nous n'en vaudrions pas moins; et que chrétiens,
nous n'en valons pas mieux?

DIDEROT. – Ma foi, j'en suis convaincu, à cela près que
nous serions un peu plus gais.

200 LA MARÉCHALE. – Cela ne se peut.

DIDEROT. – Mais, madame la maréchale, est-ce qu'il y a
des chrétiens? Je n'en ai jamais vu.

LA MARÉCHALE. – Et c'est à moi que vous dites cela, à moi?

DIDEROT. – Non, madame, ce n'est pas à vous; c'est à
205 une de mes voisines qui est honnête et pieuse comme vous
l'êtes, et qui se croyait chrétienne de la meilleure foi du
monde, comme vous vous le croyez.

LA MARÉCHALE. – Et vous lui fîtes voir qu'elle avait tort?

DIDEROT. – En un instant.

210 LA MARÉCHALE. – Comment vous y prîtes-vous?

DIDEROT. – J'ouvris un Nouveau Testament, dont elle
s'était beaucoup servie, car il était fort usé. Je lui lus le
Sermon sur la montagne, et à chaque article je lui demandai:

---

1 *Jupiter*: le dieu des dieux de l'Olympe. Il contrôle la foudre.
2 *l'Hôpital*: lieu où l'on enferme et soigne les prostituées.
3 *Mercure*: dieu mythologique des voyageurs et du commerce.
4 *Bicêtre*: hospice pour les malades, les fous et les prisonniers politiques.

« Faites-vous cela ? et cela donc ? et cela encore ? » J'allai plus
215   loin. Elle est belle, et quoiqu'elle soit très dévote[§], elle ne
l'ignore pas ; elle a la peau très blanche, et quoiqu'elle n'attache pas un grand prix à ce frêle avantage, elle n'est pas
fâchée qu'on en fasse l'éloge ; elle a la gorge[§] aussi bien qu'il
soit possible de l'avoir, et, quoiqu'elle soit très modeste, elle
220   trouve bon qu'on s'en aperçoive.

LA MARÉCHALE. – Pourvu qu'il n'y ait qu'elle et son
mari qui le sachent.

DIDEROT. – Je crois que son mari le sait mieux qu'un
autre ; mais pour une femme qui se pique de grand christia-
225   nisme, cela ne suffit pas. Je lui dis : « N'est-il pas écrit dans
l'Évangile que celui qui a convoité la femme de son prochain a commis l'adultère dans son cœur ? »

LA MARÉCHALE. – Elle vous répondit que oui ?

DIDEROT. – Je lui dis : « Et l'adultère commis dans le
230   cœur ne damne-t-il pas aussi sûrement qu'un adultère
mieux conditionné ? »

LA MARÉCHALE. – Elle vous répondit encore que oui ?

DIDEROT. – Je lui dis : « Et si l'homme est damné pour
l'adultère qu'il a commis dans le cœur, quel sera le sort de la
235   femme qui invite tous ceux qui l'approchent à commettre ce
crime ? » Cette dernière question l'embarrassa.

LA MARÉCHALE. – Je comprends ; c'est qu'elle ne voi-
lait pas fort exactement cette gorge, qu'elle avait aussi bien
qu'il est possible de l'avoir.

240   DIDEROT. – Il est vrai. Elle me répondit que c'était une
chose d'usage ; comme si rien n'était plus d'usage que de
s'appeler chrétien, et de ne l'être pas ; qu'il ne fallait pas se
vêtir ridiculement, comme s'il y avait quelque comparaison
à faire entre un misérable petit ridicule, sa damnation éter-
245   nelle et celle de son prochain ; qu'elle se laissait habiller par
sa couturière, comme s'il ne valait pas mieux changer de
couturière que renoncer à sa religion ; que c'était la fantaisie
de son mari, comme si un époux était assez insensé d'exiger

de sa femme l'oubli de la décence et de ses devoirs, et qu'une
250 véritable chrétienne dût pousser l'obéissance pour un
époux extravagant jusqu'au sacrifice de la volonté de son
Dieu et au mépris des menaces de son rédempteur!

LA MARÉCHALE. – Je savais d'avance toutes ces puérilités-
là; je vous les aurais peut-être dites comme votre voisine;
255 mais elle et moi nous aurions été toutes deux de mauvaise foi.
Mais quel parti prit-elle d'après votre remontrance?

DIDEROT. – Le lendemain de cette conversation (c'était
un jour de fête), je remontais chez moi, et ma dévote et
belle voisine descendait de chez elle pour aller à la messe.

260 LA MARÉCHALE. – Vêtue comme de coutume?

DIDEROT. – Vêtue comme de coutume. Je souris, elle
sourit; et nous passâmes l'un à côté de l'autre sans nous
parler. Madame la maréchale, une honnête femme! une
chrétienne! une dévote! Après cet exemple, et cent mille
265 autres de la même espèce, quelle influence réelle puis-je
accorder à la religion sur les mœurs? Presque aucune, et
tant mieux.

LA MARÉCHALE. – Comment, tant mieux?

DIDEROT. – Oui, madame: s'il prenait en fantaisie à
270 vingt mille habitants de Paris de conformer strictement leur
conduite au Sermon sur la montagne...

LA MARÉCHALE. – Eh bien! il y aurait quelques belles
gorges plus couvertes.

DIDEROT. – Et tant de fous que le lieutenant de police ne
275 saurait qu'en faire; car nos Petites-Maisons[1] n'y suffiraient
pas. Il y a dans les livres inspirés deux morales: l'une générale et commune à toutes les nations, à tous les cultes, et
qu'on suit à peu près; une autre, propre à chaque nation et
à chaque culte, à laquelle on croit, qu'on prêche dans les
280 temples, qu'on préconise dans les maisons, et qu'on ne suit
point du tout.

---

1 *Petites-Maisons*: asiles pour fous.

LA MARÉCHALE. – Et d'où vient cette bizarrerie?

DIDEROT. – De ce qu'il est impossible d'assujettir un peuple à une règle qui ne convient qu'à quelques hommes
285 mélancoliques, qui l'ont calquée sur leur caractère. Il en est des religions comme des institutions monastiques, qui toutes se relâchent avec le temps. Ce sont des folies qui ne peuvent tenir contre l'impulsion constante de la nature, qui nous ramène sous sa loi. Et faites que le bien des particuliers
290 soit si étroitement lié avec le bien général, qu'un citoyen ne puisse presque pas nuire à la société sans se nuire à lui-même; assurez à la vertu sa récompense, comme vous avez assuré à la méchanceté son châtiment; que sans aucune distinction de culte, dans quelque condition que le mérite se
295 trouve, il conduise aux grandes places de l'État; et ne comptez plus sur d'autres méchants que sur un petit nombre d'hommes, qu'une nature perverse que rien ne peut corriger entraîne au vice. Madame la maréchale, la tentation est trop proche, et l'enfer est trop loin: n'attendez rien qui vaille la
300 peine qu'un sage législateur s'en occupe, d'un système d'opinions bizarres qui n'en impose qu'aux enfants; qui encourage au crime par la commodité des expiations; qui envoie le coupable demander pardon à Dieu de l'injure faite à l'homme, et qui avilit l'ordre des devoirs naturels et moraux,
305 en le subordonnant à un ordre de devoirs chimériques.

LA MARÉCHALE. – Je ne vous comprends pas.

DIDEROT. – Je m'explique; mais il me semble que voilà le carrosse de M. le maréchal, qui rentre fort à propos pour m'empêcher de dire une sottise.

310 LA MARÉCHALE. – Dites, dites votre sottise, je ne l'entendrai§ pas; je me suis accoutumée à n'entendre que ce qu'il me plaît.

DIDEROT. – *Je m'approchai de son oreille, et je lui dis tout bas*: Madame la maréchale, demandez au vicaire de votre
315 paroisse, de ces deux crimes, pisser dans un vase sacré, ou noircir la réputation d'une femme honnête, quel est le plus

atroce ? Il frémira d'horreur au premier, criera au sacrilège ;
et la loi civile, qui prend à peine connaissance de la calomnie, tandis qu'elle punit le sacrilège par le feu, achèvera de
320 brouiller les idées et de corrompre les esprits.

LA MARÉCHALE. – Je connais plus d'une femme qui se
ferait un scrupule de manger gras un vendredi, et qui... j'al-
lais dire aussi ma sottise. Continuez.

DIDEROT. – Mais, madame, il faut absolument que je
325 parle à M. le maréchal.

LA MARÉCHALE. – Encore un moment, et puis nous
l'irons voir ensemble. Je ne sais trop que vous répondre, et
cependant vous ne me persuadez pas.

DIDEROT. – Je ne me suis pas proposé de vous persuader.
330 Il en est de la religion comme du mariage. Le mariage, qui fait
le malheur de tant d'autres, a fait votre bonheur et celui de
M. le maréchal ; vous avez très bien fait de vous marier tous
deux. La religion, qui a fait, qui fait et qui fera tant de
méchants, vous a rendue meilleure encore ; vous faites bien de
335 la garder. Il vous est doux d'imaginer à côté de vous, au-
dessus de votre tête, un être grand et puissant, qui vous voit
marcher sur la terre, et cette idée affermit vos pas. Continuez, madame, à jouir de ce garant auguste§ de vos pensées,
de ce spectateur, de ce modèle sublime de vos actions.

340 LA MARÉCHALE. – Vous n'avez pas, à ce que je vois, la
manie du prosélytisme[1].

DIDEROT. – Aucunement.

LA MARÉCHALE. – Je vous en estime davantage.

DIDEROT. – Je permets à chacun de penser à sa manière,
345 pourvu qu'on me laisse penser à la mienne ; et puis, ceux qui
sont faits pour se délivrer de ces préjugés n'ont guère besoin
qu'on les catéchise.

LA MARÉCHALE. – Croyez-vous que l'homme puisse se
passer de la superstition ?

---

1   *prosélytisme* : zèle à tenter de répandre une croyance afin de recruter des disciples.

350   DIDEROT. – Non, tant qu'il restera ignorant et peureux.

LA MARÉCHALE. – Eh bien! superstition pour superstition, autant la nôtre qu'une autre.

DIDEROT. – Je ne le pense pas.

LA MARÉCHALE. – Parlez-moi vrai, ne vous répugne-
355   t-il point à n'être plus rien après votre mort?

DIDEROT. – J'aimerais mieux exister, bien que je ne sache pas pourquoi un être, qui a pu me rendre malheureux sans raison, ne s'en amuserait pas deux fois.

LA MARÉCHALE. – Si, malgré cet inconvénient, l'espoir
360   d'une vie à venir vous paraît consolant et doux, pourquoi nous l'arracher?

DIDEROT. – Je n'ai pas cet espoir, parce que le désir ne m'en a point dérobé la vanité; mais je ne l'ôte à personne. Si l'on peut croire qu'on verra, quand on n'aura plus d'yeux;
365   qu'on entendra, quand on n'aura plus d'oreilles; qu'on pensera, quand on n'aura plus de tête; qu'on aimera, quand on n'aura plus de cœur; qu'on sentira, quand on n'aura plus de sens; qu'on existera, quand on ne sera nulle part; qu'on sera quelque chose, sans étendue et sans lieu, j'y consens.

370   LA MARÉCHALE. – Mais ce monde-ci, qui est-ce qui l'a fait?

DIDEROT. – Je vous le demande.

LA MARÉCHALE. – C'est Dieu.

DIDEROT. – Et qu'est-ce que Dieu?

LA MARÉCHALE. – Un esprit.

375   DIDEROT. – Si un esprit fait de la matière, pourquoi de la matière ne ferait-elle pas un esprit?

LA MARÉCHALE. – Et pourquoi le ferait-elle?

DIDEROT. – C'est que je lui en vois faire tous les jours. Croyez-vous que les bêtes aient des âmes?

380   LA MARÉCHALE. – Certainement, je le crois.

DIDEROT. – Et pourriez-vous me dire ce que devient, par exemple, l'âme du serpent du Pérou, pendant qu'il se dessèche, suspendu dans une cheminée, et exposé à la fumée un ou deux ans de suite?

385 LA MARÉCHALE. – Qu'elle devienne ce qu'elle voudra, qu'est-ce que cela me fait?

DIDEROT. – C'est que madame la maréchale ne sait pas que ce serpent enfumé, desséché, ressuscite et renaît.

LA MARÉCHALE. – Je n'en crois rien.

390 DIDEROT. – C'est pourtant un habile homme, c'est Bouguer[1] qui l'assure.

LA MARÉCHALE. – Votre habile homme a menti.

DIDEROT. – S'il avait dit vrai?

LA MARÉCHALE. – J'en serais quitte pour croire que les
395 animaux sont des machines.

DIDEROT. – Et l'homme qui n'est qu'un animal un peu plus parfait qu'un autre... Mais M. le maréchal...

LA MARÉCHALE. – Encore une question, et c'est la dernière. Êtes-vous bien tranquille dans votre incrédulité[§]?

400 DIDEROT. – On ne saurait davantage.

LA MARÉCHALE. – Pourtant, si vous vous trompiez?

DIDEROT. – Quand je me tromperais?

LA MARECHALE. – Tout ce que vous croyez faux serait vrai, et vous seriez damné. Monsieur Diderot, c'est une ter-
405 rible chose que d'être damné; brûler toute une éternité, c'est bien long.

DIDEROT. – La Fontaine[2] croyait que nous nous y ferions comme le poisson dans l'eau.

LA MARÉCHALE. – Oui, oui; mais votre La Fontaine
410 devint bien sérieux au dernier moment; et c'est où je vous attends.

DIDEROT. – Je ne réponds de rien, quand ma tête n'y sera plus; mais si je finis par une de ces maladies qui laissent à l'homme agonisant toute sa raison, je ne serai pas plus trou-
415 blé au moment où vous m'attendez qu'au moment où vous me voyez.

---

1   *Bouguer*: mathématicien français, Pierre Bouguer (1698-1758) participe en 1735 à une expédition au Pérou afin de calculer un méridien sur l'équateur même. Il rapporte l'anecdote du serpent enfumé dans *Figure de la terre* (1749).

2   *La Fontaine*: poète français (1621-1695), auteur des célèbres *Fables*.

LA MARÉCHALE. – Cette intrépidité me confond.

DIDEROT. – J'en trouve bien davantage au moribond qui
croit en un juge sévère qui pèse jusqu'à nos plus secrètes pen-
420 sées, et dans la balance duquel l'homme le plus juste se perdrait par sa vanité, s'il ne tremblait de se trouver trop léger : si
ce moribond avait alors à son choix, ou d'être anéanti, ou de
se présenter à ce tribunal, son intrépidité me confondrait
bien autrement s'il balançait à prendre le premier parti, à
425 moins qu'il ne fût plus insensé que le compagnon de saint
Bruno[1], ou plus ivre de son mérite que Bobola[2].

LA MARÉCHALE. – J'ai lu l'histoire de l'associé de saint
Bruno ; mais je n'ai jamais entendu parler de votre Bobola.

DIDEROT. – C'était un jésuite de Pinsk, en Lituanie, qui
430 laissa en mourant une cassette pleine d'argent, avec un
billet[3] écrit et signé de sa main.

LA MARÉCHALE. – Et ce billet[§] ?

DIDEROT. – Était conçu en ces termes : « Je prie mon
cher confrère, dépositaire de cette cassette, de l'ouvrir
435 lorsque j'aurai fait des miracles. L'argent qu'elle contient
servira aux frais du procès de ma béatification[4]. J'y ai ajouté
quelques mémoires authentiques pour la confirmation de
mes vertus, et qui pourront servir utilement à ceux qui
entreprendront d'écrire ma vie. »

440 LA MARÉCHALE. – Cela est à mourir de rire.

DIDEROT. – Pour moi, madame la maréchale ; mais pour
vous, votre Dieu n'entend[§] pas raillerie.

LA MARÉCHALE. – Vous avez raison.

---

1   *le compagnon de saint Bruno* : il s'agit de Raymond Diocrès, chanoine de Paris.
    Selon la légende, il releva trois fois la tête pendant son office funèbre pour clamer
    que Dieu l'avait accusé, jugé et condamné. Le miracle détermina saint Bruno à se
    faire moine.

2   *Bobola* : supérieur des Jésuites massacré en 1657 par des cosaques à Pinsk, en
    Lituanie. Il a été canonisé (est devenu un saint) en 1938.

3   *billet* : courte lettre, missive.

4   *béatification* : avant d'être canonisé, un saint doit être béatifié. Bobola le fut
    en 1853.

DIDEROT. – Madame la maréchale, il est bien facile de
445 pécher grièvement contre votre loi.

LA MARÉCHALE. – J'en conviens.

DIDEROT. – La justice qui décidera de votre sort est
bien rigoureuse.

LA MARÉCHALE. – Il est vrai.

450 DIDEROT. – Et si vous en croyez les oracles[1] de votre religion sur le nombre des élus, il est bien petit.

LA MARÉCHALE. – Oh! c'est que je ne suis pas janséniste[2]; je ne vois la médaille que par son revers consolant: le
sang de Jésus-Christ couvre un grand espace à mes yeux; et
455 il me semblerait très singulier que le diable, qui n'a pas livré
son fils à la mort, eût pourtant la meilleure part.

DIDEROT. – Damnez-vous Socrate, Phocion, Aristide,
Caton, Trajan, Marc Aurèle[3]?

LA MARÉCHALE. – Fi donc! il n'y a que des bêtes
460 féroces qui puissent le penser. Saint Paul dit[4] que chacun
sera jugé par la loi qu'il a connue; et saint Paul a raison.

DIDEROT. – Et par quelle loi l'incrédule[5] sera-t-il jugé?

LA MARÉCHALE. – Votre cas est un peu différent. Vous
êtes un peu de ces habitants maudits de Corozaïn et de
465 Betzaïda[5], qui fermèrent leurs yeux à la lumière qui les éclai-
rait, et qui étoupèrent[6] leurs oreilles pour ne pas entendre la
voix de la vérité qui leur parlait[7].

DIDEROT. – Madame la maréchale, ces Corozaïnois et ces
Betzaïdains furent des hommes comme il n'y en eut jamais
470 que là, s'ils furent maîtres de croire ou de ne pas croire.

---

1   *oracles*: ici, révélations sur la conduite de sa vie. Le mot est habituellement
    employé à propos des croyances païennes.

2   *janséniste*: disciple du jansénisme, doctrine austère et rigoriste du catholicisme.

3   *Socrate, Phocion, Aristide, Caton, Trajan, Marc Aurèle*: grands maîtres à penser de
    l'Antiquité.

4   *saint Paul dit*: dans l'*Épître aux Romains*, II, 14-15.

5   *Corozaïn* […] *Betzaïda*: deux villes du Proche-Orient, de part et d'autre du
    Jourdain.

6   *étoupèrent*: bouchèrent avec de l'étoupe, tissu travaillé en corde qui sert de mèche.

7   Anecdote tirée de l'Évangile selon saint Mathieu, XI, 21.

LA MARÉCHALE. – Ils virent des prodiges qui auraient mis l'enchère aux sacs et à la cendre, s'ils avaient été faits à Tyr et à Sidon[1].

DIDEROT. – C'est que les habitants de Tyr et de Sidon
475 étaient des gens d'esprit, et que ceux de Corozaïn et de Betzaïda n'étaient que des sots. Mais est-ce que celui qui fit les sots les punira pour avoir été sots? Je vous ai fait tout à l'heure une histoire, et il me prend envie de vous faire un conte. Un jeune Mexicain... Mais M. le maréchal?

480 LA MARÉCHALE. – Je vais envoyer savoir s'il est visible. Eh bien! votre Mexicain?

DIDEROT. – Las de son travail, se promenait un jour au bord de la mer. Il voit une planche qui trempait d'un bout dans les eaux, et qui de l'autre posait sur le rivage. Il s'assied sur cette
485 planche, et là, prolongeant ses regards sur la vaste étendue qui se déployait devant lui, il se disait: «Rien n'est plus vrai que ma grand-mère radote avec son histoire de je ne sais quels habitants qui, dans je ne sais quel temps, abordèrent ici de je ne sais où, d'une contrée au-delà de nos mers. Il n'y a pas le sens com-
490 mun: ne vois-je pas la mer confiner avec le ciel? Et puis-je croire, contre le témoignage de mes sens, une vieille fable dont on ignore la date, que chacun arrange à sa manière, et qui n'est qu'un tissu de circonstances absurdes, sur lesquelles ils se mangent le cœur et s'arrachent le blanc des yeux?» Tandis qu'il rai-
495 sonnait ainsi, les eaux agitées le berçaient sur sa planche, et il s'endormit. Pendant qu'il dort, le vent s'accroît, le flot soulève la planche sur laquelle il est étendu, et voilà notre jeune raisonneur embarqué.

LA MARÉCHALE. – Hélas! c'est bien là notre image:
500 nous sommes chacun sur notre planche; le vent souffle, et le flot nous emporte.

DIDEROT. – Il était déjà loin du continent lorsqu'il s'éveilla. Qui fut bien surpris de se trouver en pleine mer? ce

---

1   *Tyr* […] *Sidon*: deux villes côtières du Liban.

fut notre Mexicain. Qui le fut bien davantage ? ce fut encore
505 lui, lorsque ayant perdu de vue le rivage sur lequel il se promenait il n'y a qu'un instant, la mer lui parut confiner avec
le ciel de tous côtés. Alors il soupçonna qu'il pourrait bien
s'être trompé ; et que, si le vent restait au même point, peut-
être serait-il porté sur la rive, et parmi ces habitants dont sa
510 grand-mère l'avait si souvent entretenu.

LA MARÉCHALE. – Et de son souci, vous n'en dites mot.

DIDEROT. – Il n'en eut point. Il se dit : « Qu'est-ce que
cela me fait, pourvu que j'aborde ? J'ai raisonné comme un
étourdi, soit ; mais j'ai été sincère avec moi-même ; et c'est
515 tout ce qu'on peut exiger de moi. Si ce n'est pas une vertu
que d'avoir de l'esprit, ce n'est pas un crime d'en manquer. »
Cependant le vent continuait, l'homme et la planche
voguaient, et la rive inconnue commençait à paraître : il y
touche, et l'y voilà.

520 LA MARÉCHALE. – Nous nous y reverrons un jour,
monsieur Diderot.

DIDEROT. – Je le souhaite, madame la maréchale ; en
quelque endroit que ce soit, je serai toujours très flatté de
vous faire ma cour. À peine eut-il quitté sa planche, et mis
525 le pied sur le sable, qu'il aperçut un vieillard vénérable,
debout à ses côtés. Il lui demanda où il était, et à qui il avait
l'honneur de parler : « Je suis le souverain de la contrée », lui
répondit le vieillard. À l'instant le jeune homme se pros-
terne. « Relevez-vous, lui dit le vieillard. Vous aviez nié mon
530 existence ? – Il est vrai. – Et celle de mon empire ? – Il est
vrai. – Je vous le pardonne, parce que je suis celui qui voit le
fond des cœurs, et que j'ai lu au fond du vôtre que vous étiez
de bonne foi ; mais le reste de vos pensées et de vos actions
n'est pas également innocent. » Alors le vieillard, qui le
535 tenait par l'oreille, lui rappelait toutes les erreurs de sa vie ;
et, à chaque article, le jeune Mexicain s'inclinait, se frappait

la poitrine, et demandait pardon... Là, madame la maréchale, mettez-vous pour un moment à la place du vieillard,
et dites-moi ce que vous auriez fait. Auriez-vous pris ce
540   jeune insensé par les cheveux, et vous seriez-vous complu à
le traîner à toute éternité sur le rivage ?

LA MARÉCHALE. – En vérité, non.

DIDEROT. – Si un de ces six jolis enfants que vous avez,
après s'être échappé de la maison paternelle et avoir fait
545   force sottises, y revenait bien repentant ?

LA MARÉCHALE. – Moi, je courrais à sa rencontre ; je le
serrerais entre mes bras, et je l'arroserais de mes larmes ; mais
M. le maréchal son père ne prendrait pas la chose si doucement.

DIDEROT. – M. le maréchal n'est pas un tigre.

550   LA MARÉCHALE. – Il s'en faut bien.

DIDEROT. – Il se ferait peut-être un peu tirailler ; mais il
pardonnerait.

LA MARÉCHALE. – Certainement.

DIDEROT. – Surtout s'il venait à considérer qu'avant de
555   donner la naissance à cet enfant, il en savait toute la vie, et
que le châtiment de ses fautes serait sans aucune utilité ni
pour lui-même, ni pour le coupable, ni pour ses frères.

LA MARÉCHALE. – Le vieillard et M. le maréchal sont deux.

DIDEROT. – Vous voulez dire que M. le maréchal est
560   meilleur que le vieillard ?

LA MARÉCHALE. – Dieu m'en garde ! Je veux dire que,
si ma justice n'est pas celle de M. le maréchal, la justice de
M. le maréchal pourrait bien n'être pas celle du vieillard.

DIDEROT. – Ah ! madame ! vous ne sentez pas les suites
565   de cette réponse. Ou la définition générale de la justice
convient également à vous, à M. le maréchal, à moi, au jeune
Mexicain et au vieillard ; ou je ne sais plus ce que c'est, et
j'ignore comment on plaît ou l'on déplaît à ce dernier. »

Nous en étions là lorsqu'on nous avertit que M. le maréchal
570   nous attendait. Je donnai la main à madame la maréchale, qui
me disait : « C'est à faire tourner la tête, n'est-ce pas ?

DIDEROT. – Pourquoi donc, quand on l'a bonne ?

LA MARÉCHALE. – Après tout, le plus court est de se conduire comme si le vieillard existait.

575 DIDEROT. – Même quand on n'y croit pas.

LA MARÉCHALE. – Et quand on y croit, de ne pas trop compter sur sa bonté.

DIDEROT. – Si ce n'est pas le plus poli, c'est du moins le plus sûr.

580 LA MARÉCHALE. – À propos, si vous aviez à rendre compte de vos principes à nos magistrats, les avoueriez-vous ?

DIDEROT. – Je ferais de mon mieux pour leur épargner une action atroce.

LA MARÉCHALE. – Ah ! le lâche ! Et si vous étiez sur le point
585 de mourir, vous soumettriez-vous aux cérémonies de l'Église ?

DIDEROT. – Je n'y manquerais pas[1].

LA MARÉCHALE. – Fi ! le vilain hypocrite. »

---

1 Cela ne sera pas. L'année qui précède sa mort, Diderot, bien que fort malade, reçoit avec une politesse exquise l'abbé de Tersac, mais repousse sans efforts les tentatives de l'ecclésiastique pour le convertir et lui faire renier ses « erreurs » philosophiques.

Page de titre de l'édition posthume des *Confessions*
et des *Rêveries du promeneur solitaire*.

LES CONFESSIONS

Livre premier (extrait)
Intus et in cute[1]

Je forme une entreprise qui n'eut jamais d'exemple et dont l'exécution n'aura point d'imitateur. Je veux montrer à mes semblables un homme dans toute la vérité de la nature ; et cet homme, ce sera moi.

5 Moi seul. Je sens mon cœur et je connais les hommes. Je ne suis fait comme aucun de ceux que j'ai vus ; j'ose croire n'être fait comme aucun de ceux qui existent. Si je ne vaux pas mieux, au moins je suis autre. Si la nature a bien ou mal fait de briser le moule dans lequel elle m'a jeté, c'est ce dont
10 on ne peut juger qu'après m'avoir lu.

Que la trompette du jugement dernier sonne quand elle voudra ; je viendrai, ce livre à la main, me présenter devant le souverain juge. Je dirai hautement : voilà ce que j'ai fait, ce que j'ai pensé, ce que je fus. J'ai dit le bien et le mal avec la
15 même franchise. Je n'ai rien tu de mauvais, rien ajouté de bon, et s'il m'est arrivé d'employer quelque ornement indifférent, ce n'a jamais été que pour remplir un vide occasionné par mon défaut de mémoire ; j'ai pu supposer vrai ce que je savais avoir pu l'être, jamais ce que je savais être faux.
20 Je me suis montré tel que je fus, méprisable et vil quand je l'ai été, bon, généreux, sublime, quand je l'ai été : j'ai dévoilé mon intérieur tel que tu l'as vu toi-même. Être éternel, rassemble autour de moi l'innombrable foule de mes semblables ; qu'ils écoutent mes confessions, qu'ils gémissent de
25 mes indignités, qu'ils rougissent de mes misères. Que chacun d'eux découvre à son tour son cœur au pied de ton trône avec la même sincérité ; et puis qu'un seul te dise, s'il l'ose : *Je fus meilleur que cet homme-là.*

---

1   *Intus et in cute* : « Intérieurement et dans la chair ». Épitaphe tirée des *Satires* (III, 30) du poète latin Perse.

Je suis né à Genève[1] en 1712, d'Isaac Rousseau, Citoyen[2],
30 et de Suzanne Bernard, citoyenne. Un bien fort médiocre à
partager entre quinze enfants, ayant réduit presque à rien la
portion de mon père, il n'avait pour subsister que son
métier d'horloger, dans lequel il était à la vérité fort habile.
Ma mère, fille du ministre[3] Bernard, était plus riche ; elle
35 avait de la sagesse et de la beauté : ce n'était pas sans peine
que mon père l'avait obtenue. Leurs amours avaient commencé presque avec leur vie : dès l'âge de huit à neuf ans, ils
se promenaient ensemble tous les soirs sur la Treille[4] ; à dix
ans, ils ne pouvaient plus se quitter. La sympathie, l'accord
40 des âmes affermit en eux le sentiment qu'avait produit l'habitude. Tous deux, nés tendres et sensibles, n'attendaient
que le moment de trouver dans un autre la même disposi-
tion, ou plutôt ce moment les attendait eux-mêmes, et chacun d'eux jeta son cœur, dans le premier qui s'ouvrit pour
45 le recevoir. Le sort, qui semblait contrarier leur passion, ne
fit que l'animer. Le jeune amant[5], ne pouvant obtenir sa
maîtresse[6], se consumait de douleur ; elle lui conseilla de
voyager pour l'oublier. Il voyagea sans fruit[§], et revint plus
amoureux que jamais. Il retrouva celle qu'il aimait tendre et
50 fidèle. Après cette épreuve, il ne restait qu'à s'aimer toute la
vie ; ils le jurèrent, et le ciel bénit leur serment.

Gabriel Bernard, frère de ma mère, devint amoureux
d'une des sœurs de mon père ; mais elle ne consentit à épouser le frère qu'à condition que son frère épouserait la sœur.

---

1   *Genève* : ville de Suisse, non loin de la France, sur le lac Léman.
2   *Citoyen* : à Genève, pour être Citoyen, il faut être né dans la cité et appartenir à sa
     bourgeoisie.
3   *ministre* : ministre du culte, pasteur de la religion protestante. Il s'agit d'une
     légère erreur de Rousseau, car sa mère fut adoptée par son oncle, pasteur, après
     la mort de son père horloger.
4   *la Treille* : promenade très fréquentée de Genève, près de la cathédrale, sur les
     remparts de la ville.
5   *amant* : ici, chaste soupirant promis au mariage.
6   *maîtresse* : ici, chaste maîtresse de cœur, promise au mariage.

55 L'amour arrangea tout, et les deux mariages se firent le
même jour[1]. Ainsi mon oncle était le mari de ma tante, et
leurs enfants furent doublement mes cousins germains. Il
en naquit un de part et d'autre au bout d'une année ; ensuite
il fallut encore se séparer.

60 Mon oncle Bernard était ingénieur : il alla servir dans
l'Empire[2] et en Hongrie sous le prince Eugène[3]. Il se
distingua au siège et à la bataille de Belgrade[4]. Mon père,
après la naissance de mon frère unique[5], partit pour
Constantinople[6], où il était appelé, et devint horloger du
65 sérail[7]. Durant son absence, la beauté de ma mère, son
esprit, ses talents[8], lui attirèrent des hommages. M. de la
Closure, résident de France, fut des plus empressés à lui en
offrir. Il fallait que sa passion fût vive, puisqu'au bout de
trente ans je l'ai vu s'attendrir en me parlant d'elle. Ma mère
70 avait plus que de la vertu pour s'en défendre, elle aimait tendrement son mari, elle le pressa de revenir : il quitta tout et
revint. Je fus le triste fruit de ce retour. Dix mois après, je

---

1   *le même jour* : Rousseau fait ici erreur ; ses parents s'épousent cinq ans après le
    premier mariage.

2   *l'Empire* : l'Autriche.

3   *prince Eugène* : Eugène Savoie-Carignan, aristocrate né à Paris en 1663, devint
    des meilleurs tacticiens militaires de l'Empire.

4   *Belgrade* : capitale de la Serbie. L'oncle ne participe pas à cette bataille, mais la
    légende avait cours dans la famille de Rousseau qui, ici, relate le fait de bonne foi.

5   François Rousseau, né en 1705.

6   *Constantinople* : capitale de l'ancien Empire ottoman. Aujourd'hui, Istanbul
    en Turquie.

7   *sérail* : palais du sultan (et non plus le harem, à l'époque de Rousseau).

8   *talents* : elle en avait de trop brillants pour son état, le ministre son père qui l'ado-
    rait ayant pris soin de son éducation. Elle dessinait, elle chantait, elle s'accompa-
    gnait du théorbe, elle avait de la lecture et faisait des vers passables. En voici
    qu'elle fit impromptu dans l'absence de son frère et de son mari, se promenant
    avec sa belle-mère et leurs deux enfants, sur un propos que quelqu'un lui tint à
    leur sujet : *Ces deux Messieurs qui sont absents / Nous sont chers de bien des
    manières ; / Ce sont nos amis, nos amants ; / Ce sont nos maris et nos frères, / Et les
    pères de ces enfants.* (Note de Rousseau)

naquis infirme[1] et malade ; je coûtai la vie à ma mère, et ma naissance fut le premier de mes malheurs.

75 Je n'ai pas su comment mon père supporta cette perte, mais je sais qu'il ne s'en consola jamais. Il croyait la revoir en moi, sans pouvoir oublier que je la lui avais ôtée ; jamais il ne m'embrassa que je ne sentisse à ses soupirs, à ses convulsives étreintes, qu'un regret amer se mêlait à ses

80 caresses ; elles n'en étaient que plus tendres. Quand il me disait : « Jean-Jacques, parlons de ta mère », je lui disais : « Eh bien ! mon père, nous allons donc pleurer » ; et ce mot seul lui tirait déjà des larmes. « Ah ! disait-il en gémissant, rends-la-moi, console-moi d'elle, remplis le vide qu'elle a laissé

85 dans mon âme. T'aimerais-je ainsi si tu n'étais que mon fils ? » Quarante ans après l'avoir perdue, il est mort[2] dans les bras d'une seconde femme, mais le nom de la première à la bouche, et son image au fond du cœur.

Tels furent les auteurs de mes jours. De tous les dons que

90 le ciel leur avait départis[3], un cœur sensible est le seul qu'ils me laissèrent ; mais il avait fait leur bonheur, et fit tous les malheurs de ma vie.

J'étais né presque mourant ; on espérait peu de me conserver. J'apportai le germe d'une incommodité[4] que les

95 ans ont renforcé, et qui maintenant ne me donne quelque-fois des relâches que pour me laisser souffrir plus cruelle-ment d'une autre façon. Une sœur de mon père, fille aimable et sage, prit si grand soin de moi, qu'elle me sauva. Au moment où j'écris ceci, elle est encore en vie, soignant, à

100 l'âge de quatre-vingts ans, un mari plus jeune qu'elle, mais usé par la boisson. Chère tante, je vous pardonne de m'avoir fait vivre, et je m'afflige de ne pouvoir vous rendre à la fin de

---

1 *infirme* : faible, sans vigueur.
2 Son père est mort en 1747.
3 *départis* : accordés, donnés.
4 *incommodité* : Rousseau souffrit toute sa vie d'une malformation de l'appareil urinaire, cause de rétentions d'urine.

vos jours les tendres soins que vous m'avez prodigués au
commencement des miens. J'ai aussi ma mie[1] Jacqueline
105   encore vivante, saine et robuste. Les mains qui m'ouvrirent
les yeux à ma naissance pourront me les fermer à ma mort.

Je sentis avant de penser : c'est le sort commun de l'humanité. Je l'éprouvai plus qu'un autre. J'ignore ce que je fis
jusqu'à cinq ou six ans ; je ne sais comment j'appris à lire ; je
110   ne me souviens que de mes premières lectures et de leur
effet sur moi : c'est le temps d'où je date sans interruption la
conscience de moi-même. Ma mère avait laissé des romans.
Nous nous mîmes à les lire après souper mon père et moi. Il
n'était question d'abord que de m'exercer à la lecture par
115   des livres amusants ; mais bientôt l'intérêt devint si vif, que
nous lisions tour à tour sans relâche et passions les nuits à
cette occupation. Nous ne pouvions jamais quitter qu'à la
fin du volume.

Quelquefois mon père, entendant le matin les hiron-
120   delles, disait tout honteux : « Allons nous coucher ; je suis
plus enfant que toi. »

En peu de temps j'acquis, par cette dangereuse méthode,
non seulement une extrême facilité à lire et à m'entendre[§],
mais une intelligence unique à mon âge sur les passions. Je
125   n'avais aucune idée des choses, que tous les sentiments
m'étaient déjà connus. Je n'avais rien conçu, j'avais tout senti.

Ces émotions confuses que j'éprouvais coup sur coup n'al-
téraient point la raison que je n'avais pas encore ; mais elles
m'en formèrent une d'une autre trempe, et me donnèrent de
130   la vie humaine des notions bizarres et romanesques, dont
l'expérience et la réflexion n'ont jamais bien pu me guérir.

Les romans finirent avec l'été de 1719. L'hiver suivant, ce
fut autre chose. La bibliothèque de ma mère épuisée, on eut
recours à la portion de celle de son père qui nous était

---

1   *ma mie* : nom familier de la nourrice, cette femme qui nourrit au sein un enfant
en remplacement de la mère.

135 échue. Heureusement, il s'y trouva de bons livres; et cela ne
     pouvait guère être autrement, cette bibliothèque ayant été
     formée par un ministre[§], à la vérité, et savant même, car
     c'était la mode alors, mais homme de goût et d'esprit.
     L'*Histoire de l'Église et de l'Empire*, par Le Sueur; le *Discours*
140 de Bossuet *sur l'histoire universelle*; les *Hommes illustres* de
     Plutarque; l'*Histoire de Venise* par Nani; *Les Métamorphoses*
     d'Ovide; La Bruyère; les *Mondes* de Fontenelle; ses
     Dialogues des morts, et quelques tomes de Molière, furent
     transportés dans le cabinet de mon père, et je les lui lisais
145 tous les jours, durant son travail.

     J'y pris un goût rare et peut-être unique à cet âge.
     Plutarque[1] surtout devint ma lecture favorite. Le plaisir que
     je prenais à le relire sans cesse me guérit un peu des romans;
     et je préférai bientôt Agésilas, Brutus, Aristide[2], à Orondate,
150 Artamène et Juba[3]. De ces intéressantes lectures, des entre-
     tiens qu'elles occasionnaient entre mon père et moi, se
     forma cet esprit libre et républicain, ce caractère indomp-
     table et fier, impatient de joug[4] et de servitude, qui m'a tour-
     menté tout le temps de ma vie dans les situations les moins
155 propres à lui donner l'essor. Sans cesse occupé de Rome et
     d'Athènes, vivant pour ainsi dire avec leurs grands hommes,
     né moi-même citoyen d'une république, et fils d'un père
     dont l'amour de la patrie était la plus forte passion, je m'en
     enflammais à son exemple; je me croyais Grec ou Romain;
160 je devenais le personnage dont je lisais la vie: le récit des
     traits de constance et d'intrépidité qui m'avaient frappé me
     rendait les yeux étincelants et la voix forte. Un jour que je

---

1 *Plutarque*: historien romain du Ier siècle de notre ère.
2 *Agésilas, Brutus, Aristide*: respectivement, roi de Sparte, assassin de Jules César et
   politicien athénien. Il s'agit de trois figures de l'histoire antique qu'évoque Plutarque.
3 *Orondate, Artamène et Juba*: héros de romans précieux du XVIIe siècle. Rousseau précise dans ce passage qu'il préférait les hommes de l'Antiquité aux héros des romans.
4 *impatient de joug*: ici, rebelle à toute contrainte, à toute autorité.

racontais à table l'aventure de Scaevola[1], on fut effrayé de
me voir avancer et tenir la main sur un réchaud pour repré-
165   senter son action.

J'avais un frère plus âgé que moi de sept ans. Il apprenait
la profession de mon père. L'extrême affection qu'on avait
pour moi le faisait un peu négliger, et ce n'est pas cela que
j'approuve. Son éducation se sentit de cette négligence. Il prit
170   le train du libertinage[2], même avant l'âge d'être un vrai libertin. On le mit chez un autre maître, d'où il faisait des esca-
pades comme il en avait fait de la maison paternelle. Je ne le
voyais presque point, à peine puis-je dire avoir fait connaissance avec lui ; mais je ne laissais pas de l'aimer tendrement,
175   et il m'aimait autant qu'un polisson peut aimer quelque
chose. Je me souviens qu'une fois que mon père le châtiait
rudement et avec colère, je me jetai impétueusement entre
deux, l'embrassant étroitement. Je le couvris ainsi de mon
corps, recevant les coups qui lui étaient portés, et je m'obsti-
180   nai si bien dans cette attitude, qu'il fallut enfin que mon père
lui fît grâce, soit désarmé par mes cris et mes larmes, soit
pour ne pas me maltraiter plus que lui. Enfin mon frère
tourna si mal, qu'il s'enfuit et disparut tout à fait. Quelque
temps après, on sut qu'il était en Allemagne. Il n'écrivit pas
185   une seule fois. On n'a plus eu de ses nouvelles depuis ce
temps-là, et voilà comment je suis demeuré fils unique.

Si ce pauvre garçon fut élevé négligemment, il n'en fut
pas ainsi de son frère, et les enfants des rois ne sauraient être
soignés avec plus de zèle que je le fus durant mes premiers
190   ans, idolâtré de tout ce qui m'environnait, et toujours, ce qui
est bien plus rare, traité en enfant chéri, jamais en enfant
gâté. Jamais une seule fois, jusqu'à ma sortie de la maison

---

1   *Scaevola* : ce jeune Romain se brûle la main droite pour se punir d'avoir tué un
    innocent qu'il avait pris par mégarde pour le roi ennemi Porsenna pendant le
    siège de Rome par les Étrusques en 507 av. J.-C.
2   *libertinage* : comportement de quelqu'un qui se livre sans frein à la débauche et
    au dérèglement des mœurs.

paternelle, on ne m'a laissé courir seul dans la rue avec les
autres enfants, jamais on n'eut à réprimer en moi ni à satis-
195 faire aucune de ces fantasques humeurs qu'on impute à la
nature, et qui naissent toutes de la seule éducation. J'avais
les défauts de mon âge ; j'étais babillard, gourmand, quelquefois menteur. J'aurais volé des fruits, des bonbons, de la
mangeaille ; mais jamais je n'ai pris plaisir à faire du mal, du
200 dégât, à charger les autres, à tourmenter de pauvres animaux. Je me souviens pourtant d'avoir une fois pissé dans la
marmite d'une de nos voisines, appelée Mme Clot, tandis
qu'elle était au prêche. J'avoue même que ce souvenir me
fait encore rire, parce que Mme Clot, bonne femme au
205 demeurant, était bien la vieille la plus grognon que je
connus de ma vie. Voilà la courte et véridique histoire de
tous mes méfaits enfantins.
    Comment serais-je devenu méchant, quand je n'avais
sous les yeux que des exemples de douceur, et autour de moi
210 que les meilleures gens du monde ? Mon père, ma tante, ma
mie[§], mes parents, nos amis, nos voisins, tout ce qui m'environnait ne m'obéissait pas à la vérité, mais m'aimait, et moi
je les aimais de même. Mes volontés étaient si peu excitées
et si peu contrariées, qu'il ne me venait pas dans l'esprit d'en
215 avoir. Je puis jurer que jusqu'à mon asservissement sous un
maître, je n'ai pas su ce que c'était qu'une fantaisie. Hors le
temps que je passais à lire ou écrire auprès de mon père, et
celui où ma mie me menait promener, j'étais toujours avec
ma tante, à la voir broder, à l'entendre chanter, assis ou
220 debout à côté d'elle, et j'étais content. Son enjouement, sa
douceur, sa figure agréable, m'ont laissé de si fortes impres-
sions, que je vois encore son air, son regard, son attitude : je
me souviens de ses petits propos caressants ; je dirais comment elle était vêtue et coiffée, sans oublier les deux cro-
225 chets que ses cheveux noirs faisaient sur ses tempes, selon la
mode de ce temps-là.

Je suis persuadé que je lui dois le goût ou plutôt la passion pour la musique, qui ne s'est bien développée en moi
que longtemps après. Elle savait une quantité prodigieuse
230   d'airs et de chansons qu'elle chantait avec un filet de voix
douce. La sérénité d'âme de cette excellente fille éloignait
d'elle et de tout ce qui l'environnait la rêverie et la tristesse.
L'attrait que son chant avait pour moi fut tel que non seulement plusieurs de ses chansons me sont toujours restées
235   dans la mémoire, mais qu'il m'en revient même, aujour-
d'hui que je l'ai perdue, qui, totalement oubliées depuis
mon enfance, se retracent à mesure que je vieillis, avec un
charme que je ne puis exprimer. Dirait-on que moi, vieux
radoteur, rongé de soucis et de peines, je me surprends quel-
240   quefois à pleurer comme un enfant en marmottant ces
petits airs d'une voix déjà cassée et tremblante? Il y en a un
surtout qui m'est bien revenu tout entier quant à l'air; mais
la seconde moitié des paroles s'est constamment refusée à
tous mes efforts pour me la rappeler, quoiqu'il m'en
245   revienne confusément les rimes. Voici le commencement et
ce que j'ai pu me rappeler du reste:

Tircis, je n'ose
Écouter ton chalumeau
Sous l'ormeau;
250   Car on en cause
Déjà dans notre hameau.
. . . .
. . . . un berger
. . . . s'engager
255   . . . . sans danger,
Et toujours l'épine est sous la rose.

Je cherche où est le charme attendrissant que mon cœur
trouve à cette chanson: c'est un caprice auquel je ne comprends rien; mais il m'est de toute impossibilité de la chan-

260 ter jusqu'à la fin sans être arrêté par mes larmes. J'ai cent
fois projeté d'écrire à Paris pour faire chercher le reste des
paroles[1], si tant est que quelqu'un les connaisse encore. Mais
je suis presque sûr que le plaisir que je prends à me rappeler cet air s'évanouirait en partie, si j'avais la preuve que
265 d'autres que ma pauvre tante Suzon l'ont chanté.

Telles furent les premières affections de mon entrée à la
vie : ainsi commençait à se former ou à se montrer en moi
ce cœur à la fois si fier et si tendre, ce caractère efféminé,
mais pourtant indomptable, qui, flottant toujours entre la
270 faiblesse et le courage, entre la mollesse et la vertu, m'a jusqu'au bout mis en contradiction avec moi-même, et a fait
que l'abstinence et la jouissance, le plaisir et la sagesse,
m'ont également échappé.

Ce train d'éducation fut interrompu par un accident
275 dont les suites ont influé sur le reste de ma vie. Mon père eut
un démêlé avec un M. Gautier, capitaine en France et appa-
renté dans le Conseil[2]. Ce Gautier, homme insolent et lâche,
saigna du nez, et, pour se venger, accusa mon père d'avoir
mis l'épée à la main dans la ville. Mon père, qu'on voulut
280 envoyer en prison, s'obstinait à vouloir que, selon la loi, l'ac-
cusateur y entrât aussi bien que lui. N'ayant pu l'obtenir, il
aima mieux sortir de Genève, et s'expatrier pour le reste de
sa vie, que de céder sur un point où l'honneur et la liberté
lui paraissaient compromis.

285 Je restai sous la tutelle de mon oncle Bernard, alors
employé aux fortifications de Genève. Sa fille aînée était
morte, mais il avait un fils de même âge que moi. Nous
fûmes mis ensemble à Bossey[3], en pension chez le ministre[§]
Lambercier, pour y apprendre avec le latin tout le menu
290 fatras dont on l'accompagne sous le nom d'éducation.

---

1   *Un berger* […] *sans danger* : les trois vers incomplets et fautifs ont été rétablis :
    Un cœur s'expose / À trop s'engager / Avec un berger.
2   *Conseil* : chambre législative de la ville de Genève.
3   *Bossey* : village situé à environ 5 km de Genève.

Deux ans passés au village adoucirent un peu mon âpreté romaine, et me ramenèrent à l'état d'enfant. À Genève, où l'on ne m'imposait rien, j'aimais l'application, la lecture; c'était presque mon seul amusement; à Bossey, le travail me fit aimer les jeux qui lui servaient de relâche. La campagne était pour moi si nouvelle, que je ne pouvais me lasser d'en jouir. Je pris pour elle un goût si vif, qu'il n'a jamais pu s'éteindre. Le souvenir des jours heureux que j'y ai passés m'a fait regretter son séjour et ses plaisirs dans tous les âges, jusqu'à celui qui m'y a ramené. M. Lambercier était un homme fort raisonnable, qui, sans négliger notre instruction, ne nous chargeait point de devoirs extrêmes. La preuve qu'il s'y prenait bien est que, malgré mon aversion pour la gêne, je ne me suis jamais rappelé avec dégoût mes heures d'étude, et que si je n'appris pas de lui beaucoup de choses, ce que j'appris je l'appris sans peine, et n'en ai rien oublié.

La simplicité de cette vie champêtre me fit un bien d'un prix inestimable en ouvrant mon cœur à l'amitié. Jusqu'alors je n'avais connu que des sentiments élevés, mais imaginaires. L'habitude de vivre ensemble dans un état paisible m'unit tendrement à mon cousin Bernard. En peu de temps, j'eus pour lui des sentiments plus affectueux que ceux que j'avais eus pour mon frère, et qui ne se sont jamais effacés. C'était un grand garçon fort efflanqué, fort fluet, aussi doux d'esprit que faible de corps, et qui n'abusait pas trop de la prédilection qu'on avait pour lui dans la maison comme fils de mon tuteur. Nos travaux, nos amusements, nos goûts, étaient les mêmes: nous étions seuls; nous étions de même âge; chacun des deux avait besoin d'un camarade; nous séparer était, en quelque sorte, nous anéantir. Quoique nous eussions peu d'occasions de faire preuve de notre attachement l'un pour l'autre, il était extrême, et non seulement nous ne pouvions vivre un instant séparés, mais nous n'imaginions pas que nous pussions jamais l'être. Tous deux d'un esprit facile à céder aux caresses, complaisants quand

on ne voulait pas nous contraindre, nous étions toujours d'accord sur tout. Si, par la faveur de ceux qui nous gouvernaient, il avait sur moi quelque ascendant sous leurs yeux, quand nous étions seuls, j'en avais un sur lui qui rétablissait
330 l'équilibre. Dans nos études, je lui soufflais sa leçon quand il hésitait ; quand mon thème[1] était fait, je lui aidais[2] à faire le sien, et dans nos amusements, mon goût plus actif lui servait toujours de guide. Enfin nos deux caractères s'accordaient si bien, et l'amitié qui nous unissait était si vraie, que,
335 dans plus de cinq ans que nous fûmes presque inséparables, tant à Bossey qu'à Genève, nous nous battîmes souvent, je l'avoue, mais jamais on n'eut besoin de nous séparer, jamais une de nos querelles ne dura plus d'un quart d'heure, et jamais une seule fois nous ne portâmes l'un contre l'autre
340 aucune accusation. Ces remarques sont, si l'on veut, puériles, mais il en résulte pourtant un exemple peut-être unique depuis qu'il existe des enfants.

La manière dont je vivais à Bossey me convenait si bien, qu'il ne lui a manqué que de durer plus longtemps pour
345 fixer absolument mon caractère. Les sentiments tendres, affectueux, paisibles, en faisaient le fond. Je crois que jamais individu de notre espèce n'eut naturellement moins de vanité que moi. Je m'élevais par élans, à des mouvements sublimes, mais je retombais aussitôt dans ma langueur. Être
350 aimé de tout ce qui m'approchait était le plus vif de mes désirs. J'étais doux, mon cousin l'était ; ceux qui nous gouvernaient l'étaient eux-mêmes. Pendant deux ans entiers, je ne fus ni témoin ni victime d'un sentiment violent. Tout nourrissait dans mon cœur les dispositions qu'il reçut de la
355 nature. Je ne connaissais rien d'aussi charmant que de voir tout le monde content de moi et de toute chose. Je me souviendrai toujours qu'au temple, répondant au catéchisme,

---

1   *thème* : sujet imposé d'un texte à rédiger.
2   *je lui aidais* : je l'aidais.

rien ne me troublait plus, quand il m'arrivait d'hésiter, que
de voir sur le visage de Mlle Lambercier des marques d'in-
360 quiétude et de peine. Cela seul m'affligeait plus que la honte
de manquer en public[1], qui m'affectait pourtant extrêmement; car, quoique peu sensible aux louanges, je le fus
toujours beaucoup à la honte, et je puis dire ici que l'attente
des réprimandes de Mlle Lambercier me donnait moins
365 d'alarmes que la crainte de la chagriner.

Cependant elle ne manquait pas au besoin de sévérité, non
plus que son frère; mais comme cette sévérité, presque toujours juste, n'était jamais emportée, je m'en affligeais, et ne
m'en mutinais point. J'étais plus fâché de déplaire que d'être
370 puni, et le signe du mécontentement m'était plus cruel que la
peine afflictive. Il est embarrassant de s'expliquer mieux,
mais cependant il le faut. Qu'on changerait de méthode avec
la jeunesse, si l'on voyait mieux les effets éloignés de celle
qu'on emploie toujours indistinctement, et souvent indiscrè-
375 tement! La grande leçon qu'on peut tirer d'un exemple aussi
commun que funeste me fait résoudre à le donner.

Comme Mlle Lambercier avait pour nous l'affection
d'une mère[2], elle en avait aussi l'autorité, et la portait quelquefois jusqu'à nous infliger la punition des enfants quand
380 nous l'avions méritée. Assez longtemps elle s'en tint à la
menace, et cette menace d'un châtiment tout nouveau pour
moi me semblait très effrayante; mais après l'exécution, je la
trouvai moins terrible à l'épreuve que l'attente ne l'avait été,
et ce qu'il y a de plus bizarre est que ce châtiment m'affec-
385 tionna davantage encore à celle qui me l'avait imposé.

Il fallait même toute la vérité de cette affection et toute
ma douceur naturelle pour m'empêcher de chercher le
retour du même traitement en le méritant; car j'avais

---

1   *manquer en public*: être incapable de s'exprimer en public.
2   *Mlle Lambercier avait pour nous l'affection d'une mère*: la demoiselle a près de 30 ans.

trouvé dans la douleur, dans la honte même, un mélange de
390   sensualité qui m'avait laissé plus de désir que de crainte de
l'éprouver derechef[1] par la même main. Il est vrai que,
comme il se mêlait sans doute à cela quelque instinct précoce du sexe, le même châtiment reçu de son frère ne m'eût
point du tout paru plaisant. Mais, de l'humeur dont il était,
395   cette substitution n'était guère à craindre, et si je m'abste-
nais de mériter la correction, c'était uniquement de peur de
fâcher Mlle Lambercier ; car tel est en moi l'empire de la
bienveillance, et même de celle que les sens ont fait naître,
qu'elle leur donna toujours la loi dans mon cœur.

400   Cette récidive, que j'éloignais sans la craindre, arriva sans
qu'il y eût de ma faute, c'est-à-dire de ma volonté, et j'en
profitai, je puis dire, en sûreté de conscience. Mais cette
seconde fois fut aussi la dernière, car Mlle Lambercier, s'étant
sans doute aperçue à quelque signe que ce châtiment n'allait
405   pas à son but, déclara qu'elle y renonçait et qu'il la fatiguait
trop. Nous avions jusque-là couché dans sa chambre, et
même en hiver quelquefois dans son lit. Deux jours après,
on nous fit coucher dans une autre chambre, et j'eus désormais l'honneur, dont je me serais bien passé, d'être traité
410   par elle en grand garçon.

      Qui croirait que ce châtiment d'enfant, reçu à huit ans
par la main d'une fille de trente, a décidé de mes goûts, de
mes désirs, de mes passions, de moi pour le reste de ma vie,
et cela précisément dans le sens contraire à ce qui devait
415   s'ensuivre naturellement ? En même temps que mes sens
furent allumés, mes désirs prirent si bien le change, que,
bornés à ce que j'avais éprouvé, ils ne s'avisèrent point de
chercher autre chose. Avec un sang brûlant de sensualité
presque dès ma naissance, je me conservai pur de toute
420   souillure jusqu'à l'âge où les tempéraments les plus froids et
les plus tardifs se développent. Tourmenté longtemps sans

---

1   *derechef* : à nouveau.

savoir de quoi, je dévorais d'un œil ardent les belles personnes; mon imagination me les rappelait sans cesse, uniquement pour les mettre en œuvre à ma mode, et en faire
425 autant de demoiselles Lambercier.

Même après l'âge nubile[1], ce goût bizarre, toujours per-
sistant, et porté jusqu'à la dépravation, jusqu'à la folie, m'a
conservé les mœurs honnêtes qu'il semblerait avoir dû
m'ôter. Si jamais éducation fut modeste et chaste, c'est assu-
430 rément celle que j'ai reçue. Mes trois tantes n'étaient pas
seulement des personnes d'une sagesse exemplaire, mais
d'une réserve que depuis longtemps les femmes ne connais-
saient plus. Mon père, homme de plaisir, mais galant à la
vieille mode, n'a jamais tenu, près des femmes qu'il aimait
435 le plus, des propos dont une vierge eût pu rougir, et jamais
on n'a poussé plus loin que dans ma famille et devant moi
le respect qu'on doit aux enfants; je ne trouvai pas moins
d'attention chez M. Lambercier sur le même article, et une
fort bonne servante y fut mise à la porte pour un mot un
440 peu gaillard qu'elle avait prononcé devant nous. Non seulement je n'eus jusqu'à mon adolescence aucune idée dis-
tincte de l'union des sexes, mais jamais cette idée confuse ne
s'offrit à moi que sous une image odieuse et dégoûtante.
J'avais pour les filles publiques[2] une horreur qui ne s'est
445 jamais effacée : je ne pouvais voir un débauché sans dédain,
sans effroi même, car mon aversion pour la débauche allait
jusque-là, depuis qu'allant un jour au Petit Sacconex[3] par un
chemin creux, je vis des deux côtés des cavités dans la terre,
où l'on me dit que ces gens-là faisaient leurs accouplements.
450 Ce que j'avais vu de ceux des chiennes me revenait aussi
toujours à l'esprit en pensant aux autres, et le cœur me sou-
levait à ce seul souvenir.

---

1   *l'âge nubile* : fin de la puberté.
2   *filles publiques* : prostituées.
3   *Petit Sacconex* : village en banlieue ouest de Genève.

Ces préjugés de l'éducation, propres par eux-mêmes à retarder les premières explosions d'un tempérament com-
455 bustible, furent aidés, comme j'ai dit, par la diversion que firent sur moi les premières pointes de la sensualité. N'imaginant que ce que j'avais senti, malgré des effervescences de sang très incommodes, je ne savais porter mes désirs que vers l'espèce de volupté qui m'était connue, sans
460 aller jamais jusqu'à celle qu'on m'avait rendue haïssable et qui tenait de si près à l'autre sans que j'en eusse le moindre soupçon. Dans mes sottes fantaisies, dans mes érotiques fureurs, dans les actes extravagants auxquels elles me portaient quelquefois, j'empruntais imaginairement le secours
465 de l'autre sexe, sans penser jamais qu'il fût propre à nul autre usage qu'à celui que je brûlais d'en tirer.

Non seulement donc c'est ainsi qu'avec un tempérament très ardent, très lascif, très précoce, je passai toutefois l'âge de puberté sans désirer, sans connaître d'autres plaisirs des
470 sens que ceux dont Mlle Lambercier m'avait très innocemment donné l'idée; mais quand enfin le progrès des ans m'eut fait homme, c'est encore ainsi que ce qui devait me perdre me conserva. Mon ancien goût d'enfant, au lieu de s'évanouir, s'associa tellement à l'autre, que je ne pus jamais
475 l'écarter des désirs allumés par mes sens, et cette folie, jointe à ma timidité naturelle, m'a toujours rendu très peu entreprenant près des femmes, faute d'oser tout dire ou de pouvoir tout faire, l'espèce de jouissance dont l'autre n'était pour moi que le dernier terme ne pouvant être usurpée par
480 celui qui la désire, ni devinée par celle qui peut l'accorder. J'ai ainsi passé ma vie à convoiter et me taire auprès des personnes que j'aimais le plus. N'osant jamais déclarer mon goût, je l'amusais du moins par des rapports qui m'en conservaient l'idée. Être aux genoux d'une maîtresse impé-
485 rieuse, obéir à ses ordres, avoir des pardons à lui demander, étaient pour moi de très douces jouissances, et plus ma vive imagination m'enflammait le sang, plus j'avais l'air d'un

amant transi. On conçoit que cette manière de faire l'amour[§]
n'amène pas des progrès bien rapides, et n'est pas fort dan-
490 gereuse à la vertu de celles qui en sont l'objet[§]. J'ai donc fort
peu possédé, mais je n'ai pas laissé de jouir beaucoup à ma
manière, c'est-à-dire par l'imagination. Voilà comment mes
sens, d'accord avec mon humeur timide et mon esprit
romanesque, m'ont conservé des sentiments purs et des
495 mœurs honnêtes, par les mêmes goûts qui, peut-être avec
un peu plus d'effronterie, m'auraient plongé dans les plus
brutales voluptés.

J'ai fait le premier pas et le plus pénible dans le labyrinthe
obscur et fangeux de mes confessions. Ce n'est pas ce qui est
500 criminel qui coûte le plus à dire, c'est ce qui est ridicule et
honteux. Dès à présent je suis sûr de moi : après ce que je
viens d'oser dire, rien ne peut plus m'arrêter. On peut juger
de ce qu'ont pu me coûter de semblables aveux, sur ce que,
dans tout le cours de ma vie, emporté quelquefois près de
505 celles que j'aimais par les fureurs d'une passion qui m'ôtait
la faculté de voir, d'entendre, hors de sens et saisi d'un tremblement convulsif dans tout mon corps, jamais je n'ai pu
prendre sur moi de leur déclarer ma folie, et d'implorer
d'elles, dans la plus intime familiarité, la seule faveur qui
510 manquait aux autres. Cela ne m'est jamais arrivé qu'une fois
dans l'enfance, avec une enfant de mon âge ; encore fut-ce
elle qui en fit la première proposition.

En remontant de cette sorte aux premières traces de mon
être sensible, je trouve des éléments qui, semblant quelque-
515 fois incompatibles, n'ont pas laissé de s'unir pour produire
avec force un effet uniforme et simple, et j'en trouve
d'autres qui, les mêmes en apparence, ont formé, par le
concours de certaines circonstances, de si différentes combinaisons, qu'on n'imaginerait jamais qu'ils eussent entre
520 eux aucun rapport. Qui croirait, par exemple, qu'un des res-
sorts les plus vigoureux de mon âme fut trempé dans la
même source d'où la luxure et la mollesse ont coulé dans

mon sang? Sans quitter le sujet dont je viens de parler, on
en va voir sortir une impression bien différente.

525   J'étudiais un jour seul ma leçon dans la chambre contiguë à la cuisine. La servante avait mis sécher à la plaque[1] les
peignes de Mlle Lambercier. Quand elle revint les prendre, il
s'en trouva un dont tout un côté de dents était brisé. À qui
s'en prendre de ce dégât? personne autre que moi n'était
530   entré dans la chambre. On m'interroge: je nie d'avoir touché le peigne.

        M. et Mlle Lambercier se réunissent, m'exhortent, me pres-
sent, me menacent; je persiste avec opiniâtreté; mais la
conviction était trop forte, elle l'emporta sur toutes mes pro-
535   testations, quoique ce fût la première fois qu'on m'eût trouvé
tant d'audace à mentir. La chose fut prise au sérieux; elle
méritait de l'être. La méchanceté, le mensonge, l'obstination
parurent également dignes de punition; mais pour le coup
ce ne fut pas par Mlle Lambercier qu'elle me fut infligée. On
540   écrivit à mon oncle Bernard; il vint. Mon pauvre cousin était
chargé d'un autre délit, non moins grave; nous fûmes enve-
loppés dans la même exécution. Elle fut terrible. Quand,
cherchant le remède dans le mal même, on eût voulu pour
jamais amortir mes sens dépravés, on n'aurait pu mieux s'y
545   prendre. Aussi me laissèrent-ils en repos pour longtemps.

        On ne put m'arracher l'aveu qu'on exigeait. Repris à plu-
sieurs fois et mis dans l'état le plus affreux, je fus inébranlable. J'aurais souffert la mort, et j'y étais résolu. Il fallut que
la force même cédât au diabolique entêtement d'un enfant,
550   car on n'appela pas autrement ma constance. Enfin je sortis
de cette cruelle épreuve en pièces, mais triomphant.

        Il y a maintenant près de cinquante ans de cette aventure,
et je n'ai pas peur d'être aujourd'hui puni derechef[6] pour le
même fait. Eh bien, je déclare à la face du ciel que j'en étais

---

1   *plaque*: renfoncement pratiqué dans le mur d'une chambre contiguë à la cheminée de la cuisine, où l'on met de la lingerie et des objets à sécher.

555 innocent, que je n'avais ni cassé ni touché le peigne, que je
n'avais pas approché de la plaque, et que je n'y avais pas
même songé. Qu'on ne me demande pas comment ce dégât
se fit : je l'ignore et ne puis le comprendre ; ce que je sais très
certainement, c'est que j'en étais innocent.

560   Qu'on se figure un caractère timide et docile dans la vie
ordinaire, mais ardent, fier, indomptable dans les passions ;
un enfant toujours gouverné par la voix de la raison, toujours traité avec douceur, équité, complaisance, qui n'avait
pas même l'idée de l'injustice, et qui, pour la première fois,
565 en éprouve une si terrible de la part précisément des gens
qu'il chérit et qu'il respecte le plus. Quel renversement
d'idées ! quel désordre de sentiments ! quel bouleversement
dans son cœur, dans sa cervelle, dans tout son petit être intel-
ligent et moral ! Je dis qu'on s'imagine tout cela, s'il est pos-
570 sible, car pour moi, je ne me sens pas capable de démêler, de
suivre la moindre trace de ce qui se passait alors en moi.

    Je n'avais pas encore assez de raison pour sentir combien
les apparences me condamnaient, et pour me mettre à la
place des autres. Je me tenais à la mienne, et tout ce que je
575 sentais, c'était la rigueur d'un châtiment effroyable pour un
crime que je n'avais pas commis. La douleur du corps,
quoique vive, m'était peu sensible ; je ne sentais que l'indignation, la rage, le désespoir. Mon cousin, dans un cas à peu
près semblable, et qu'on avait puni d'une faute involontaire
580 comme d'un acte prémédité, se mettait en fureur à mon
exemple, et se montait, pour ainsi dire, à mon unisson. Tous
deux dans le même lit nous nous embrassions avec des
transports convulsifs, nous étouffions et quand nos jeunes
cœurs un peu soulagés pouvaient exhaler leur colère, nous
585 nous levions sur notre séant, et nous nous mettions tous
deux à crier cent fois de toute notre force : *Carnifex !*
Carnifex ! Carnifex[1] *!*

---

1   *Carnifex* : bourreau.

Je sens en écrivant ceci que mon pouls s'élève encore ; ces moments me seront toujours présents quand je vivrais cent
590 mille ans. Ce premier sentiment de la violence et de l'injustice est resté si profondément gravé dans mon âme, que toutes les idées qui s'y rapportent me rendent ma première émotion, et ce sentiment, relatif à moi dans son origine, a pris une telle consistance en lui-même, et s'est tellement
595 détaché de tout intérêt personnel, que mon cœur s'enflamme au spectacle ou au récit de toute action injuste, quel qu'en soit l'objet§ et en quelque lieu qu'elle se commette, comme si l'effet en retombait sur moi. Quand je lis les cruautés d'un tyran féroce, les subtiles noirceurs d'un
600 fourbe de prêtre, je partirais volontiers pour aller poignarder ces misérables, dussé-je cent fois y périr. Je me suis souvent mis en nage à poursuivre à la course ou à coups de pierre un coq, une vache, un chien, un animal que j'en voyais tourmenter un autre, uniquement parce qu'il se sen-
605 tait le plus fort. Ce mouvement peut m'être naturel, et je crois qu'il l'est ; mais le souvenir profond de la première injustice que j'ai soufferte y fut trop longtemps et trop fortement lié pour ne l'avoir pas beaucoup renforcé.

Là fut le terme de la sérénité de ma vie enfantine. Dès ce
610 moment je cessai de jouir d'un bonheur pur, et je sens aujourd'hui même que le souvenir des charmes de mon enfance s'arrête là. Nous restâmes encore à Bossey quelques mois. Nous y fûmes comme on nous représente le premier homme encore dans le paradis terrestre, mais ayant cessé
615 d'en jouir. C'était en apparence la même situation, et en effet une tout autre manière d'être.

L'attachement, le respect, l'intimité, la confiance ne liaient plus les élèves à leurs guides ; nous ne les regardions plus comme des dieux qui lisaient dans nos cœurs : nous
620 étions moins honteux de mal faire et plus craintifs d'être accusés : nous commencions à nous cacher, à nous mutiner, à mentir.

Tous les vices de notre âge corrompaient notre innocence, et enlaidissaient nos jeux. La campagne même perdit
625 à nos yeux cet attrait de douceur et de simplicité qui va au
cœur. Elle nous semblait déserte et sombre; elle s'était
comme couverte d'un voile qui nous en cachait les beautés.
Nous cessâmes de cultiver nos petits jardins, nos herbes, nos
fleurs. Nous n'allions plus gratter légèrement la terre, et
630 crier de joie en découvrant le germe du grain que nous
avions semé. Nous nous dégoûtâmes de cette vie; on se
dégoûta de nous; mon oncle nous retira, et nous nous sépa-
râmes de M. et Mlle Lambercier, rassasiés les uns des autres,
et regrettant peu de nous quitter.

635 Près de trente ans se sont passés depuis ma sortie de
Bossey sans que je m'en sois rappelé le séjour d'une manière
agréable par des souvenirs un peu liés: mais depuis qu'ayant
passé l'âge mûr je décline vers la vieillesse, je sens que ces
mêmes souvenirs renaissent tandis que les autres s'effacent,
640 et se gravent dans ma mémoire avec des traits dont le
charme et la force augmentent de jour en jour; comme si,
sentant déjà la vie qui s'échappe, je cherchais à la ressaisir
par ses commencements. Les moindres faits de ce temps-là
me plaisent par cela seul qu'ils sont de ce temps-là. Je me
645 rappelle toutes les circonstances des lieux, des personnes,
des heures. Je vois la servante ou le valet agissant dans la
chambre, une hirondelle entrant par la fenêtre, une mouche
se poser sur ma main tandis que je récitais ma leçon: je vois
tout l'arrangement de la chambre où nous étions; le cabinet
650 de M. Lambercier à main droite, une estampe[1] représentant
tous les papes, un baromètre, un grand calendrier, des fram-
boisiers qui, d'un jardin fort élevé dans lequel la maison
s'enfonçait sur le derrière, venaient ombrager la fenêtre, et
passaient quelquefois jusqu'en dedans. Je sais bien que le

---

1   *estampe*: image imprimée.

655 lecteur n'a pas grand besoin de savoir tout cela, mais j'ai besoin, moi, de le lui dire.

Que n'osé-je lui raconter de même toutes les petites anecdotes de cet heureux âge, qui me font encore tressaillir d'aise quand je me les rappelle !

660 Cinq ou six surtout... Composons. Je vous fais grâce des cinq ; mais j'en veux une, une seule, pourvu qu'on me la laisse conter le plus longuement qu'il me sera possible, pour prolonger mon plaisir.

Si je ne cherchais que le vôtre, je pourrais choisir celle du
665 derrière de Mlle Lambercier, qui, par une malheureuse cul-bute au bas du pré, fut étalé tout en plein devant le roi de Sardaigne[1] à son passage : mais celle du noyer de la terrasse est plus amusante pour moi qui fus acteur au lieu que je ne fus que spectateur de la culbute ; et j'avoue que je ne trouvai
670 pas le moindre mot pour rire à un accident qui, bien que comique en lui-même, m'alarmait pour une personne que j'aimais comme une mère, et peut-être plus.

Ô vous, lecteurs curieux de la grande histoire du noyer de la terrasse, écoutez-en l'horrible tragédie et vous abstenez
675 de frémir, si vous pouvez.

Il y avait, hors la porte de la cour, une terrasse à gauche en entrant, sur laquelle on allait souvent s'asseoir l'après-midi, mais qui n'avait point d'ombre. Pour lui en donner, M. Lambercier y fit planter un noyer. La plantation de cet
680 arbre se fit avec solennité : les deux pensionnaires en furent les parrains ; et, tandis qu'on comblait le creux, nous tenions l'arbre chacun d'une main avec des chants de triomphe. On fit pour l'arroser une espèce de bassin tout autour du pied. Chaque jour, ardents spectateurs de cet arrosement, nous
685 nous confirmions, mon cousin et moi, dans l'idée très natu-relle qu'il était plus beau de planter un arbre sur la terrasse

---

1   *le roi de Sardaigne* : en août 1724, Victor-Amédée II emprunte en effet cette route en direction d'Annecy.

qu'un drapeau sur la brèche, et nous résolûmes de nous procurer cette gloire sans la partager avec qui que ce fût.

Pour cela, nous allâmes couper une bouture d'un jeune
690 saule, et nous la plantâmes sur la terrasse, à huit ou dix pieds de l'auguste§ noyer. Nous n'oubliâmes pas de faire aussi un creux autour de notre arbre : la difficulté était d'avoir de quoi le remplir ; car l'eau venait d'assez loin, et on ne nous laissait pas courir pour en aller prendre. Cependant il en fallait
695 absolument pour notre saule. Nous employâmes toutes sortes de ruses pour lui en fournir durant quelques jours, et cela nous réussit si bien, que nous le vîmes bourgeonner et pousser de petites feuilles dont nous mesurions l'accroissement d'heure en heure, persuadés, quoiqu'il ne fût pas à un
700 pied de terre, qu'il ne tarderait pas à nous ombrager.

Comme notre arbre, nous occupant tout entiers, nous rendait incapables de toute application, de toute étude, que nous étions comme en délire, et que, ne sachant à qui nous en avions, on nous tenait de plus court[1] qu'auparavant,
705 nous vîmes l'instant fatal où l'eau nous allait manquer, et nous nous désolions dans l'attente de voir notre arbre périr de sécheresse.

Enfin la nécessité, mère de l'industrie, nous suggéra une invention pour garantir l'arbre et nous d'une mort certaine :
710 ce fut de faire par-dessous terre une rigole qui conduisît secrètement au saule une partie de l'eau dont on arrosait le noyer. Cette entreprise, exécutée avec ardeur, ne réussit pourtant pas d'abord. Nous avions si mal pris la pente, que l'eau ne coulait point ; la terre s'éboulait et bouchait la
715 rigole ; l'entrée se remplissait d'ordures ; tout allait de travers. Rien ne nous rebuta : *Omnia vincit labor improbus*[2]. Nous creusâmes davantage et la terre et notre bassin, pour

---

1   *on nous tenait de plus court* : on nous surveillait plus étroitement.
2   *Omnia vincit labor improbus* : un travail obstiné est vainqueur de tout. Citation des *Géorgiques* (I, 145-146) de Virgile.

donner à l'eau son écoulement ; nous coupâmes des fonds de
boîtes en petites planches étroites, dont les unes mises de
720 plat[1] à la file, et d'autres posées en angle des deux côtés sur
celles-là, nous firent un canal triangulaire pour notre
conduit. Nous plantâmes à l'entrée de petits bouts de bois
minces et à claire-voie[2], qui, faisant une espèce de grillage ou
de crapaudine[3], retenaient le limon[4] et les pierres sans bou-
725 cher le passage à l'eau. Nous recouvrîmes soigneusement
notre ouvrage de terre bien foulée ; et le jour où tout fut fait,
nous attendîmes dans des transes d'espérance et de crainte
l'heure de l'arrosement. Après des siècles d'attente, cette
heure vint enfin ; M. Lambercier vint aussi à son ordinaire
730 assister à l'opération, durant laquelle nous nous tenions tous
deux derrière lui pour cacher notre arbre, auquel très heureusement il tournait le dos.

À peine achevait-on de verser le premier seau d'eau que
nous commençâmes d'en voir couler dans notre bassin. À cet
735 aspect la prudence nous abandonna ; nous nous mîmes à
pousser des cris de joie qui firent retourner M. Lambercier,
et ce fut dommage, car il prenait grand plaisir à voir comment la terre du noyer était bonne et buvait avidement son
eau.   Frappé de la voir se partager entre deux bassins, il
740 s'écrie à son tour, regarde, aperçoit la friponnerie, se fait
brusquement apporter une pioche, donne un coup, fait voler
deux ou trois éclats de nos planches, et criant à pleine tête :
« Un aqueduc ! un aqueduc ! », il frappe de toutes parts des
coups impitoyables, dont chacun portait au milieu de nos
745 cœurs. En un moment, les planches, le conduit, le bassin, le
saule, tout fut détruit, tout fut labouré, sans qu'il y eût,
durant cette expédition terrible, nul autre mot prononcé,

---

1   *mises de plat* : mises à plat.

2   à *claire-voie* : ajourés, qui laissent passer le jour.

3   *crapaudine* : plaque grillagée qui empêche les ordures et les animaux de s'infil-
    trer dans un bassin.

4   *limon* : boue et particules, déposées au fond des eaux, que soulève et déplace le courant.

sinon l'exclamation qu'il répétait sans cesse. « Un aqueduc !
s'écriait-il en brisant tout, un aqueduc ! un aqueduc ! »

750   On croira que l'aventure finit mal pour les petits architectes. On se trompera : tout fut fini. M. Lambercier ne nous
dit pas un mot de reproche, ne nous fit pas plus mauvais
visage, et ne nous en parla plus ; nous l'entendîmes même

« Un aqueduc ! un aqueduc ! », il frappe de toutes parts des coups
impitoyables, dont chacun portait au milieu de nos cœurs.
Lignes 743 à 745.

L'AQUEDUC, GRAVURE DE LA SECONDE ÉDITION DES *CONFESSIONS*.

un peu après rire auprès de sa sœur à gorge déployée, car le
755 rire de M. Lambercier s'entendait de loin, et ce qu'il y eut de
plus étonnant encore, c'est que, passé le premier saisisse-
ment, nous ne fûmes pas nous-mêmes fort affligés. Nous
plantâmes ailleurs un autre arbre, et nous nous rappelions
souvent la catastrophe du premier, en répétant entre nous
760 avec emphase: «Un aqueduc! un aqueduc!» Jusque-là
j'avais eu des accès d'orgueil par intervalles quand j'étais
Aristide[§] ou Brutus[§]. Ce fut ici mon premier mouvement de
vanité bien marquée. Avoir pu construire un aqueduc de
nos mains, avoir mis une bouture en concurrence avec un
765 grand arbre, me paraissait le suprême degré de la gloire. À
dix ans j'en jugeais mieux que César à trente[1].

L'idée de ce noyer et la petite histoire qui s'y rapporte
m'est si bien restée ou revenue, qu'un de mes plus agréables
projets dans mon voyage de Genève, en 1754, était d'aller à
770 Bossey y revoir les monuments des jeux de mon enfance, et
surtout le cher noyer, qui devait alors avoir déjà le tiers d'un
siècle. Je fus si continuellement obsédé, si peu maître de
moi-même, que je ne pus trouver le moment de me satis-
faire. Il y a peu d'apparence que cette occasion renaisse
775 jamais pour moi. Cependant je n'en ai pas perdu le désir
avec l'espérance, et je suis presque sûr que si jamais, retour-
nant dans ces lieux chéris, j'y retrouvais mon cher noyer
encore en être, je l'arroserais de mes pleurs. [...]

---

1   *César à trente*: Selon Plutarque, Jules César, à la lecture d'une biographie
d'Alexandre le Grand, constate avec rage qu'il n'a pas, à 39 ans, le quart des
royaumes de ce roi à un âge bien inférieur.

Le château de cartes.

Tableau de J.-S. Chardin, 1737.
National Gallery of Art, Washington.

Le verrou.

Tableau de Fragonard, 1784.
Musée du Louvre, Paris.

L'HEUREUSE FEINTE

Il y a tout plein de femmes imprudentes qui s'imaginent que, pourvu qu'elles n'en viennent pas au fait avec un amant, elles peuvent sans offenser leur époux se permettre au moins un commerce de galanterie[1], et il résulte souvent
5 de cette manière de voir les choses des suites plus dangereuses que si leur chute eût été complète. Ce qui arriva à la marquise de Guissac, femme de condition[2] de Nîmes en Languedoc[3], est une preuve sûre de ce que nous posons ici pour maxime.

10 Folle, étourdie, gaie, pleine d'esprit et de gentillesse, Mme de Guissac crut que quelques lettres galantes, écrites et reçues entre elle et le baron d'Aumelas, n'entraîneraient aucune conséquence, premièrement qu'elles seraient ignorées et que si malheureusement elles venaient à être découvertes,
15 pouvant prouver son innocence à son mari, elle ne mériterait nullement sa disgrâce; elle se trompa... M. de Guissac, excessivement jaloux, soupçonne le commerce, il interroge une femme de chambre, il se saisit d'une lettre, il n'y trouve pas d'abord de quoi légitimer ses craintes, mais infiniment
20 plus qu'il n'en faut pour nourrir des soupçons. Dans ce cruel état d'incertitude, il se munit d'un pistolet et d'un verre de limonade, entre comme un furieux dans la chambre de sa femme...

«Je suis trahi, madame, lui crie-t-il en fureur, lisez ce
25 billet[5]: il m'éclaire; il n'est plus temps de balancer[4], je vous laisse le choix de votre mort.»

La marquise se défend, elle jure à son époux qu'il se trompe, qu'elle peut être, il est vrai, coupable d'imprudence, mais qu'elle ne l'est assurément pas d'aucun crime.

---

1 *un commerce de galanterie*: une relation où les femmes se font courtiser.
2 *femme de condition*: femme de la haute société.
3 *Languedoc*: région du sud de la France.
4 *balancer*: hésiter.

30   « Vous ne m'en imposerez plus, perfide, répond le mari
furieux, vous ne m'en imposerez plus, dépêchez-vous de
choisir, ou cette arme à l'instant va vous priver du jour. »

La pauvre Mme de Guissac effrayée se détermine pour le
poison, prend la coupe et l'avale.

35   « Arrêtez, lui dit son époux dès qu'elle en a bu une partie,
vous ne périrez pas seule ; haï de vous, trompé par vous, que
voudriez-vous que je devinsse au monde ? » Et en disant
cela, il avale le reste du calice.

« Oh ! monsieur, s'écrie Mme de Guissac, dans l'état
40   affreux où vous venez de nous réduire l'un et l'autre, ne me
refusez pas un confesseur, et que je puisse en même temps
embrasser pour la dernière fois mon père et ma mère. »

On envoie chercher sur-le-champ les personnes que
demande cette femme infortunée, elle se jette dans le sein de
45   ceux qui lui ont donné le jour et proteste de nouveau qu'elle
n'est point coupable, mais quels reproches faire à un mari
qui se croit trompé et qui ne punit aussi cruellement sa
femme qu'en s'immolant lui-même ? Il ne s'agit que de se
désespérer, et les pleurs coulent également de toutes parts.

50   Cependant le confesseur arrive...

« Dans ce cruel instant de ma vie, dit la marquise, je veux
pour la consolation de mes parents et pour l'honneur de ma
mémoire faire une confession publique. » Et en même
temps, elle s'accuse tout haut de tout ce que la conscience lui
55   reproche depuis qu'elle est née. Le mari attentif et qui n'entend point parler du baron d'Aumelas, bien sûr que ce n'est
point dans un moment pareil où sa femme osera employer
la dissimulation, se relève au comble de la joie.

« Ô mes chers parents, s'écrie-t-il en embrassant à la fois
60   son beau-père et sa belle-mère, consolez-vous, et que votre
fille me pardonne la peur que je lui ai faite, elle m'a donné
assez d'inquiétude pour qu'il me fût permis de lui en rendre

un peu. Il n'y a jamais eu de poison dans ce que nous avons
pris l'un et l'autre, qu'elle soit tranquille, soyons-le tous, et
65 qu'elle retienne au moins qu'une femme vraiment honnête
non seulement ne doit point faire le mal, mais qu'elle ne
doit même jamais le laisser soupçonner.»

La marquise eut toutes les peines du monde à revenir de
son état; elle avait si bien cru être empoisonnée que la force
70 de son imagination lui avait déjà fait sentir toutes les
angoisses d'une pareille mort; elle se relève tremblante, elle
embrasse son époux, la joie remplace la douleur, et la jeune
femme trop corrigée par cette terrible scène promet bien
qu'elle évitera à l'avenir jusqu'à la plus légère apparence des
75 torts. Elle a tenu parole et a vécu depuis plus de trente ans
avec son mari sans que jamais celui-ci ait eu le plus léger
reproche à lui faire.

Historiettes, contes et fabliaux (1788)

Les curieuses.

TABLEAU DE FRAGONARD.
Musée du Louvre, Paris.

LA PHILOSOPHIE DANS LE BOUDOIR

DOLMANCÉ. – Il n'est de crime à rien, chère fille, à quoi que ce soit au monde : la plus monstrueuse des actions n'a-t-elle pas un côté par lequel elle nous est propice ?

EUGÉNIE. – Qui en doute ?

5   DOLMANCÉ. – Eh bien, de ce moment elle cesse d'être un crime ; car, pour que ce qui sert l'un en nuisant à l'autre fût un crime, il faudrait démontrer que l'être lésé est plus précieux à la nature que l'être servi : or tous les individus étant égaux aux yeux de la nature, cette prédilection[1] est
10 impossible ; donc l'action qui sert à l'un en nuisant à l'autre est d'une indifférence parfaite à la nature.

EUGÉNIE. – Mais si l'action nuisait à une très grande majorité d'individus, et qu'elle ne nous rapportât à nous qu'une très légère dose de plaisir, ne serait-il pas affreux de
15 s'y livrer alors ?

DOLMANCÉ. – Pas davantage, parce qu'il n'y a aucune comparaison entre ce qu'éprouvent les autres et ce que nous ressentons ; la plus forte dose de douleur chez les autres doit assurément être nulle pour nous, et le plus léger chatouille-
20 ment de plaisir éprouvé par nous nous touche ; donc nous devons, à quel prix que ce soit, préférer ce léger chatouille-ment qui nous délecte à cette somme immense des mal-heurs d'autrui, qui ne saurait nous atteindre. Mais s'il arrive, au contraire, que la singularité de nos organes, une
25 construction bizarre, nous rendent agréables les douleurs du prochain, ainsi que cela arrive souvent : qui doute alors que nous ne devions incontestablement préférer cette dou-leur d'autrui qui nous amuse, à l'absence de cette douleur qui deviendrait une privation pour nous ? La source de

---

1   *prédilection* : faveur, grande préférence.

30 toutes nos erreurs en morale vient de l'admission ridicule
de ce fil de fraternité qu'inventèrent les chrétiens dans leur
siècle d'infortune et de détresse. Contraints à mendier la
pitié des autres, il n'était pas maladroit d'établir qu'ils
étaient tous frères. Comment refuser des secours d'après
35 une telle hypothèse? Mais il est impossible d'admettre cette
doctrine. Ne naissons-nous pas tous isolés? je dis plus, tous
ennemis les uns des autres, tous dans un état de guerre perpétuelle et réciproque? Or, je vous demande si cela serait
dans la supposition que les vertus exigées par ce prétendu fil
40 de fraternité fussent réellement dans la nature. Si sa voix les
inspirait aux hommes, ils les éprouveraient dès en naissant.
Dès lors, la pitié, la bienfaisance, l'humanité seraient des
vertus naturelles, dont il serait impossible de se défendre, et
qui rendraient cet état primitif de l'homme sauvage totale-
45 ment contraire à ce que nous le voyons.

EUGÉNIE. – Mais si, comme vous le dites, la nature fait
naître les hommes isolés, tous indépendants les uns des
autres, au moins m'accorderez-vous que les besoins, en les
rapprochant, ont dû nécessairement établir quelques liens
50 entre eux; de là, ceux du sang nés de leur alliance réciproque, ceux de l'amour, de l'amitié, de la reconnaissance;
vous respecterez au moins ceux-là, j'espère?

DOLMANCÉ. – Pas plus que les autres, en vérité; mais
analysons-les, je le veux: un coup d'œil rapide, Eugénie, sur
55 chacun en particulier. Direz-vous, par exemple, que le
besoin de me marier, ou pour voir prolonger ma race, ou
pour arranger ma fortune, doit établir des liens indisso-
lubles ou sacrés avec l'objet[§] auquel je m'allie? Ne serait-ce
pas, je vous le demande, une absurdité que de soutenir cela?
60 Tant que dure l'acte du coït, je peux, sans doute, avoir
besoin de cet objet pour y participer; mais sitôt qu'il est
satisfait, que reste-t-il, je vous prie, entre lui et moi? et
quelle obligation réelle enchaînera à lui ou à moi les résul-
tats de ce coït? Ces derniers liens furent les fruits de la

65 frayeur qu'eurent les parents d'être abandonnés dans leur
vieillesse, et les soins intéressés qu'ils ont de nous dans notre
enfance ne sont que pour mériter ensuite les mêmes attentions dans leur dernier âge. Cessons d'être la dupe de tout
cela : nous ne devons rien à nos parents... pas la moindre
70 chose, Eugénie, et, comme c'est bien moins pour nous que
pour eux qu'ils ont travaillé, il nous est permis de les détester, et de nous en défaire même, si leur procédé nous irrite ;
nous ne devons les aimer que s'ils agissent bien avec nous,
et cette tendresse alors ne doit pas avoir un degré de plus
75 que celle que nous aurions pour d'autres amis, parce que les
droits de la naissance n'établissent rien, ne fondent rien, et
qu'en les scrutant avec sagesse et réflexion, nous n'y trouve-
rons sûrement que des raisons de haine pour ceux qui, ne
songeant qu'à leurs plaisirs, ne nous ont donné souvent
80 qu'une existence malheureuse ou malsaine.

Vous me parlez des liens de l'amour, Eugénie ; puissiez-
vous ne les jamais connaître ! Ah ! qu'un tel sentiment, pour
le bonheur que je vous souhaite, n'approche jamais de votre
cœur ! Qu'est-ce que l'amour ? On ne peut le considérer, ce
85 me semble, que comme l'effet résultatif[1] des qualités d'un
bel objet sur nous ; ces effets nous transportent ; ils nous
enflamment ; si nous possédons cet objet, nous voilà
contents ; s'il nous est impossible de l'avoir, nous nous
désespérons. Mais quelle est la base de ce sentiment ?... le
90 désir. Quelles sont les suites de ce sentiment ?... la folie.
Tenons-nous-en donc au motif, et garantissons-nous des
effets. Le motif est de posséder l'objet : eh bien ! tâchons de
réussir, mais avec sagesse ; jouissons-en dès que nous
l'avons ; consolons-nous dans le cas contraire : mille autres
95 objets semblables, et souvent bien meilleurs, nous console-
ront de la perte de celui-là ; tous les hommes, toutes les
femmes se ressemblent : il n'y a point d'amour qui résiste

---

1   *résultatif* : qui résulte, qui découle.

aux effets d'une réflexion saine. Oh! quelle duperie que
cette ivresse qui, absorbant en nous le résultat des sens, nous
100 met dans un tel état que nous ne voyons plus, que nous
n'existons plus que par cet objet[§] follement adoré! Est-ce
donc là vivre? N'est-ce pas bien plutôt se priver volontaire-
ment de toutes les douceurs de la vie? N'est-ce pas vouloir
rester dans une fièvre brûlante qui nous absorbe et qui nous
105 dévore, sans nous laisser d'autre bonheur que des jouissances métaphysiques, si ressemblantes aux effets de la
folie? Si nous devions toujours l'aimer, cet objet adorable,
s'il était certain que nous ne dussions jamais l'abandonner,
ce serait encore une extravagance sans doute, mais excu-
110 sable au moins. Cela arrive-t-il? A-t-on beaucoup
d'exemples de ces liaisons éternelles qui ne se sont jamais
démenties? Quelques mois de jouissance, remettant bientôt
l'objet à sa véritable place, nous font rougir de l'encens que
nous avons brûlé sur ses autels, et nous arrivons souvent à
115 ne pas même concevoir qu'il ait pu nous séduire à ce point.
[…] La dernière partie de mon analyse porte donc sur les
liens de l'amitié et sur ceux de la reconnaissance. Respectons
les premiers, j'y consens, tant qu'ils nous sont utiles; gar-
dons nos amis tant qu'ils nous servent; oublions-les dès que
120 nous n'en tirons plus rien; ce n'est jamais que pour soi qu'il
faut aimer les gens; les aimer pour eux-mêmes n'est qu'une
duperie; jamais il n'est dans la nature d'inspirer aux
hommes d'autres mouvements, d'autres sentiments que
ceux qui doivent leur être bons à quelque chose; rien n'est
125 égoïste comme la nature; soyons-le donc aussi, si nous voulons accomplir ses lois. Quant à la reconnaissance, Eugénie,
c'est le plus faible de tous les liens sans doute. Est-ce donc
pour nous que les hommes nous obligent[§]? N'en croyons
rien, ma chère; c'est par ostentation[1], par orgueil. N'est-il
130 donc pas humiliant dès lors de devenir ainsi le jouet de

---

1   *par ostentation*: en faisant étalage, avec une prétention affectée.

l'amour-propre des autres? Ne l'est-il pas encore davantage
d'être obligé? Rien de plus à charge qu'un bienfait reçu.
Point de milieu: il faut le rendre ou en être avili. Les âmes
fières se font mal au poids du bienfait: il pèse sur elles avec
135 tant de violence que le seul sentiment qu'elles exhalent est
de la haine pour le bienfaiteur. Quels sont donc maintenant,
à votre avis, les liens qui suppléent à l'isolement où nous a
créés la nature? Quels sont ceux qui doivent établir des rapports entre les hommes? À quels titres les aimerons-nous,
140 les chérirons-nous, les préférerons-nous à nous-mêmes? De
quel droit soulagerons-nous leur infortune? Où sera maintenant dans nos âmes le berceau de vos belles et inutiles vertus de bienfaisance, d'humanité, de charité, indiquées dans
le code absurde de quelques religions imbéciles, qui, prê-
145 chées par des imposteurs ou par des mendiants, durent
nécessairement conseiller ce qui pouvait les soutenir ou les
tolérer? Eh bien, Eugénie, admettez-vous encore quelque
chose de sacré parmi les hommes? Concevez-vous quelques
raisons de ne pas toujours nous préférer à eux?

150 EUGÉNIE. – Ces leçons, que mon cœur devance, me flattent trop pour que mon esprit les récuse[1].

MME DE SAINT-ANGE. – Elles sont dans la nature,
Eugénie: la seule approbation que tu leur donnes le prouve;
à peine éclose de son sein[2], comment ce que tu sens pour-
155 rait-il être le fruit de la corruption?

EUGÉNIE. – Mais si toutes les erreurs que vous préconi-
sez sont dans la nature, pourquoi les lois s'y opposent-elles?

DOLMANCÉ. – Parce que les lois ne sont pas faites pour
le particulier, mais pour le général, ce qui les met dans une
160 perpétuelle contradiction avec l'intérêt, attendu que l'intérêt personnel l'est toujours avec l'intérêt général. Mais les

---

1 *récuse*: refuse, repousse.
2 *à peine éclose de son sein*: issue depuis peu de la nature, née il y a peu de temps;
   Eugénie, rappelons-le, est une jeune fille.

lois, bonnes pour la société, sont très mauvaises pour l'individu qui la compose ; car, pour une fois qu'elles le protègent
ou le garantissent, elles le gênent et le captivent les trois
165 quarts de sa vie ; aussi l'homme sage et plein de mépris pour
elles les tolère-t-il, comme il fait des serpents et des vipères,
qui, bien qu'ils blessent ou qu'ils empoisonnent, servent
pourtant quelquefois dans la médecine ; il se garantira des
lois comme il fera de ces bêtes venimeuses ; il s'en mettra à
170 l'abri par des précautions, par des mystères, toutes choses
faciles à la sagesse et à la prudence. […]

Le feu aux poudres.

TABLEAU DE FRAGONARD, 1778.
Musée du Louvre, Paris.

Fig. 1.

Fig. 2.

Fig. 3.

Fig. 4.

Les Âges.

Gravures d'après les dessins de Boucher, Jouvenet et Blœmaert.
Planche de l'*Encyclopédie*, édition de 1777.

PRODUITS DE LA CIVILISATION PERFECTIONNÉE

1RE PARTIE : MAXIMES ET PENSÉES (EXTRAITS)

1. La plupart des faiseurs de recueils de vers ou de bons mots ressemblent à ceux qui mangent des cerises ou des huîtres, choisissant d'abord les meilleures et finissant par tout manger. (2)

2. Il faut convenir qu'il est impossible de vivre dans le monde, sans jouer de temps en temps la comédie. Ce qui distingue l'honnête homme§ du fripon, c'est de ne la jouer que dans les cas forcés, et pour échapper au péril, au lieu que l'autre va au-devant des occasions. (12)

3. Celui qui ne sait point recourir à propos à la plaisanterie, et qui manque de souplesse dans l'esprit, se trouve très souvent placé entre la nécessité d'être faux ou d'être pédant[1], alternative fâcheuse à laquelle un honnête homme se soustrait, pour l'ordinaire, par de la grâce et de la gaieté. (20)

4. La meilleure philosophie, relativement au monde, est d'allier, à son égard, le sarcasme de la gaieté avec l'indulgence du mépris. (31)

5. On souhaite la paresse d'un méchant et le silence d'un sot. (36)

6. Il y a des sottises bien habillées, comme il y a des sots très bien vêtus. (40)

7. Notre raison nous rend quelquefois aussi malheureux que nos passions ; et on peut dire de l'homme, quand il est dans ce cas, que c'est un malade empoisonné par son médecin. (46)

8. Dans les grandes choses, les hommes se montrent comme il leur convient de se montrer ; dans les petites, ils se montrent comme ils sont. (52)

---

1   *pédant* : personne qui fait étalage de son savoir avec prétention.

9. Ne tenir dans la main de personne, être l'*homme de son cœur*, de ses principes, de ses sentiments, c'est ce que j'ai vu de plus rare. (55)

10. Au lieu de vouloir corriger les hommes de certains travers insupportables à la société, il aurait fallu corriger la faiblesse de ceux qui les souffrent. (56)

11. L'opinion est la reine du monde, parce que la sottise est la reine des sots. (58)

12. L'importance sans mérite obtient des égards sans estime. (60)

13. Le premier des dons de la nature est cette force de raison qui vous élève au-dessus de vos propres passions et de vos faiblesses, et qui vous fait gouverner vos qualités mêmes, vos talents et vos vertus. (74)

14. La plus perdue de toutes les journées est celle où l'on n'a pas ri. (80)

15. Quand on veut devenir philosophe, il ne faut pas se rebuter des premières découvertes affligeantes qu'on fait dans la connaissance des hommes. Il faut, pour les connaître, triompher du mécontentement qu'ils donnent, comme l'anatomiste triomphe de la nature, de ses organes et de son dégoût, pour devenir habile dans son art. (86)

16. Le public ne croit point à la pureté de certaines vertus et de certains sentiments ; et, en général, le public ne peut guère s'élever qu'à des idées basses. (90)

17. Il y a peu de vices qui empêchent un homme d'avoir beaucoup d'amis, autant que peuvent le faire de trop grandes qualités. (110)

18. Vivre est une maladie dont le sommeil nous soulage toutes les 16 heures. C'est un palliatif. La mort est le remède. (113)

19. Il y a deux choses auxquelles il faut se faire, sous peine de trouver la vie insupportable : ce sont les injures du temps et les injures des hommes. (115)

20. L'homme sans principes est aussi ordinairement un homme sans caractère, car s'il était né avec du caractère, il aurait senti le besoin de se créer des principes. (129)

21. Il y a à parier que toute idée publique, toute convention reçue, est une sottise, car elle a convenu au plus grand nombre. (130)

22. L'habileté est à la ruse ce que la dextérité est à la filouterie. (156)

23. Amour, folie aimable; ambition, sottise sérieuse. (158)

24. Préjugé, vanité, calcul, voilà ce qui gouverne le monde. Celui qui ne connaît pour règle de sa conduite que raison, vérité, sentiment n'a presque rien de commun avec la société. C'est en lui-même qu'il doit chercher et trouver presque tout son bonheur. (159)

25. Le changement de modes est l'impôt que l'industrie du pauvre met sur la vanité du riche. (163)

26. On n'imagine pas combien il faut d'esprit pour n'être jamais ridicule. (208)

27. La société, ce qu'on appelle le monde, n'est que la lutte de mille petits intérêts opposés, une lutte éternelle de toutes les vanités qui se croisent, se choquent, tour à tour blessées, humiliées l'une par l'autre, qui expient le lendemain, dans le dégoût d'une défaite, le triomphe de la veille. Vivre solitaire, ne point être froissé dans ce choc misérable, où l'on attire un instant les yeux pour être écrasé l'instant d'après, c'est ce qu'on appelle n'être rien, n'avoir pas d'existence. Pauvre humanité! (214)

28. Des qualités trop supérieures rendent souvent un homme moins propre à la société. On ne va pas au marché avec des lingots; on y va avec de l'argent ou de la petite monnaie. (256)

29. Quand on veut plaire dans le monde, il faut se résoudre à se laisser apprendre beaucoup de choses qu'on sait par des gens qui les ignorent. (261)

30. Les conversations ressemblent aux voyages qu'on fait sur l'eau : on s'écarte de la terre sans presque le sentir, et l'on ne s'aperçoit qu'on a quitté le bord que quand on est déjà bien loin. (265)

31. On est plus heureux dans la solitude que dans le monde. Cela ne viendrait-il pas de ce que dans la solitude on pense aux choses, et que dans le monde on est forcé de penser aux hommes ? (271)

32. Il en est du bonheur comme des montres. Les moins compliquées sont celles qui se dérangent le moins. La montre à répétition est plus sujette aux variations. Si elle marque de plus les minutes, nouvelle cause d'inégalité ; puis celle qui marque le jour de la semaine et le mois de l'année, toujours prête à se détraquer. (308)

33. La pauvreté met le crime au rabais. (312)

34. La vie contemplative est souvent misérable. Il faut agir davantage, penser moins, et ne pas se regarder vivre. (341)

35. L'amour est comme les maladies épidémiques. Plus on les craint, plus on y est exposé. (348)

36. Un homme amoureux est un homme qui veut être plus aimable qu'il ne peut ; et voilà pourquoi presque tous les amoureux sont ridicules. (349)

37. L'amour, tel qu'il existe dans la société, n'est que l'échange de deux fantaisies et le contact de deux épidermes. (359)

38. Pour qu'une liaison d'homme à femme soit vraiment intéressante, il faut qu'il y ait entre eux jouissance, mémoire ou désir. (372)

39. Le divorce est si naturel que, dans plusieurs maisons, il couche toutes les nuits entre deux époux. (399)

40. Le public est gouverné comme il raisonne. Son droit est de dire des sottises, comme celui des ministres d'en faire. (502)

Jeune fille lisant une lettre.
TABLEAU DE RAOUX.
Musée du Louvre, Paris.

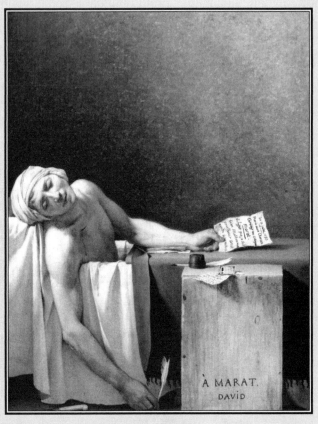

Marat assassiné.

Tableau de Jacques-Louis David, 1793.
Musées royaux des beaux-arts, Bruxelles.

TOUT HOMME A SES DOULEURS.
MAIS AUX YEUX DE SES FRÈRES…

Tout homme a ses douleurs. Mais aux yeux de ses frères
Chacun d'un front serein déguise ses misères.
Chacun ne plaint que soi. Chacun dans son ennui[1]
4 Envie un autre humain qui se plaint comme lui.
Nul des autres mortels ne mesure les peines,
Qu'ils savent tous cacher comme il cache les siennes;
Et chacun, l'œil en pleurs, en son cœur douloureux
8 Se dit: «Excepté moi, tout le monde est heureux.»
Ils sont tous malheureux. Leur prière importune
Crie et demande au ciel de changer leur fortune[§].
Ils changent; et bientôt, versant de nouveaux pleurs,
12 Ils trouvent qu'ils n'ont fait que changer de malheurs.

(*Élégies*, XXIII)

---

1   *ennui*: malheur.

VOS CŒURS SONT CITOYENS.
JE LE VEUX. TOUTEFOIS...

Vos cœurs sont citoyens. Je le veux. Toutefois
Vous pouvez tout. Vous êtes hommes.
Hommes, d'un homme libre écoutez donc la voix.
Ne craignez plus que vous. Magistrats, peuples, rois,
Citoyens, tous tant que nous sommes,
6 Tout mortel dans son cœur cache, même à ses yeux,
L'ambition, serpent insidieux,
Arbre impur, que déguise une brillante écorce,
L'empire, l'absolu pouvoir
Ont, pour la vertu même, une meilleure amorce.
Trop de désirs naissent de trop de force.
12 Qui peut tout pourra trop vouloir.
Il pourra négliger, sûr du commun suffrage,
Et l'équitable humanité,
Et la décence au doux langage.
L'obstacle nous fait grands. Par l'obstacle excité,
L'homme, heureux à poursuivre une pénible gloire,
18 Va se perdre à l'écueil de la prospérité,
Vaincu par sa propre victoire.

(*Odes,* 1, XV, 1791)

PEUPLE ! NE CROYONS PAS QUE TOUT NOUS SOIT PERMIS…

Peuple ! ne croyons pas que tout nous soit permis.
Craignez vos courtisans avides,
Ô Peuple souverain ! À vos oreilles admis
Cent orateurs bourreaux se nomment vos amis.
Ils soufflent des feux homicides.
6 Aux pieds de notre orgueil prostituant les droits,
Nos passions par eux deviennent lois.
La pensée est livrée à leurs lâches tortures.
Partout cherchant des trahisons,
À nos soupçons jaloux, aux haines, aux parjures,
Ils vont forgeant d'exécrables pâtures.
12 Leurs feuilles, noires de poisons,
Sont autant de gibets[1] affamés de carnage.
Ils attisent de rang en rang
La proscription[2] et l'outrage.
Chaque jour dans l'arène ils déchirent le flanc
D'hommes, que nous livrons à la fureur des bêtes.
18 Ils nous vendent leur mort. Ils emplissent de sang
Les coupes qu'ils nous tiennent prêtes.

(*Odes,* 1, XVII)

---

1   *gibets* : potences où ont lieu les pendaisons.
2   *proscription* : bannissement sans procès, décret pour un hors-la-loi.

SUR LA MORT D'UN ENFANT

L'innocente victime, au terrestre séjour,
N'a vu que le printemps qui lui donna le jour.
Rien n'est resté de lui qu'un nom, un vain nuage,
Un souvenir, un songe, une invisible image.
Adieu, fragile enfant, échappé de nos bras;
Adieu, dans la maison d'où l'on ne revient pas.
7   Nous ne te verrons plus, quand de moissons couverte
La campagne d'été rend la ville déserte;
Dans l'enclos paternel nous ne te verrons plus,
De tes pieds, de tes mains, de tes flancs demi-nus,
Presser l'herbe et les fleurs dont les nymphes[1] de Seine
Couronnent tous les ans les coteaux de Lucienne.
L'axe de l'humble char à tes jeux destiné,
14   Par de fidèles mains avec toi promené,
Ne sillonnera plus les prés et le rivage.
Tes regards, ton murmure, obscur et doux langage,
N'inquiéteront plus nos soins officieux;
Nous ne recevrons plus avec des cris joyeux
Les efforts impuissants de ta bouche vermeille[2]
À bégayer les sons offerts à ton oreille.
21   Adieu, dans la demeure où nous nous suivrons tous,
Où ta mère déjà tourne ses yeux jaloux.

(*Élégie inachevée*, V)

---

1   *nymphes*: jeunes déesses mythologiques de la nature.
2   *vermeille*: rouge clair.

ET MOI, QUAND LA CHALEUR,
RAMENANT LE REPOS...

Et moi, quand la chaleur, ramenant le repos,
Fait descendre en été le calme sur les flots,
3 J'aime à venir goûter[§] la fraîcheur du rivage,
Et bien loin des cités, sous un épais feuillage,
Ne pensant à rien, libre et serein comme l'air,
6 Rêver, seul, en silence et regarder la mer.

(*Élégie inachevée*, XXIX)

Projet d'aménagement de la Grande Galerie du Louvre.

Peinture d'Hubert Robert, 1796.
Musée du Louvre, Paris.

PRÉSENTATION DE L'ŒUVRE

Frontispice de l'*Encyclopédie ou Dictionnaire des sciences,
des arts et des métiers.*

Gravure de cochin.
Bibliothèque nationale, Paris.

Le contexte sociohistorique

QU'EST-CE QUE LE SIÈCLE DES LUMIÈRES?

C'est la période historique qui s'étend de la mort de Louis XIV en 1715 à la promulgation en 1800 du Consulat, régime politique transitoire entre la Révolution et l'Empire de Napoléon. Les Lumières, ce sont les idées nouvelles, fondées sur un esprit rationnel et scientifique dégagé de tout préjugé, qui permettent le triomphe de la raison sur la superstition et l'intolérance. Pour les philosophes, principaux instigateurs des Lumières, le temps est venu d'observer le monde avec un regard neuf et d'en réévaluer les valeurs politiques, sociales et artistiques. Montesquieu, Voltaire, Diderot et Rousseau comptent parmi les libres penseurs les plus influents du siècle. Bien qu'ils prônent des systèmes philosophiques fort différents, et parfois même contradictoires, ils estiment contribuer à l'édification d'un monde meilleur. Dans cette perspective, l'esprit des Lumières se révèle optimiste dans sa contestation, plus que révolutionnaire dans ses intentions. Le XVIIIe siècle croit en effet aux principes éclairants de la raison, source de progrès pour l'humanité. Confiants de voir les idées nouvelles triompher, les philosophes conservent une foi inébranlable en l'homme, en dépit des retards et des obstacles que lui oppose la tradition.

LA RÉGENCE DE PHILIPPE D'ORLÉANS

Quand Louis XIV meurt, le 1er septembre 1715, la période historique du Grand Siècle se termine dans une atmosphère d'incertitude. Le destin de la France repose sur les épaules de son arrière-petit-fils, un enfant de cinq ans. Il faut attendre encore huit ans pour que Louis XV atteigne sa majorité[1] et puisse régner. Afin de répondre aux exigences du pouvoir, la constitution prévoit la nomination d'un régent. Le testament de Louis XIV s'y oppose pourtant, mais l'ambitieux Philippe, duc d'Orléans, fort de l'appui de la noblesse, fait casser par le parlement de Paris le testament du défunt roi et s'arroge le titre. Sur le plan politique, il s'agit d'un retournement important. Sous Louis XIV, les bourgeois détenaient tous les postes clés de l'administration et du pouvoir exécutif. La Régence permet enfin aux nobles de leur damer le pion et de consolider comme jamais auparavant les privilèges de la caste aristocratique. Pourtant, au moment même où les nobles accèdent enfin au plein pouvoir, des libertés civiles et morales toutes neuves favorisent une réflexion sur la légitimité des privilèges.

Le Siècle des Lumières, qui coïncide avec la Régence de Philippe d'Orléans, amorce un débat d'idées imprégné d'une volonté de changement, prélude à la Révolution française de 1789. Certes, en 1715, la France demeure une société d'Ancien Régime. Toutefois, l'arrogance de la noblesse, alliée à ses mœurs licencieuses, voire dépravées, alimente peu à peu la contestation de son autorité et de ses privilèges. Pourquoi les aristocrates, qui comptent pour à peine dix pour cent de la société, devraient-ils vivre dans le luxe et l'opulence du simple fait d'être nés de parents nobles? Enrichi par le commerce, le bourgeois paraît souvent supérieur à l'aristocrate parce que sa fortune repose sur le travail, une valeur autre-

---

1 La majorité est fixée à 13 ans pour le roi.

ment louable que l'oisiveté dédaigneuse de la noblesse. Au cours du XVIIIe siècle, la bourgeoisie accède ainsi à une légitimité comparable à celle de l'aristocratie. Des mariages d'intérêts rapprochent d'ailleurs les deux classes. Seuls les gens du peuple continuent de voir leurs conditions se détériorer, même si certains tirent leur épingle du jeu. En somme, un trait du siècle demeure l'espoir que chacun caresse de parvenir à se hausser d'un rang dans l'échelle sociale. L'individualisme naît, et si on n'entrevoit pas encore la possibilité d'un renversement politique, l'intérêt remet déjà en question les inégalités.

Dès le début de la Régence, pour mieux veiller à l'exécution de ses politiques, Philippe d'Orléans quitte Versailles et ramène la cour à Paris. Il encourage par le fait même un déplacement des activités de la cour et une recrudescence des spectacles. Même le commerce du luxe, mis en veilleuse à la fin du règne précédent, gagne de la vigueur. On ne parle que de s'amuser et de se divertir. Le Régent lui-même donne au Palais-Royal de célèbres soirées de débauche auxquelles participent les *roués*, nom donné à ceux qui s'adonnent alors à ce complet affranchissement moral. Toutefois, la Régence ne saurait être uniquement l'époque corrompue que certains historiens se complaisent à évoquer. Grande y est la liberté des mœurs, et les excès ne se comptent plus, bien que tout cela favorise aussi le renouveau des idées et de l'art.

En dépit de la convoitise et de l'orgueil qui l'animent, le brillant Philippe d'Orléans dirige la France d'une main de fer. Il voue au plaisir ses nuits, mais vers la fin de l'après-midi et en soirée, il travaille sérieusement aux affaires de l'État. Sous son autorité, le royaume reprend même de son lustre. Sur le plan social, le Régent se montre un administrateur assez efficace. Il sait, par exemple, imposer avec fermeté ses ordres et volontés pour contrer les fléaux : en septembre 1720, il n'hésite pas à mettre en quarantaine la ville de Marseille pour empêcher la peste qui s'y est déclarée de se propager dans tout le royaume. En politique étrangère, il prend l'initiative d'une alliance avec l'Angleterre et la Hollande. Cette surprenante démarche se révèle par la suite fort profitable puisque la France redore son blason en remportant rapidement et sans difficulté la guerre d'Espagne. Enfin, l'économie connaît un redressement grâce au système de Law, la première tentative moderne d'instaurer une politique de crédit financier reposant sur l'émission de billets de banque validés par l'État. Certes, la faillite de la Banque royale de France ruine les détenteurs de papier-monnaie. Néanmoins, à long terme, la spéculation suscitée par le système aura permis la mise en circulation de capitaux inactifs, d'où un réel enrichissement collectif.

Allégorie sur la Régence.
GRAVURE DE BERNARD PICART.
PAGE DE TITRE DU *DICTIONNAIRE HISTORIQUE ET CRITIQUE DE BAYLE*, ÉD. 1720.

LE RÈGNE DE LOUIS XV

Un an avant la mort subite du Régent (1723), Louis XV règne officiellement. En vérité, il est trop jeune pour veiller aux affaires de l'État, aussi cède-t-il son autorité à des ministres, notamment, à partir de 1726, au cardinal de Fleury. Avec plus de 23 millions d'habitants, la France est, derrière la Russie, le pays le plus peuplé d'Europe. Et sous la direction de Fleury, âgé de 73 ans, elle entre dans sa période la plus prospère et la plus calme de tout le XVIIIᵉ siècle. En dépit des intrigues parlementaires, les milieux politiques connaissent une relative accalmie qui découle du sens diplomatique aigu du cardinal. Les excentricités de la Régence avaient terni l'image de la monarchie ; Fleury la réhabilite par des actions justes et désintéressées. Sous sa gouverne, aucune agitation, aucun soulèvement populaire ne trouble la quiétude sociale. L'économie se porte mieux et, en conséquence, les ouvriers, les artisans et les paysans trouvent aisément de quoi vivre. Non seulement le cardinal stabilise-t-il la monnaie, mais il parvient à équilibrer le budget de l'État — une première en près d'un siècle ! Le pacifique prélat évite aussi les guerres inutiles en sachant prouver au roi combien les campagnes militaires rapportent peu en avantages escomptés. Lorsque les royaumes de l'Europe se querellent autour de la succession d'Autriche, Fleury ne peut contrer la coûteuse guerre de Succession d'Autriche, déclarée en 1740, et meurt peu après. Mais le *statu quo* qui met fin au conflit cinq ans plus tard lui donne raison.

À cette date, Louis XV a 33 ans et gouverne par lui-même. En dépit de la réprobation de l'Église, outragée par ses mœurs licencieuses, le roi est aimé de ses sujets qui lui accordent le surnom de *Louis, le Bien-Aimé*. De caractère timide, le monarque manque toutefois de confiance en soi et préfère aux cérémonies de la cour la quiétude de la vie privée. Dans ce cercle étroit, presque bourgeois, les influences se font parfois décisives. Maîtresse du roi dès 1745, la marquise de

Pompadour marque un tournant du règne. Femme de tête, elle entend diriger la France par l'entremise de son amant royal. Elle nomme Voltaire historiographe du roi, verse secrètement une pension à Marivaux et rend le libertin Crébillon fils, censeur royal[1] !

À partir de 1750, Mme de Pompadour voit son crédit s'affaiblir. Pour conserver néanmoins sa position privilégiée d'amie et de confidente du roi, elle encourage ce dernier à reprendre ses aventures galantes dans le secret de la petite maison du Parc-aux-Cerfs, un quartier retiré de Versailles. Peu à peu, Louis XV se désintéresse des contingences du pouvoir. Au gré des influences, il édicte des lois et promulgue des arrêts parfois contradictoires. Lui qui affiche depuis toujours un esprit ouvert sur les questions morales et qui s'intéresse de près aux sciences interdit en 1757 la publication de l'*Encyclopédie* de Diderot. L'année suivante, il délègue la direction du gouvernement au duc de Choiseul, dont les actions politiques attisent les querelles parlementaires. Sous sa direction, la France fait l'acquisition stratégique de la Corse, mais en mettant fin à la guerre de Sept Ans subit la perte du Canada en 1763. Finalement, le duc est congédié en 1770 par Mme du Barry, la nouvelle maîtresse du roi. Deux ans plus tard, la mort du Dauphin plonge Louis XV dans la douleur et l'inquiétude ; l'héritier de la couronne est maintenant un enfant d'à peine 11 ans. Et le roi se lance dans des réformes qui achèvent de le discréditer. Pour renflouer le Trésor, il exige un impôt sur les revenus de la noblesse et du clergé, mais instaure peu après la gratuité du recours en justice, ce qui vide les coffres de l'État. Ces lois suscitent trop de bouleversements : Louis XV n'est plus le *Bien-Aimé*. Quand la petite vérole l'emporte, à l'âge de 64 ans, c'est dans l'indifférence générale que sa dépouille est clandestinement inhumée.

---

1 Le censeur royal a la responsabilité d'autoriser ou de censurer les textes publiés en France.

Louis XV à l'âge de 20 ans.

Portrait de Hyacinthe Rigaud.
Musée de Versailles.

LOUIS XVI ET L'INSTABILITÉ DU POUVOIR

Petit-fils de Louis XV, né en 1754, Louis XVI monte sur le trône en 1774 avec Marie-Antoinette d'Autriche qu'il a épousée en 1770. Le règne s'amorce avec les meilleures intentions. En réaction aux abus et corruptions de la cour, le nouveau monarque souhaite la mise en place de réformes. Louis XVI se débarrasse donc de ses vieux ministres et en convoque de nouveaux qui, malheureusement, accumulent les erreurs. Ainsi le banquier Necker conduit la France à contracter de trop lourds emprunts pour financer la guerre d'Indépendance américaine. L'instabilité économique qui en résulte suscite la grogne et Louis XVI se met l'opinion publique à dos. Dans plusieurs milieux, on commence à remettre en question l'absolutisme du pouvoir royal. Par surcroît, un complot, savamment orchestré au sein même de la cour, vient alors ternir la réputation de la reine, et par ricochet, celle du roi. C'est l'affaire du Collier : une escroquerie fomentée par le cardinal de Rohan et sa maîtresse, Mme de La Motte. Les fraudeurs s'arrangent pour que la reine ait en sa possession un collier de diamants qu'elle a déjà refusé, le jugeant trop coûteux. Or, de fausses signatures de Marie-Antoinette laissent croire qu'elle en a fait l'achat au moment où la France est dans une pénible situation financière : c'est le scandale ! L'opinion publique s'indigne de la conduite écervelée d'une reine qui dilapide l'argent du Trésor alors que le peuple crève de faim dans les rues ! Le parlement, saisi de l'affaire, permet d'innocenter rapidement Marie-Antoinette, et Mme de La Motte est condamnée à la prison à perpétuité. Toutefois, le prélat est acquitté, et l'opinion publique reste convaincue qu'il y avait anguille sous roche. Sous la Révolution, au procès de la reine, ce coup monté sera de nouveau évoqué, constituant une pièce à charge.

L'impopularité de la monarchie, désormais engagée sur la voie de la décadence, gagne bientôt toute la société française. En 1787, le roi fait proclamer l'édit de tolérance, qui reconnaît un statut civil aux protestants, pour tenter de se trouver de nouveaux alliés. Malheureusement, le pays est par la suite confronté à deux terribles années de disette, dues aux mauvaises récoltes de 1788 et 1789. Le chômage et la hausse des prix aggravent le mécontentement et provoquent même des émeutes. Cette crise économique sans précédent accule le pays à la faillite et, menacé de toute part, le roi convoque à la hâte les états généraux en mai 1789. Devant les députés de la noblesse, du clergé et du tiers état (le peuple), Louis XVI s'incline et signe la fin de l'absolutisme royal, mais tarde ensuite à céder le pouvoir. Au matin du 14 juillet 1789, le peuple de Paris met la main sur des armes déposées par l'armée à l'Hôtel des Invalides, puis, en quête de poudre, se rend à la Bastille, une prison réservée à la noblesse, qui en possède une réserve. La garde résiste toute la journée, mais au soir, la prise de la Bastille, première victoire des insurgés, enclenche la Révolution française.

En janvier 1793, Louis XVI est guillotiné.

L'EXÉCUTION DE LOUIS XVI (DÉTAIL).
Musée du Louvre, Paris.

LA RÉVOLUTION

À l'aube de la Révolution, ce ne sont pas les idéaux de liberté et d'égalité qui surgissent, mais les velléités plus égoïstes des bas intérêts. Quand la France connaît ses premières journées révolutionnaires, l'ordre social vole en éclats et, dans cette jungle, prime le chacun pour soi. On se bat dans les rues et chaque clan, qui croit en la légitimité de son action, commet plus d'une atrocité. À Paris, la Commune, un gouvernement populaire, s'installe à la mairie sous l'autorité des « patriotes ». Louis XVI renonce à employer la force pour contrer les rebelles et regagne ainsi la relative sympathie de l'Assemblée nationale. Cependant, en province, les émeutes et révoltes se multiplient. Les privilèges des nobles, des seigneurs, des bourgeois et de riches ecclésiastiques sont abolis. Devant l'insurrection qui semble armer les pauvres contre les riches, les impôts qui asservissent les paysans aux seigneurs sont supprimés et, le 26 août 1789, la Déclaration des droits de l'homme consacre la légitimité de l'égalité et de la liberté dans la nouvelle constitution, où le roi conserve peu d'autonomie. En octobre, une foule de 7 000 femmes marche sur Versailles et ramène à Paris le roi et sa famille qui s'installent au palais des Tuileries. Dépouillé de son pouvoir et de son armée, le roi se trouve dans la position humiliante d'un prisonnier en garde à vue.

Durant les deux années suivantes, le pays se réorganise de fond en comble. Divisé en 83 départements, il est principalement géré par des membres de la classe bourgeoise qui s'empressent de réviser tout le système fiscal : tous les propriétaires sont maintenant assujettis à l'impôt, sans exception ni privilège. La vente des biens de l'Église entraîne une réforme du clergé qui voit ses effectifs fortement réduits. En septembre 1791, Louis XVI se soumet à la nouvelle constitution votée par l'Assemblée. Le pouvoir du roi, dorénavant sous tutelle, se limite à un droit de *veto* provisoire. Il est en outre évincé des décisions relatives aux finances. Devant l'affaiblissement de la royauté, beaucoup de nobles émigrent, cependant que des partis politiques naissent sous la pression d'extrémistes : les jacobins avec Robespierre, les cordeliers avec Danton, Desmoulins et Marat, et, plus tard, les montagnards et les girondins, aux idées résolument républicaines.

Malgré le durcissement des partis contre lui, Louis XVI s'aveugle sur l'imminente restauration de la monarchie et, dans cet état d'esprit, prend une initiative malheureuse : espérant se joindre aux contre-révolutionnaires de l'Est, il s'évade avec sa famille de Paris. La fuite est aussitôt découverte et la famille royale est poursuivie par la garde républicaine, puis arrêtée pendant la nuit du 21 juin 1791, à Varennes. C'est le début de la fin. Le roi se met à dos l'opinion publique. D'impopulaire, il est suspecté de coalition avec des puissances monarchiques étrangères. Le 10 août 1792, après de sanglantes émeutes, le roi est suspendu de ses pouvoirs, et l'Assemblée de la Convention se charge d'établir sa culpabilité. Louis XVI et sa famille subissent un procès qui sert de prétexte aux luttes entre les partis qui se disputent le pouvoir. Par une faible majorité, l'exécution publique du roi est finalement votée. Louis XVI monte à l'échafaud le 21 janvier 1793 ; Marie-Antoinette, le 16 octobre de la même année.

Les luttes intestines et les difficultés politiques de la Convention persistent néanmoins après la mort du roi et de la reine. Elles se soldent par l'assassinat du député Marat et l'influence grandissante des sans-culottes, partisans de la violence et de la répression massive. En 1794, commence la Terreur, une suite ininterrompue de trahisons et de procès qui conduisent successivement tous les chefs des principaux partis à la guillotine : Danton et Desmoulins, en avril, puis Robespierre et Saint-Just, en juillet. Quand la Terreur se résorbe enfin, en octobre 1795, le régime du Directoire est instauré pour tenter de consolider les fondements de la fragile république. Voilà que s'illustre alors le jeune général

Les agitateurs politiques haranguent la foule
pendant la Révolution.

Camille Desmoulins au Palais-Royal, tableau anonyme.
Musée Carnavalet, Paris.

Le contexte culturel

LES COURANTS LITTÉRAIRES DU XVIIIe SIÈCLE

Le Siècle des Lumières est traversé par des courants artistiques et littéraires qui correspondent à des changements successifs dans les valeurs de la société française. Certains écrivains restent fidèles pendant toute leur vie à un seul courant ; d'autres les font coexister et se prêtent à des refontes de leur art au fil du temps.

La première moitié du Siècle des Lumières conserve un intérêt marqué pour le **courant classique**, associé à l'ordre, à la discipline et à l'équilibre en art et en littérature. Il s'agit toutefois d'un classicisme épuré, recherchant plus de clarté et de légèreté qu'au siècle précédent. Dès la Régence, le goût et la mode favorisent le plaisir et les divertissements : peut-on alors proposer à un public souriant et frivole des œuvres difficiles ? Ce serait malséant. Un texte peut être profond, mais il doit se saisir aisément pour ne pas susciter l'ennui. Or rien, en ces temps heureux, ne rebute comme cet ennui déplaisant devenu la hantise du siècle ! Au théâtre, Marivaux, préférant pourtant les comédies en trois actes au lieu de cinq, et dont les personnages et les intrigues se rapprochent de la vie quotidienne, essuie ainsi quelques déboires dès qu'il truffe ses dialogues d'expressions qui s'éloignent du naturel recherché. On le taxe alors de marivaudage. Voltaire lui-même, pourtant le premier à blâmer Marivaux, devient la cible de reproches de la part des amateurs de théâtre qui jugent trop lourdes ses tragédies, dont le succès fléchit au milieu du siècle.

Vers 1750 s'impose le **courant philosophique**, qui prend sa source au confluent de la méthode réflexive de Descartes et des valeurs d'égalité sociale en vogue dans la société anglaise du XVIIIe siècle. Il s'attache à redéfinir les enjeux de la condition humaine. Dans cette perspective, les

Les hasards heureux de l'escarpolette.

Tableau de Fragonard, 1767.
Collection Wallace, Londres.

philosophes, comme Montesquieu ou Diderot, repartent à
zéro et réexaminent avec soin tout ce sur quoi repose le
monde tel qu'il est. Porteurs d'un enthousiasme prudent, ils
croient au progrès. Ils espèrent améliorer le fonctionnement
de la société en lui apportant des changements avisés. Les
philosophes profitent évidemment d'une conjoncture historique particulière : l'effondrement progressif de l'économie
et de l'autorité politique de Louis XV vient nourrir leurs
attaques contre une tradition qui assoit sa légitimité sur des
bases contestables. La pensée philosophique repose sur une
approche matérialiste de la réalité. Seuls les faits et les
preuves trouvent grâce dans cette optique. Comment justifier la monarchie héréditaire ou l'autorité de l'Église si les
arguments qui les défendent sont fondés sur des *a priori* et
des professions de foi ? Jamais la connaissance n'a détenu
une valeur si fondamentale. C'est dans cette perspective que
Denis Diderot élabore le projet de l'*Encyclopédie*. Il entend
rassembler tout le savoir de l'humanité dans ce vaste
ouvrage, symbole des Lumières. Pendant les 22 ans que dure
sa réalisation, les plus grands esprits du siècle y collaborent.
Et Diderot précise, en tête du premier volume, que
l'*Encyclopédie* est un guide de la raison qui favorise l'esprit
critique. En abordant l'art, la philosophie, les sciences et les
techniques, cette somme, non seulement repousse l'ignorance, mais demeure le plus sûr moyen de combattre le des-
potisme, le fanatisme et l'intolérance.

Peu après 1750, le rationalisme philosophique se double
d'une sensibilité nouvelle. Certains philosophes tentent de
plier la nature humaine à des systèmes abstraits, mais
oublient la résistance des instincts et des intérêts. Ils généra-
lisent à outrance et perdent de vue la singularité de chaque
être humain. Aussi, à l'ordre de la raison vient bientôt se jux-
taposer l'ordre du cœur. C'est la naissance du **courant sentimental**, issu de la pensée *sensualiste* de John Locke
(1632-1704). Ce philosophe anglais, en établissant que

l'homme prend connaissance de l'univers grâce à l'expérience des sens, fait des émotions et des sentiments les principes premiers de la pensée humaine. Au XVIIIᵉ siècle, cette valorisation de la sensibilité trouve un écho immédiat dans une société française favorable au plaisir et qui jouit de beaucoup de temps pour se pencher sur ses états d'âme. Les drames de Diderot et les romans de Rousseau, qui rencontrent une faveur exceptionnelle auprès des contemporains, présentent des personnages qui se livrent à de folles effusions, à de déchirantes confessions, avant d'éclater en sanglots. Destinées à émouvoir, ces œuvres annoncent les chefs-d'œuvre romantiques du XIXᵉ siècle.

L'autre versant du romantisme, celui des préoccupations sociales et de l'engagement politique, se manifeste déjà dans le **courant révolutionnaire** de la fin du XVIIIᵉ siècle. Pour les écrivains révolutionnaires, l'heure n'est plus à la sage raison et à la polémique bienséante, régie par les codes de la conversation. L'éloquence des discours cède maintenant à l'injure et à la dénonciation. Appartenant à la littérature d'idées et d'action, les œuvres du courant révolutionnaire s'inscrivent dans le temps présent. Elles visent des changements immédiats. Il faut étudier les décisions, redresser les torts, condamner les erreurs et solliciter la vigilance de chaque citoyen. Il est surtout essentiel de ne pas retomber dans les ornières du passé et de pousser la critique jusque dans les moindres replis de la société. Le cynisme de Chamfort et l'engagement d'André Chénier illustrent parfaitement cet art né de la tourmente révolutionnaire.

Enfin, le **courant libertin**, qui prend son élan dans la seconde moitié du siècle, atteint son apogée après 1789. C'est l'époque où la licence, fort répandue dans la noblesse, développe en littérature le goût de la luxure. Sous des prétentions moralisantes – car les auteurs prétendent souvent vouloir dégoûter du vice ! –, la littérature libertine multiplie les récits scabreux où la jeunesse, dans son innocence, paie fréquemment son tribut aux débauchés. Les meilleurs auteurs du courant savent toutefois tirer parti de l'exploration, somme toute assez nouvelle, de la sexualité et de ses rituels. Dans *Les Liaisons dangereuses*, chef-d'œuvre du roman libertin, Choderlos de Laclos analyse l'échiquier du cœur et du désir et constate qu'il donne lieu à une guerre impitoyable destinée à anéantir les plus faibles. Quant au marquis de Sade, dont les œuvres se révèlent souvent plus pornographiques, il renverse les valeurs de l'amour et nie jusqu'à l'existence du sentiment amoureux pour induire que le plaisir, dont l'essence suprême est la douleur, accorde seul la satiété recherchée âprement par l'être humain sous le nom fallacieux de bonheur.

LES SALONS

Pendant tout le XVIIIᵉ siècle, les salons s'avèrent à la ville des lieux de choix pour la noblesse et la haute bourgeoisie. Les habitués s'y adonnent avec délices à la littérature. Ils s'amusent aussi à des jeux de société et s'occupent à la conversation : un art d'un haut raffinement, où tout bel esprit doit savoir briller par la justesse de son discours, la finesse de ses propositions et l'aisance de ses réparties. Au début du siècle, c'est un terreau propice au développement d'une préciosité de bon goût qui conserve alors tout son charme. Les beaux esprits du temps prétendent en effet à une distinction sans affectation. Ils ne sauraient concevoir une pensée profonde sans le naturel obligé de l'expression. Les énoncés compliqués, les phrases contournées et le vocabulaire ampoulé suscitent la risée. Toute la philosophie du Siècle des Lumières souscrit rapidement à ce régime. Les idées, aussi complexes soient-elles, peuvent être exposées, débattues et nuancées, à condition que l'auteur use d'une expression élégante et claire. Il faut éviter à tout prix l'ennui, le sentiment le plus craint du siècle. Les ouvrages de la pensée ont donc un ton léger et parfois la forme même du dialogue – comme chez Denis Diderot dans *Entretien d'un philosophe avec la maréchale de* *** (1776) – qui reproduit ainsi l'atmosphère amicale de la conversation de salon. Selon le code des usages, le ton d'un débat d'idées ne saurait faire place à la passion et à la violence aux dépens de la raison et de la tolérance. Toute la conduite d'un fidèle des salons doit se régler sur le souci d'atteindre, par l'entremise d'une politesse vive et spontanée, à la plus transparente sincérité. Dans la première moitié du siècle, les salons les plus célèbres sont ceux de la marquise de Lambert, de la duchesse du Maine, de Mme de Tencin et de Mme du Deffand ; dans la seconde moitié, ceux de Mme de Geoffrin, de Mlle de Lespinasse et, peu avant la Révolution, celui de Mme Chénier, la mère du poète André Chénier. Dans ces cénacles huppés, plus d'une réputation se fait ou se perd. Là peut se jouer le sort d'une carrière et de toute une vie.

Madame de Tencin.
Bibliothèque nationale, Paris.

LES CAFÉS

Les cafés sont mis à la mode au début du XVIIIe siècle par la faveur populaire que rencontre la nouvelle boisson exotique qu'on y sert et à laquelle on accorde des vertus médicinales. Il s'agit d'endroits enfumés et bruyants où se pressent une foule d'écrivains, artistes et penseurs de tout acabit. Aucun homme célèbre ne les : Diderot et Rousseau jouent aux échecs au café de la Régence, place du Palais-Royal ; Voltaire et Marivaux se croisent au café Procope, situé (encore aujourd'hui) tout près de la Comédie-Française, tandis que Vivant Denon et les artistes peintres animent le café Gradot, près du Louvre. Comme le siècle raffole des discussions et des polémiques, les cafés deviennent des endroits courus. Là, un jeune écrivain ou un simple quidam peut se forger en un rien de temps une réputation de polémiste ou d'original à l'esprit fin. Lieux publics, les cafés représentent la version populaire des salons dont ils vont presque égaler l'influence au cours du siècle. Les cafés seront les plaques tournantes des idées modernes et révolutionnaires, démêlées au cours d'échanges musclés. Ici comme ailleurs, le savoir-vivre s'impose, mais on y donne plus facilement libre cours aux emportements et aux prises de bec qui seraient condamnés par la société des salons. En cela, les cafés permettent une plus grande liberté d'expression dans une atmosphère détendue.

LES TYPES SOCIAUX

L'honnête homme

Dès le XVIIe siècle, quand la société policée des salons ne verse pas dans le ridicule, elle s'applique à cultiver l'idéal de l'honnête homme, c'est-à-dire un idéal de comportement, une façon de se tenir en société de manière à plaire, selon ce qu'exige la bienséance. Au début du XVIIIe siècle, le modèle s'est répandu dans toute la société. Les nobles et les

Le café Procope.

bourgeois souscrivent à cette attitude qui se règle sur la mesure et la raison. L'élégance, à la fois extérieure et morale, constitue la qualité première de ceux qu'on nomme aussi les *hommes de bien*. C'est que la pensée de l'honnête homme s'établit sur la pondération et le juste milieu. Entre plusieurs opinions reçues, elle prône toujours la plus modérée. Elle accepte les imperfections de l'humanité et trouve un plus pur contentement dans le cercle intime de la vie privée. Dans le monde, l'honnête homme fait preuve d'ouverture d'esprit et cultive l'art de la conversation. Est-il contraint à parler de lui ou de ses sentiments, qu'il demeure néanmoins discret. Certes, il apprécie la compagnie des femmes et des beaux esprits, mais il ne s'impose à personne. Bien habillé, il ne sacrifie pas aux excentricités de la mode. Il est cultivé mais non pédant, galant sans devenir importun, distingué sans affectation et brave sans témérité.

L'homme d'esprit

L'homme d'esprit aime briller dans le monde. Conscient de sa valeur, il cherche à se faire remarquer en tous lieux : dans les salons, les cafés et aux tables où sa présence est le gage d'un spirituel divertissement pour les convives. Personne ne manie mieux que lui les arcanes de la conversation. Avec un brio exemplaire, il charme en un rien de temps toute la compagnie. Ses fines réparties font même de lui un homme en vue et un conseiller fort recherché. Les réflexions de l'homme d'esprit possèdent toutefois plus de lustre que de profondeur. Ce parfait homme du monde, si attentif à la rumeur, si soucieux de plaire, se borne bien souvent à colporter des lieux communs, leur accommodant un nouvel éclairage par les vertus d'un style adroit et léger. Mais les phrases ont beau être bien tournées, en substance elles n'en sont pas moins suspectes. Les philosophes, que l'on confond parfois avec les hommes d'esprit, se révèlent porteurs d'idées autrement audacieuses.

Ces brillants personnages que sont les hommes d'esprit suscitent ainsi les pointes satiriques de Voltaire dans *Jeannot et Colin* et plus d'une maxime assassine sous la plume de Chamfort.

Le libertin

Le libertin apparaît dans la société française au XVI⁵ siècle. Il désigne alors un athée. Au siècle suivant, il s'agit déjà d'un homme animé d'une pensée libre, voire contestataire, parce qu'il nie l'autorité et les valeurs des grandes institutions sociales, particulièrement celles de l'Église. Celle-ci déploie contre ces penseurs subversifs un discours qui discrédite les libertins en les accusant de débauche. Le libertin demeure pourtant un homme soucieux avant tout de conserver sa liberté, et non astreint à l'épuisante recherche des plaisirs interdits par la morale. Il tire de la nature le modèle de son comportement et de sa manière d'agir, fonde ses réflexions sur les sciences et, grâce au langage qu'il manie à la perfection, entend diffuser ses idées et assurer leur rayonnement. La propagande haineuse de l'Église réussit néanmoins à dévaluer le libertin. Au cours du XVIII⁵ siècle, le mot « libertinage » désigne une recherche effrénée du plaisir sexuel. Le libertin, aussi nommé *roué* pendant la Régence, réfute les sentiments et s'adonne sans frein à la débauche. Et bientôt cette image s'impose et devient même un idéal observé par des nobles et des bourgeois galants. Fier de la terreur qu'il suscite dans les milieux bien-pensants, le libertin estime qu'il est de son devoir de vérifier l'état moral de la bonne société, en mettant à l'épreuve de la tentation les réputations les plus irréprochables. Si elles cèdent, le libertin peut les ajouter à son tableau de chasse, symbole de son pouvoir et de sa gloire. Mais le coup de maître demeure évidemment d'inciter par un enseignement habile les jeunes victimes à devenir à leur tour des rouées : c'est le principe observé par le héros de *La Philosophie dans le boudoir* du marquis de Sade.

Le philosophe

Symbole du Siècle des Lumières, le philosophe représente un homme aux qualités d'intelligence et d'ouverture d'esprit. Du moins est-ce le portrait idéalisé que se peint de lui le XXIe siècle, car au XVIIIe siècle, la cour et l'Église considèrent d'un mauvais œil cet insolent dont les réflexions remettent en question tout l'édifice social. Et le philosophe se révèle bien un fauteur de troubles et un redoutable polémiste. Sa contestation des privilèges de la noblesse, de la légitimité de la monarchie et de l'autorité de l'Église touche avec beaucoup d'à-propos les points névralgiques de l'Ancien Régime. En éducation, le philosophe rejette même l'enseignement de la religion et interroge jusqu'au processus pédagogique. Il passe en outre l'amour au crible : là comme ailleurs, il balaie les idées reçues et s'interroge sur les responsabilités de chacun au sein du couple, sur la valeur qu'on devrait accorder aux sentiments élevés, au désir… et au plaisir. Puisant dans la nature et dans l'expérience les fondements de ses positions, le philosophe suscite évidemment le scandale. Mais ses hostiles opposants ont beau multiplier les condamnations à son endroit, ils attisent plus qu'ils affaiblissent l'intérêt dont il est l'objet. En outre, une élite intellectuelle, composée de membres éclairés de la haute noblesse et de la bourgeoisie financière, lui offre sa protection et lui prête main-forte pour diffuser ses idées. Dans les salons, les cafés et la presse naissante, le philosophe jouit ainsi d'une large audience. En somme, le philosophe, par le recours incessant aux Lumières, appelle un débat de société auquel seul le peuple, en raison de sa faible éducation et de son analphabétisme chronique, demeure encore étranger.

Le révolutionnaire

Investi par les idées politiques des Lumières, convaincu du principe établi par Rousseau de l'égalité entre les hommes, le révolutionnaire se multiplie pendant le dernier tiers du

Le Souper des philosophes.

EAU-FORTE DE JEAN HUBER.
Bibliothèque nationale, Paris.

Autour de Voltaire (**1**) : Diderot (**2**),
le père Adam (**3**), Condorcet (**4**),
D'Alembert (**5**), L'abbé Maury (**6**)
et La Harpe (**7**).

XVIII⁰ siècle. Citoyen, il livre un combat de tous les instants
pour une cause juste et un idéal à portée de main. Le révolutionnaire est un être inquiet, pressé, investi dans l'urgence de
l'action et du devoir. Il participe aux assemblées populaires,
il y prend la parole et harangue la foule. Il s'engage à plein
dans le processus révolutionnaire, car il n'a rien à perdre.
Aussi est-il de tous les combats : c'est lui qui incendie la
Bastille en juillet 1789, qui monte aux barricades et qui
affronte les troupes venues le mater. Et c'est encore lui qui se
retrouve dans un noir cachot, qui expire sur l'échafaud ou
qui gît à un carrefour, la tête à demi arrachée par une volée
de plombs. Le révolutionnaire sacrifie sa vie à la cause. Peu
importe sa classe sociale, son éducation et ses goûts, dans la
lutte, il est le frère de ses semblables. Mais les combats
deviennent parfois fratricides. Entre les montagnards, les
jacobins, les sans-culottes et les autres factions, les rivalités
s'expient maintes fois dans le sang ou sur l'échafaud.

LES QUERELLES ARTISTIQUES ET MONDAINES

En littérature, toutes les époques connaissent une dispute
entre les tenants de la tradition et ceux de la modernité. Les
milieux littéraires et artistiques du XVIII⁰ siècle n'y échappent pas. Ainsi en est-il de la querelle des Anciens et des
Modernes. Les premiers affrontements ont lieu dès le siècle
précédent et portent sur la valeur qu'on doit accorder à la
mythologie en art. En 1714, les hostilités reprennent : Houdar
de La Motte, qui ignore tout du grec ancien, entreprend
d'élaguer des passages d'une traduction de *L'Iliade* pour
mettre l'œuvre d'Homère au goût du jour. Les Anciens sont
consternés. En quelques mois, la dispute dégénère à tel point
que Fontenelle, le leader des Modernes, pourtant opposé à
toutes les formes de superstition – dont fait partie pour lui la
mythologie –, finit par nuancer ses positions et par encourager une réconciliation. Par son intensité et sa durée, la querelle des Anciens et des Modernes marque les lettres

françaises. La victoire des Modernes, dont les idées sont mieux adaptées à l'évolution du siècle, modifie la sensibilité, interroge la notion de progrès en art et donne une impulsion décisive à la pensée philosophique de Montesquieu, de Voltaire et de Diderot. La cour cesse d'être la source des modes et des valeurs artistiques. Les salons et surtout les cafés, où se sont déroulés les affrontements, orientent et imposent les tendances littéraires. La suprématie du classicisme s'évanouit. L'esprit critique, qui a maintenant le vent en poupe, vogue en compagnie des conceptions politiques des Lumières et conteste ouvertement les goûts artistiques de la monarchie.

La querelle des Anciens et des Modernes.
PAGE DE TITRE DE *LA BATAILLE DES LIVRES*, SWIFT, ÉD. 1710.

L'ACTIVITÉ LITTÉRAIRE

Témoin d'une époque heureuse, le Siècle des Lumières donne, après l'essoufflement du Grand Siècle, un nouvel élan au rayonnement du génie français. De la Grande Catherine de Russie à Frédéric II de Prusse, les têtes couronnées étrangères invitent les philosophes français à séjourner dans leur château. Montesquieu, Voltaire, Diderot et Rousseau mettent à la mode les ouvrages de l'esprit qui n'ont jamais été aussi lus, commentés et discutés. Parfois ces ouvrages sont assez sévères, comme *L'Esprit des lois* de Montesquieu, mais le plus souvent, ils se présentent sous la forme séduisante d'une conversation, procédé employé fréquemment par Diderot pour dénoncer les préjugés, notamment dans *Entretien d'un philosophe avec la maréchale de* ***.

La création littéraire n'est pas en reste. On rimaille des vers galants dans tous les milieux, mais peu à peu la poésie devient moins futile et plus raffinée ou pleinement engagée dans les luttes politiques, comme dans l'œuvre d'André Chénier. Le roman, sans être un genre nouveau, accède à une plus haute considération. Il prolifère et se diversifie. Souvent licencieux (*Les Bijoux indiscrets* de Diderot, 1748), il devient à l'occasion roman d'aventures (*Gil Blas de Santillane* de Lesage, 1715-1735), se prête volontiers à la satire (*Lettres persanes* de Montesquieu, 1721) et se veut parfois psychologique (*Manon Lescaut* de l'abbé Prévost, 1731). Le conte philosophique plaît aussi au public lettré qui en savoure les saillies critiques sous la légèreté apparente. Voltaire, le maître du genre, n'a pas pour ses propres contes une grande estime : il s'agit pour lui de petits « rogatons[1] » tout juste bons à lire un soir pour amuser un cercle choisi. Il penserait déchoir à les publier. Diderot, lui, ne les publie pas parce qu'ils lui vaudraient à coup sûr un séjour en prison. Il en écrit souvent

---

1   *petits rogatons* : restes de table, petits riens.

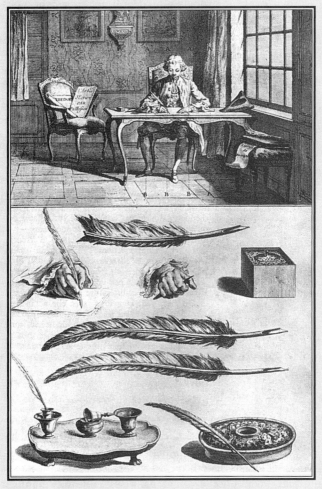

Planche de l'*Encyclopédie*, édition de 1777.
L'Art d'écrire.
Bibliothèque nationale, Paris.

sous forme de dialogues qui dénoncent les superstitions et les préjugés sociaux. La nouvelle, qui n'a pas la prétention de livrer une pensée morale, surpasse bientôt en popularité le conte philosophique. Dans la seconde moitié du siècle, elle se fait souvent libertine et compte, dans ce genre piquant, des chefs-d'œuvre de Vivant Denon et du marquis de Sade. Elle permet aussi de décrire la vie contemporaine et l'effusion des sentiments. Ceux-ci trouvent une expression rare et d'une indiscutable originalité dans *Les Confessions* de Rousseau, qui fondent le genre de l'autobiographie telle que nous la connaissons aujourd'hui. Vauvenargues et Chamfort demeurent les grands moralistes du siècle : le premier par son élégance altière, le second par son cynisme lucide. Aucun genre ne possède toutefois l'éclat mondain du théâtre. Voltaire est le grand auteur de tragédies du siècle, et Marivaux, le maître incontesté de la comédie nouvelle. Diderot invente pour la scène le drame bourgeois. Hors des théâtres officiels, le théâtre de la Foire remporte un large succès. Vers la fin du siècle, Beaumarchais mêle à des canevas éculés de la farce les raffinements de la comédie et le pathos du drame pour créer *Le Barbier de Séville* et *Le Mariage de Figaro*, deux chefs-d'œuvre incontestables de la scène française qui, en ridiculisant les aristocrates au profit de leurs valets, annoncent les proches bouleversements de la Révolution.

LES ARTS

La fin du règne du Roi-Soleil se révèle pauvre en réalisations artistiques de qualité. Tout cela change dès les premiers mois de la Régence. Philippe d'Orléans encourage les plaisirs et les divertissements. Le peintre Antoine Watteau (1684-1721) symbolise à l'envi dans ses tableaux champêtres l'insouciance gracieuse du temps. Les canons du style Louis XV s'établissent sur un équilibre enjoué fait de charme et de distinction. Les tableaux des grands maîtres (Boucher, Fragonard, Greuze et Van Loo) exposent des

scènes élégiaques, galantes, parfois polissonnes, où se dessi-
nent toujours de légers sourires printaniers. La musique est
dominée par les opéras à grand déploiement de Jean-
Philippe Rameau et par son œuvre aux harmonies nouvelles,
écrite pour le clavecin. Dans tous les arts, on constate que ce
siècle aime à contempler le bonheur, qu'il estime la douceur
de vivre. On apprécie les visites, les conversations, les dîners
en bonne compagnie et surtout la galanterie. Certes, ce sont
là les passe-temps des gens fortunés. Le peuple, lui, vit dans
la misère et la crasse. À trop exiger de lui, à lui faire subir des
disettes répétées et des conditions de vie humiliantes, on finit
par le pousser à la révolte. Aux approches de la tourmente
révolutionnaire, les discussions et polémiques animent les
assemblées populaires. L'art devient un moyen de propagande pour les idées nouvelles. Au contraire, les œuvres d'art
qui symbolisent l'autorité royale et le prestige de la noblesse
seront détruites lors du saccage des belles demeures sous la
Révolution. Tel est le prix à payer pour établir un régime
politique libre, égalitaire et fraternel.

Les Sept Grands

MONTESQUIEU (1689-1755)

Données biographiques

Charles de Secondat, baron de La Brède et de Montesquieu, naît au château de La Brède, près de Bordeaux, le 18 janvier 1689. Issu d'une famille de parlementaires bordelais, l'enfant est confié, de 1700 à 1705, aux oratoriens du collège de Juilly, une institution consacrée à l'enseignement de l'histoire. L'élève se concentre ensuite sur des études de droit à Bordeaux. Il est reçu avocat en 1708. Il monte alors à Paris et, durant quatre ans, fréquente les beaux esprits du temps et rédige ses premiers traités. En 1713, à la mort de son père, le titre de baron de Montesquieu lui échoit. L'année suivante, sa réception en tant que conseiller au parlement de Bordeaux et, en 1715, son mariage avec Jeanne de Lartigue, une calviniste convaincue, le font entrer de plein fouet dans la vie. Il partage son temps entre Paris et Bordeaux et gravit rapidement les échelons politiques : en 1716, de conseiller, il devient président à mortier au parlement, puis il est élu à l'Académie de Bordeaux. Peu enclin à la procédure, mais académicien assidu, il préfère les sciences physiques et naturelles aux sciences humaines et à l'histoire. Toutefois, intéressé à tout, Montesquieu scrute, recherche, observe. L'homme a des singularités de comportement qui attirent l'attention. Ainsi son microscope ne le quitte jamais, car ce curieux se découvre une passion pour le monde de l'infiniment petit.

Après le succès de dissertations sur la politique et de différents mémoires touchant les sujets les plus divers (l'écho, les maladies, la pesanteur, la botanique et la faune), Montesquieu connaît la gloire littéraire avec la publication en 1721 des *Lettres persanes,* un roman épistolaire. Pas moins

Portrait de Montesquieu.

GRAVURE ANONYME.
Bibliothèque nationale, Paris.

de dix rééditions paraissent en un an. Ce triomphe pousse Montesquieu à séjourner de plus en plus longtemps à Paris, où il fréquente les salons parisiens de Mme de Lambert et de Mme de Tencin, ainsi que le club littéraire de l'Entresol.

Ses qualités de bel esprit mondain n'empêchent pas Montesquieu de faire preuve de pragmatisme : il veille à l'administration de ses terres et à l'exploitation du vignoble, un autre sujet de recherches approfondies. Il continue en outre de rédiger des lettres et des traités dans lesquels, en sus de ses préoccupations politiques, il s'attache à la galanterie, à la morale et aux autres sciences des mœurs. Sa réputation grandissante le fait élire à l'Académie française en 1728. C'est la consécration et le suprême honneur. Suivent trois années durant lesquelles Montesquieu part en voyage, à la découverte de l'Europe. Il commence par Vienne et sillonne l'Italie, de Venise à Naples et de Milan à Rome, en passant par Florence. Il retourne en Autriche, puis en Allemagne, aux Pays-Bas et, enfin, en Angleterre, où il demeure jusqu'en 1732. Pendant ce long périple européen, rien ne lui échappe : il visite sans distinction manufactures, chantiers, ports, musées. Il se penche sur le fonctionnement des institutions et le mode de perception des impôts, tantôt s'attache à comprendre le phénomène des épidémies et les mesures à prendre pour les enrayer, tantôt à cerner les aléas de l'agriculture qui causent la misère et la famine. Tout l'intéresse, des cérémonials de cours aux systèmes d'égout, du procédé d'extraction des mines à l'analyse de chefs-d'œuvre de l'art florentin. Dans chaque pays, il observe et note les mœurs et les coutumes des politiques du parlement et des gens du peuple dans les rues. Amassant ainsi une fabuleuse somme de connaissances concrètes, Montesquieu devient un érudit éclairé et respecté. Toujours avide d'apprendre, il accepte d'être introduit, à Londres, dans une loge de la franc-maçonnerie.

De retour à Paris en 1731, Montesquieu, réalisant que la vie est courte, décide de consacrer l'essentiel de son temps à l'écriture. Cela ne l'empêche pas de se passionner pour l'administrateur qui revient du Canada ou pour le missionnaire chinois qui arrive d'Extrême-Orient. Le grand écrivain écoute le ministre et l'ambassadeur, mais consulte aussi le paysan, le publiciste ou le soldat. Grâce à ses recherches, vastes et méticuleuses, qui s'appuient sur d'innombrables lectures, Montesquieu parvient à la constitution d'un énorme registre, intitulé *Mes pensées*, où il rassemble, organise, classe dans des cahiers le fruit de son érudition. En 1734 paraît son second grand ouvrage : *Considérations sur les causes de la grandeur des Romains et de leur décadence*. En parallèle, Montesquieu poursuit des recherches sur l'air «que nous respirons» et sur la température des eaux minérales. Loin d'être blasé, l'inlassable chercheur Montesquieu semble ne jamais être à court d'idées, car ses intérêts sont infinis. Montesquieu accorde une grande importance à l'expression et à la rigueur de sa pensée. Son style soutient une dialectique simple, une langue articulée et logique, un discours où s'imposent la probité et l'élégance. D'une grande distinction morale, plus spiritualiste que chrétien, Montesquieu est un homme lucide, solidement amarré à son époque. Ce libre penseur n'a qu'une passion, l'amour de la raison et de la vérité. Il ne dédaigne pas le plaisir, mais dénonce les frivolités et le gaspillage. Possédant une vive intelligence et un scepticisme teinté d'indulgence, il abhorre en outre la violence sous toutes ses formes. Son profond respect de la personne humaine, ses combats répétés contre les préjugés, en faveur de la tolérance, qu'elle soit politique ou religieuse, en font un penseur d'une portée universelle. Pourtant, quand paraît en 1748, à Genève, *De l'esprit des lois*, sans date ni nom d'auteur, les jésuites et les jansénistes condamnent l'ouvrage qui, malgré des corrections et une *Défense,* est mis à l'index dès 1751. En dépit de cela, une vingtaine de rééditions de ce livre, important pour l'avancement de l'idée de tolérance, témoignent de son triomphe. Très lu, vanté et abondamment commenté, *De l'esprit des lois* a un retentissement en France et surtout à l'étranger : c'est le livre de chevet de Frédéric II de Prusse, le roi-philosophe ; il fait autorité au parlement de Londres ; l'Amérique de Jefferson s'en inspire pour établir sa législation ; et jusqu'à Catherine II de Russie qui y puise les grands principes de son autocratie.

Depuis 1749, Montesquieu souffre d'une cataracte qui handicape grandement sa vue, mais il n'en continue pas moins de se déplacer entre Bordeaux, Paris et son domaine de La Brède. Pour l'*Encyclopédie* de Diderot et d'Alembert, il rédige quelques articles, dont un ultime *Essai sur le goût* qu'il n'a pas le temps de remanier. Il s'éteint à Paris, le 10 février 1755.

L'œuvre expliquée

Dès leur parution en 1721, les *Lettres persanes* valent à Montesquieu un triomphe. Elles constituent le premier chef-d'œuvre des Lumières et l'un des ouvrages les plus lus et les plus commentés du siècle. Le coup de génie de Montesquieu est de faire prendre conscience aux Français du ridicule de leurs valeurs et de leur société par le truchement de deux Persans en visite à Paris entre 1712 et 1720. Orientalisme et turqueries sont à la mode. Pour les contemporains, il s'agit donc d'un texte d'actualité, où s'effectue un retour sur la récente et triste fin du règne de Louis XIV et sur les premières années de la Régence, chargées de scandales et de corruption. Dès les premières pages, Montesquieu cherche à séduire ses lecteurs en ayant recours à une intrigue licencieuse dans le cadre du sérail. Cependant, cette partie de l'œuvre apparaît aujourd'hui comme la moins intéressante : Montesquieu reprend des lieux communs sur la Perse où il n'a jamais séjourné. Mais là ne réside pas l'essentiel pour l'écrivain. Il demeure avant tout nécessaire d'appâter les lecteurs, quitte à revenir épisodiquement sur l'intrigue du sérail, afin de mieux faire passer la critique politique, religieuse et sociale de la France, essence même des *Lettres persanes*.

Inclassables, les *Lettres persanes* tiennent à la fois du roman épistolaire[1], de la relation de voyage et de la critique sociale et philosophique. Comme le titre l'indique, il s'agit de la correspondance (imaginaire) de Rica et Usbek, qui, ne voyageant pas ensemble, se décrivent l'un à l'autre les sujets d'étonnement durant leur séjour prolongé en France. Parfois, les lettres sont aussi envoyées à des amis orientaux. Rica écrit ainsi pour son ami Ibben de Smyrne, et Usbek pour Rhedi, à Venise. Mais le regard ironique de Montesquieu perce toujours sous le masque des deux Persans qui observent, commentent et critiquent un monde occidental qui leur semble tantôt louable, tantôt absurde. Certes, leurs critiques ne franchissent jamais les limites de la bienséance et du bon goût. Néanmoins, plus la correspondance des Orientaux s'étoffe, plus l'insignifiance des Européens paraît évidente. Et Montesquieu ne rate jamais une occasion d'attaquer les institutions et les valeurs qu'il juge désuètes. Sa parole atteint d'autant mieux la cible qu'elle rejoint et alimente le grand débat philosophique qui, à l'aube des Lumières, remet en question les assises de la société française.

La *Lettre 24* décrit l'arrivée et les premiers jours de Rica à Paris. Après un bref passage qui croque sur le vif l'animation des rues parisiennes, Montesquieu s'en prend au roi, au pape et dénonce l'influence scandaleuse de l'Église dans les affaires de l'État sous Louis XIV.

La *Lettre 30* souligne la bêtise des Parisiens qui, en raison de leur nombre et de l'influence de leur cité dans le monde, ridiculisent tout ce qui leur est étranger. Cette lettre possède

---

1 *roman épistolaire*: roman dont les chapitres sont constitués par les lettres que s'envoient les différents personnages du récit.

une probable origine autobiographique. À ses premiers séjours à Paris, Montesquieu, qui s'exprime avec un lourd accent du Sud, essuie sourires narquois et quolibets. Cette attitude désobligeante, qui cache mal l'intolérance, Montesquieu la résume dans le « *Ah! ah! Monsieur est Persan? C'est une chose bien extraordinaire! Comment peut-on être Persan?* », réflexion imbécile, s'il en est, devenue la phrase la plus célèbre de l'ouvrage par la parfaite synthèse qu'elle présente de la sottise.

La *Lettre 38* porte sur un sujet qui déchaîne les passions : la place de la femme dans la société et le crédit accordé à l'autorité du mari sur elle. Montesquieu se garde de détruire la cohérence de son personnage en lui faisant prôner ses propres idéaux d'égalité. Le Persan demeure donc dubitatif, mais le ton employé, la référence à la nature et la parole du philosophe galant balaient toutes les préventions quant à la position progressiste de Montesquieu en la matière.

La *Lettre 46* offre une satire des ecclésiastiques et des dévots hypocrites. L'écrivain y conteste moins les valeurs religieuses, d'ailleurs énumérées au début de la missive, que la façon dont certains en usent, sans les observer, pour asseoir leur autorité. La dénonciation des tartuffes se prolonge dans une facétieuse parabole, où sont condamnées, toutes religions confondues, les superstitions des prédicateurs qui nuisent plus qu'ils ne concourent à la quête spirituelle du croyant vertueux.

Dans la *Lettre 52,* l'écrivain met en scène un tableau de mœurs dont la morale est que le ridicule paraît toujours plus évident chez les autres. Voici le portrait de femmes inquiètes de leur jeunesse perdue et néanmoins persuadées de la pérennité de leurs charmes. Voilà pourquoi chacune d'elles multiplie les sarcasmes à l'endroit de son aînée immédiate. La jeune fille de 20 ans ne se montre pas moins sotte, elle qui se trouve à l'origine de cette cascade de chuchotements médisants jetés dans l'oreille complaisante du Persan. Ce dernier, fort amusé de la comédie, s'empresse de refaire le parcours en sens inverse, glanant au passage la mauvaise foi de ces dames qui cherchent toutes à se rajeunir et auxquelles la jalousie et l'envie inspirent des traits cruels destinés à la rivale plus fraîche.

Dans la *Lettre 56*, Montesquieu peint le portrait du joueur, type social égoïste et avide, sans aucune utilité publique, et qui prolifère néanmoins dans toutes les couches de la population. Le philosophe indique les causes psychologiques probables du développement de ce comportement en établissant un parallèle avec la perte de la passion amoureuse, notamment chez la femme.

La *Lettre 76* suscite, à la parution des *Lettres persanes*, les plus violentes réactions. Au XVIIIe siècle, rares sont les auteurs qui osent aborder le sujet tabou du suicide. Or, non seulement Montesquieu l'expose-t-il ici sans ménagement, mais il semble en faire l'apologie. C'est du moins ce dont l'en accusent ses détracteurs, obligeant le philosophe à se rétracter. La lettre est considérée aujourd'hui comme un modèle d'affranchissement idéologique. Loin d'encourager le suicide, Montesquieu examine ses causes. Dans sa perspective, plus humaniste que moralisante, il discerne le symptôme d'un désarroi. Cet acte est une tragédie avant d'être un péché. Montesquieu s'interroge donc sur la légitimité de la société et de la religion à condamner le suicidaire qui, par désespoir, s'engage dans un processus ne regardant que lui. Le penseur déborde ensuite sur une conception panthéiste de la mort : infime partie de la nature, l'homme ne saurait troubler l'ordre des choses en disparaissant. Son corps se dissout, et c'est de l'orgueil que de vouloir le charger de la responsabilité salvatrice du monde. Bien que ces idées soient exprimées par l'émissaire persan, et que Montesquieu revendique cet artifice dans sa rétractation ultérieure, la *Lettre 76* expose ainsi une vision inédite, sinon étonnante, de la place de l'homme dans l'univers.

Plus légère, la *Lettre 99* concerne la mode. Au XVIIIe siècle, la civilisation perse ignore ce phénomène. Depuis la Renaissance, les vêtements au Moyen-Orient sont taillés dans des coupes immuables et agrémentés des mêmes ornements et accessoires. Rica s'étonne donc à bon droit des excentricités et des coûts faramineux de la coutume occidentale. Or, en rapprochant la personne du roi de cette folie et en le rendant en quelque sorte responsable de son développement, Montesquieu dénonce en sous-main le gaspillage dont la source demeure justement une monarchie frivole et perpétuellement insatisfaite.

Montesquieu à l'âge de 39 ans.

VOLTAIRE (1694-1778)

Données biographiques

À sa naissance, François Marie Arouet, dit Voltaire, est un nourrisson maladif qui fait le désespoir des médecins. L'enfant grandit néanmoins et manifeste bientôt les signes d'une très vive intelligence. Son père, notaire et receveur à la Chambre des comptes, l'inscrit au collège Louis-le-Grand, le meilleur établissement jésuite de Paris. Le jeune François Marie y reçoit une éducation propre à aiguiser son sens critique et se révèle tout particulièrement doué en latin, en versification et en rhétorique. À la mort de sa mère, en 1701, il se voit confier à son parrain, l'aimable abbé de Châteauneuf. Ce libertin l'introduit plus tard dans la Société du Temple, lieu d'échanges intellectuels entre libres penseurs où la religion, les règles morales et le pouvoir absolutiste du roi sont décriés. C'est là l'une des influences déterminantes de la formation de l'esprit voltairien.

Ses études achevées, le jeune François Marie refuse d'étudier le droit. Son père l'exile à Caen et menace même de le déporter en Amérique pour l'y contraindre. Mais, dévoré par la soif de la célébrité, le fils s'entête à vouloir consacrer sa vie à la littérature. Ses premiers écrits cherchent à attirer sur lui l'attention des milieux mondains, mais une de ses épigrammes, qui s'attaque trop ouvertement au Régent Philippe d'Orléans, lui vaut une incarcération de près d'un an à la Bastille. Le jeune écrivain met à profit ce séjour forcé pour composer un long poème épique, *La Henriade*, et une première tragédie, *Œdipe*. Celle-ci, jouée en novembre 1718, marque, à 24 ans, les éclatants débuts du dramaturge qui adopte et conserve dès lors le pseudonyme de Voltaire[1]. La

---

1 Certains historiens établissent un lien entre ce pseudonyme et le surnom de « Volontaire » dont l'auteur était affublé par ses condisciples de collège ; d'autres y voient l'anagramme d'Arouet, l(e) j(eune). Au XVIIIe siècle, les caractères d'imprimerie confondent en effet le *u* et le *v*, ainsi que le *j* et le *i*.

Voltaire à l'âge de 42 ans.

PORTRAIT DE MAURICE QUENTIN DE LA TOUR, 1736.
Musée du château de Ferney.

carrière au théâtre, jalonnée de grands succès et de reprises nombreuses, demeure pendant toute la vie du grand homme une de ses principales sources de revenu, garante de son aisance financière et de son indépendance d'esprit. Pour ses contemporains, il s'agit aussi de son principal titre de gloire. Alors qu'aujourd'hui ses tragédies sont pratiquement tombées l'oubli, elles demeurèrent pendant plus d'un siècle inscrites au répertoire de la Comédie-Française.

Sa subite célébrité, sa jeunesse et sa pétillante intelligence ouvrent à Voltaire les portes des grandes maisons, mais un incident humiliant vient lui rappeler qu'il sera toujours considéré comme un roturier : un soir, dans la loge d'Adrienne Lecouvreur, le jeune chevalier de Rohan, être méprisant et imbu de lui-même, souligne les basses origines du dramaturge pour faire briller les siennes aux yeux de la jolie comédienne. Il se gausse de Voltaire, lançant tout haut qu'il n'est qu'un bourgeois « qui n'a même pas un nom ». Ce à quoi Voltaire a le tort de répliquer avec infiniment plus d'esprit : « Mon nom, je le commence, et vous finissez le vôtre ! » Humilié par cette allusion claire à la dissipation de sa vie, Rohan se venge du philosophe en le faisant battre par ses domestiques. Comme c'est son droit, Voltaire provoque alors son ennemi en duel. Les milieux de l'aristocratie, qui jugent jusque-là l'incident fort amusant, s'indignent et font emprisonner l'insolent. Au bout de quelques jours, un exil volontaire est imposé en échange de la liberté. Dégoûté par cette injustice, Voltaire s'embarque sans regret pour l'Angleterre, pays dont il admire depuis longtemps les institutions et les lois. Il y fréquente les grands écrivains de l'époque, notamment Jonathan Swift (1667-1745) qui publie cette année-là ses *Voyages de Gulliver* (1726), chef-d'œuvre fantaisiste et satirique qui aura une influence directe sur les contes voltairiens. Pour tromper son ennui et oublier les difficultés financières qui l'assaillent, Voltaire fréquente la cour, apprend l'anglais et lit Shakespeare (1564-1616) à une époque où ce dernier est à peu près inconnu en France. L'auteur d'*Hamlet* (1600) impressionne le dramaturge français au point d'influencer son écriture dramatique. L'Angleterre permet aussi à Voltaire de constater combien la tolérance religieuse, le sens des affaires ainsi que des institutions politiques plus démocratiques qu'en France favorisent le constant progrès de cette société.

Voltaire rentre en France, et le succès au théâtre de *Zaïre* (1732) le remet à la mode. Mais pour rendre hommage à la supériorité de la société anglaise et s'attaquer à une France qu'il estime attardée, Voltaire rédige et publie ses *Lettres philosophiques* (1734), ouvrage qui le contraint à fuir et à vivre dans la clandestinité. Au gré de ses déplacements, il croise la ravissante Mme de Châtelet dont il devient l'amant. Pendant près de 10 ans, ces deux beaux esprits ne se quittent plus, et l'exil acquiert autant de charme pour l'amoureux que pour le philosophe. Femme d'une grande culture scientifique, la marquise ouvre en effet à Voltaire de nouveaux champs de connaissances et lui inculque le goût de la rigueur et des travaux studieux. En 1740, le couronnement de Frédéric II, roi de Prusse, qui admire sans restriction Voltaire, favorise le retour en grâce du philosophe, car la France souhaite se faire un allié de la Prusse. Alors que la tragédie de *Mahomet* triomphe en 1741 et est censurée après la troisième représentation, Voltaire redevient néanmoins un invité de Versailles. L'œuvre dérange, mais l'homme est admiré! Tous les salons se le disputent. C'est pour amuser la compagnie que l'auteur lit alors de petits contes: *Micromégas*, *Zadig*, la *Lettre d'un Turc*, etc. Louis XV n'apprécie guère ces insolences du philosophe, mais Mme de Pompadour, la favorite du roi, lui assure sa protection et fait miroiter à son amant les utiles services diplomatiques que peut leur rendre Voltaire. Ainsi, en 1742 et 1743, le philosophe est-il chargé de mission du ministère français auprès de Frédéric II. Il en sera récompensé en étant peu après nommé historiographe du roi de France.

Vers la fin des années 1740, les relations entre Mme de Châtelet et Voltaire prennent un tour fâcheux. Le philosophe s'amourache de la nièce de son amante et celle-ci se console dans les bras d'un ami plus que serviable. Soudain, le drame éclate. Au début de septembre 1749, la marquise accouche d'un enfant dont la paternité est officiellement attribuée à M. du Châtelet. Voltaire s'amuse publiquement de la chose. Mais le 10, des complications surviennent, et Mme du Châtelet meurt. Anéanti par la nouvelle, Voltaire s'évanouit à la porte de la chambre. Pendant un mois, il ne dort plus, pris d'hallucinations. Pour se sortir de cet état, il accepte l'invitation de Frédéric II et s'installe à Berlin. Les premières années se déroulent à merveille, puis le libre penseur se fatigue des prétentions du monarque et quitte la cour sans demander son congé en 1753. Frédéric II le fait arrêter à Francfort et passer à tabac, puis relâcher. Voltaire comprend la leçon et choisit de s'affranchir de la protection des puissants : il achète une maison en banlieue de Genève, collabore un temps à l'*Encyclopédie* et compose son chef-d'œuvre, *Candide* (1759).

En 1760, Voltaire amorce le dernier tournant de son existence. Il déménage au château de Ferney, domaine français situé à quelques kilomètres de la frontière suisse. Il y mène une vie sédentaire, mais très active. Seigneur de village, il entretient ses terres, plante des arbres, veille aux conditions de ses ouvriers. De toute l'Europe, on vient séjourner chez lui : Voltaire s'intéresse à tout, est ainsi mis au courant de tout. Dès que lui est révélée une injustice, il s'enflamme et n'hésite pas à distribuer des lettres et des articles polémiques pour alerter l'opinion publique. Il parvient ainsi à obtenir la réhabilitation de Calas, un innocent condamné au supplice parce qu'il avait le tort d'être protestant. Le vieux sage de Ferney en appelle maintenant à la raison et à la tolérance entre les hommes. Il se veut l'ennemi juré du fanatisme religieux et de l'Église catholique. Ses derniers contes, notamment *L'Éducation d'une fille* et *Jeannot et Colin*, y font écho. Au début de 1778, Voltaire désire revoir Paris. L'apothéose dont il est l'objet et le triomphe remporté par sa dernière tragédie, *Irène*, épuisent les dernières forces du philosophe, qui s'éteint dans la capitale le 30 mai 1778.

Émilie de Breteuil, marquise du Châtelet (1706-1749), maîtresse de Voltaire.

PORTRAIT PAR JEAN-MARC NATTIER.
Bibliothèque nationale, Paris.

L'œuvre expliquée

Auteur dramatique, poète, philosophe et historien, Voltaire laisse à la postérité une œuvre considérable. Pourtant, on lit surtout aujourd'hui ses contes philosophiques qui séduisent par leur impertinence, leur fantaisie débridée et l'enchaînement rapide de leurs péripéties. Truffés d'attaques contre les institutions religieuses, judiciaires et politiques, les contes offrent en outre un attrayant condensé des idées voltairiennes. Leur succès, jamais démenti, incite d'ailleurs Voltaire à en composer près d'une cinquantaine. À Ferney, pendant l'hiver 1763-1764, l'écrivain trompe son ennui en en composant une dizaine, tantôt en vers, tel *L'Éducation d'une fille*, tantôt en prose, tel *Jeannot et Colin*. Au retour du printemps, Voltaire rassemble à la hâte sa production hivernale. À la relecture, il s'étonne de découvrir un ton plus véhément qu'ironique dans ses habituelles dénonciations de la morale et de la bêtise. Plusieurs contes lancent de véritables boulets contre l'Église. Dans l'un d'eux[1], Jésus-Christ est même comparé à Polichinelle! Certes, Voltaire n'en est pas à ses premiers blasphèmes. Il est de notoriété publique que le philosophe nourrit une haine profonde envers l'institution religieuse, qu'il surnomme «l'Infâme». Cette fois-ci, il cède néanmoins à la prudence et signe le nouveau recueil du pseudonyme de Guillaume Vadé. Toutefois, le succès immédiat de l'ouvrage fait rapidement connaître la réelle identité de son auteur et, dès la seconde édition, on lit sur la couverture: *Les Contes de Guillaume Vadé* par Monsieur de Voltaire.

L'Éducation d'une fille

Dans *L'Éducation d'une fille*, le meilleur de ses contes en vers, Voltaire ridiculise en quelques pages les bigotes hypocrites et, surtout, l'éducation piétiste que la bonne société

---

1 Il s'agit de *Pot-pourri*, œuvre par ailleurs assez médiocre et qui n'a pas été reproduite ici.

impose, sans y croire, aux jeunes filles. Le thème, déjà abondamment traité dans la littérature galante, manque d'originalité. La réussite de l'œuvre tient malgré tout à la grâce polissonne de sa facture. Les premiers vers de *L'Éducation d'une fille* rappellent la rigueur de l'hiver 1763-1764 et le plaisir toujours renouvelé de conter, à la veillée, un récit des temps anciens. Mais dès que l'auteur peint le portrait de Madame Gertrude, l'auditeur (et le lecteur) est fixé : ce conte, pour le plus grand plaisir de tous, sera plus libertin que moralisateur. Voltaire s'y souvient de l'époque de sa jeunesse. Le choix d'un vocabulaire un peu suranné et la légèreté des alexandrins ajoutent à l'impression rococo que dégage le texte. Le conteur saisit sur le vif un tableau de mœurs de la Régence. Inutile de brosser une fresque, là où l'esquisse est suffisante : l'intrigue bien troussée conserve donc toute sa légèreté au récit. Voltaire suggère plus qu'il ne décrit. Il se borne à l'essentiel et, tout en laissant la morale dans la coulisse, évite de trop appuyer le scabreux des situations. Par exemple, le lecteur n'entre jamais dans la chambre de Gertrude. Il demeure à la porte, aux côtés d'Isabelle, pendant que celle-ci s'inquiète des plaintes et des gémissements de sa mère. Dans le même ordre d'idées, l'auteur tait l'évolution psychologique de la jeune fille, afin de ménager la plaisante surprise de son retournement moral. Satirique et divertissant, *L'Éducation d'une fille* illustre à merveille la finesse de l'esprit voltairien.

Jeannot et Colin

Grand maître de la tragédie du XVIIIe siècle et auteur d'épigrammes mordantes, Voltaire donne avec *Jeannot et Colin* une preuve de l'étendue de sa palette. Cette fois-ci, le conte se veut résolument moral. Voltaire y fait l'apologie de l'amitié, sujet guère nouveau, car à l'époque où *Jeannot et Colin* est publié, le conte sentimental et moralisateur, saturé de bons sentiments et de scènes larmoyantes, jouit d'une popularité inouïe. Voltaire reprend ici la formule, mais il l'adapte à son génie : *Jeannot et Colin* est un conte moral subversif. Il est clair que l'auteur y substitue le rire aux larmes à seule fin de se gausser des parvenus. Sa malice se plaît à enfoncer le héros dans des situations toujours plus humiliantes, et l'amitié, qui devait occuper le devant de la scène, est repoussée à l'arrière-plan.

Dans *Jeannot et Colin*, la beauté physique et l'absence de scrupules ont permis aux parents de Jeannot de faire fortune et de se hisser dans les hautes sphères de la société. Ils ont simplement accepté l'échange de partenaires avec un riche entrepreneur des hôpitaux des armées et sa femme. C'est donc par hasard et par complaisance que la fortune échoit aux heureux parents qui s'empressent de dépêcher à leur fils un messager en livrée. Le jeune paysan, promu au rang de riche héritier, ne juge bientôt plus précieuse l'amitié du brave, mais pauvre, Colin. Aussi Jeannot le laisse-t-il tomber sans remords et se rend dans la capitale. La grande préoccupation de ses parents est immédiatement d'offrir à leur fils chéri ce qu'il y a de mieux pour qu'il brille dans le monde et y contracte un mariage avantageux. Ce passage permet à Voltaire de se livrer à une satire virulente des beaux esprits creux et des imbéciles consommés. Son ironie fait flèche de tout bois pour s'attaquer en outre à l'opinion de plus en plus répandue selon laquelle un jeune homme fortuné n'a besoin d'aucune éducation pour entreprendre une carrière. Les sciences, l'art, la philosophie, tout cela est au demeurant inutile, compte tenu que l'argent et un beau sourire représentent les meilleures cartes de visite pour assurer ses entrées dans le grand monde. On l'aura deviné, Voltaire méprise l'ignorance et l'imbécillité qui caractérisent l'outrancière valorisation de l'argent et du paraître. Le conteur accumule donc sur la tête de Jeannot les pires calamités jusqu'à ce que le jeune héros s'aperçoive que son succès auprès des hypocrites provient uniquement de sa fortune et que, sans elle, il n'est rien. Le jeune homme, jeté à la rue, doit à l'amitié de Colin d'être sauvé de la déchéance.

Jeannot et Colin repose beaucoup sur la simplicité de sa structure narrative. Cet aller-retour de la campagne à la ville, de la sincérité à l'hypocrisie, de l'amitié à l'indifférence rappelle les contes d'autrefois. Mais *Jeannot et Colin* s'en écarte par sa critique féroce à l'endroit d'une société où l'argent est mieux estimé que le savoir, la culture et l'intelligence.

Ferney, où Voltaire compose *Les Contes de Guillaume Vadé.*

DENIS DIDEROT (1713-1784)

Données biographiques

Né le 5 octobre 1713 à Langres, en Champagne, Denis Diderot passe une enfance heureuse parmi les siens. Son père, maître coutelier et fort honnête homme, valorise l'éducation des enfants en dépit de sa modeste fortune. Le jeune Denis, élève très brillant, fréquente donc le collège des jésuites de Langres avant de poursuivre avec succès des études supérieures et universitaires à Paris. Maître ès arts dès 1732, Diderot s'inscrit à la faculté de droit, mais abandonne peu après sans se décider à entreprendre quelque sérieuse carrière. Le jeune homme préfère mener la vie de bohème et s'intéresser à temps perdu aux sciences. Pour lui imposer le sens des réalités, son père lui coupe les vivres, contraignant son fils à l'exercice de petits métiers mal rémunérés : clerc, précepteur d'enfants, professeur de mathématiques, d'anglais et d'italien... En 1741, Diderot s'amourache de la fille de sa lingère, Anne-Antoinette Champion, de trois ans son aînée. Il cherche à obtenir l'année suivante le consentement de son père en vue d'un mariage, mais celui-ci le lui refuse et le fait séquestrer dans un couvent dans l'espoir qu'il revienne à la raison. Toutefois, Diderot s'échappe et il épouse secrètement Anne-Antoinette en 1743. Quatre enfants naîtront de cette union, mais seule Angélique, née en 1753, survivra. La relation conjugale se révèle rapidement décevante. Homme jaloux, Diderot revendique pour lui une entière liberté et ne se soucie guère de sa femme. Alors que celle-ci croupit à la maison dans le dénuement, le philosophe va dans le monde et compte à son actif plusieurs maîtresses.

À cette époque, Diderot signe des traductions d'ouvrages scientifiques, historiques et philosophiques. La qualité de son travail lui vaut une durable réputation de savant. Il devient l'ami de Rousseau, d'Alembert et de bien d'autres philosophes. En 1746, il publie ses *Pensées philosophiques*, aussitôt

condamnées à être brûlées sur la place publique par le parlement de Paris. Diderot ose y écrire que notre monde, composé d'atomes, doit ses origines à une explosion fortuite de
ceux-ci; une théorie jugée contraire à la religion et aux
bonnes mœurs. Diderot ne démord pourtant pas et fait
paraître des textes subversifs à un tel rythme que la police le
considère comme dangereux. Sa *Lettre sur les aveugles à
l'usage de ceux qui voient* lui vaut finalement d'être emprisonné au donjon de Vincennes. C'est là qu'il élabore, à la
faveur d'une visite de Rousseau, le projet de l'*Encyclopédie*,
un ouvrage unique dont la rédaction s'étendra sur 22 ans et
qui marquera tout le XVIIIe siècle.

Avec son ami d'Alembert, Diderot se lance dans l'aventure dès sa sortie de prison. Les premiers volumes, parus en
1751 et 1752, font l'effet d'une bombe et déclenchent un véritable débat de société. L'Église et la Sorbonne réussissent à
faire interdire l'ouvrage par le Conseil du roi, mais en sous-
main, Mme de Pompadour, favorable à l'entreprise, fait lever
la censure. Même chose en 1759, quand le privilège d'édition
de l'*Encyclopédie* est révoqué et que le Vatican met l'ouvrage
à l'index: des gens influents en assurent dans l'ombre la distribution clandestine. Les tomes suivants paraissent à intervalles plus ou moins réguliers. L'*Encyclopédie* est achevée en
1772, non sans que Diderot ait perdu un à un presque tous
ses collaborateurs, notamment d'Alembert, Rousseau et
Voltaire.

Entre-temps, Diderot se lie avec Sophie Volland, le grand
amour de sa vie. Ils échangent pendant des années une abon-
dante correspondance. Le philosophe s'intéresse aussi à la critique d'art et au théâtre. Pour la scène, il invente le genre du
drame bourgeois et donne aux acteurs un essai célèbre, le
Paradoxe sur le comédien (1773), où il avance, contrairement
aux idées en vogue, que tout bon acteur doit calculer ses
effets sans jamais ressentir les émotions qu'il interprète. En

1765, Diderot vend sa bibliothèque à la tsarine Catherine II, moyennant une rente annuelle. En 1773, il se rend à la cour de Russie pour être reçu membre de l'Académie impériale des arts de Saint-Pétersbourg. C'est au cours des décennies 1760 et 1770 qu'il produit ses meilleures œuvres romanesques, se gardant souvent de les publier pour ne pas renouveler l'expérience de l'emprisonnement. *La Religieuse*, *Le Neveu de Rameau*, *Le Rêve de d'Alembert* et *Jacques le Fataliste et son maître* restent en partie ou en totalité dans ses tiroirs. Diderot compose aussi une série de célèbres contes philosophiques : *Les Deux amis de Bourbonne*, l'*Entretien d'un père avec ses enfants*, *Ceci n'est pas un conte*, *Madame de La Carlière*, *Supplément au voyage de Bougainville* et l'*Entretien d'un philosophe avec la maréchale de* ***.

En 1778, un long voyage le mène de Hollande en Russie où il devient l'un des familiers de Catherine II. Mais la santé du philosophe s'altère. De retour à Paris, Diderot est contraint de réduire ses activités. Devenu un vieux monsieur paisible, mais toujours vif d'esprit, il arpente les après-midi de beau temps les jardins publics du Palais-Royal. En 1783, un émissaire envoyé par l'Église, l'abbé de Tersac, cherche à lui faire condamner son athéisme et à le ramener à la foi chrétienne. Diderot le reçoit avec une exquise politesse, mais demeure inflexible. Quand Sophie Volland meurt en février 1784, le vieil amant, inconsolable, décline rapidement, mais l'approche de la mort ne le fait pas changer d'avis. La veille de son décès, il reçoit ses amis et, au fil de la conversation, réitère que : « Le premier pas vers la philosophie, c'est l'incrédulité. » Le lendemain midi, 31 juillet 1784, il est subitement foudroyé à table, pendant le repas. Il avait 70 ans.

Denis Diderot.

Portrait par Michel Van Loo.
Musée du Louvre, Paris.

ENCYCLOPÉDIE,

OU

DICTIONNAIRE RAISONNÉ

DES SCIENCES,

DES ARTS ET DES MÉTIERS,

RECUEILLI

DES MEILLEURS AUTEURS

ET PARTICULIEREMENT

DES DICTIONNAIRES ANGLOIS

DE CHAMBERS, D'HARRIS, DE DYCHE, &c.

PAR UNE SOCIÉTÉ DE GENS DE LETTRES.

Mis en ordre & publié par M. DIDEROT; & quant à la PARTIE MATHÉMATIQUE,
par M. D'ALEMBERT, de l'Académie Royale des Sciences de Paris
& de l'Académie Royale de Berlin.

Tantum feries juncturaque pollet,
Tantum de medio fumptis accedit honoris! HORAT.

DIX VOLUMES IN-FOLIO,

DONT DEUX DE PLANCHES EN TAILLE-DOUCE,

PROPOSÉS PAR SOUSCRIPTION.

A PARIS, Chez { BRIASSON, rue Saint Jacques, à la Science.
DAVID l'aîné, rue Saint Jacques, à la Plume d'or.
LE BRETON, Imprimeur ordinaire du Roy, rue de la Harpe,
DURAND, rue Saint Jacques, à Saint Landry, & au Griffon,

M. DCC. LI.

AVEC APPROBATION ET PRIVILEGE DU ROY.

Nᵒ 83.

Page de titre de l'*Encyclopédie*, véritable témoignage du progrès
des idées et de l'influence européenne sur la France.

L'œuvre expliquée

Madame de La Carlière

En 1772, Diderot publie *Madame de La Carlière*, centre d'un triptyque, comprenant *Ceci n'est pas un conte* et *Supplément au voyage de Bougainville*, ouvrage dans lequel l'auteur s'interroge sur les liens entre l'amour et la morale : ceux-ci n'ont-ils jamais entretenu de liens naturels ? Pourquoi la morale favorise-t-elle l'illusion de l'éternel amour ? Est-il possible que l'amour survive à l'engrenage de la fidélité, du mariage, des responsabilités parentales et du qu'en-dira-t-on ? Une relation conjugale peut-elle prétendre à la sincérité quand le désir fléchit ? Les codes de la société, introduits par convention dans la sphère de l'intimité, n'étouffent-ils pas à brève échéance le sentiment amoureux ? Tout serment ne restreint-il pas la liberté et, par conséquent, la nature ? Selon Denis Diderot, philosophe matérialiste, l'observation demeure le meilleur moyen de saisir l'homme dans toute sa vérité. Le regard scientifique du philosophe[1] doit toutefois éviter le piège des apparences et des préjugés pour mieux étudier les mœurs et comprendre pourquoi, à leur sujet, la société s'égare dans les *a priori* d'une morale dépassée.

Madame de La Carlière s'ouvre sur une remise en question de l'habitude, malheureusement fort répandue en société, de se fier aux apparences. Diderot conteste le crédit qu'on prête trop souvent à ce qui paraît évident. Il aborde d'abord ce problème, moins d'un point de vue moral que par une approche scientifique. Deux amis se promènent dans un lieu public. Quand l'un d'eux propose de rentrer, de gros nuages se profilant à l'horizon, son interlocuteur, un philosophe, lui assure que, malgré les apparences, il n'y aura

---

1 *Le regard scientifique du philosophe* : au XVIIIe siècle, il n'y a pas de fossé entre la science et la philosophie, du moins chez Diderot, dont la pensée philosophique repose sur l'objectivité scientifique.

point d'orage. Il explique alors que l'étude des phénomènes atmosphériques permet de dégager des lois générales, par exemple que de sombres nuages à l'horizon ne donnent pas toujours de la pluie, ce qui se révèle exact à la fin du conte. Puis, les deux amis repèrent sur un banc Desroches, un ancien militaire, et peu après s'amorce le récit proprement dit des amours entre ce dernier et la jolie Madame de La Carlière. Diderot poursuit ensuite dans la voie qu'il s'est tracée : les gens se fient aux apparences pour prévoir les phénomènes atmosphériques comme pour arbitrer les relations humaines. Ils s'enfoncent dans l'erreur pour la simple et bonne raison que leurs observations ignorent les faits et se fondent sur des approximations, des superstitions et des préjugés. Pour prétendre examiner l'être humain avec objectivité, il faut d'abord éviter avec soin le piège du moralisme chrétien, dont la vision restreint la condition humaine à l'alternative réductrice du bien et du mal : l'homme est-il bon ? Est-il méchant ? Ni l'un ni l'autre, répond Diderot. Ou plutôt, l'un *et* l'autre, car un individu réagit simplement aux circonstances et change mille fois d'attitude durant une vie. Dans *Madame de La Carlière*, comme dans *Entretien d'un philosophe avec la maréchale de* ***, on aura tort de chercher un coupable ou un perdant, alors qu'ils n'existent pas.

Dans *Madame de La Carlière*, Desroches et la jolie veuve sont tous deux des êtres sensibles. Les deux s'aiment tendrement. Si leur union connaît une douloureuse rupture, c'est moins dû à l'un ou l'autre qu'à un ensemble de circonstances, une chimie qui dégénère en conflit. Mais un facteur supplémentaire vient nuire à la relation conjugale. Lors de sa première publication, *Madame de La Carlière* avait pour titre *Sur l'Inconséquence du jugement public sur nos actions particulières*. Et Diderot met effectivement en relief ici la stupidité et la hargne aveugle qui caractérisent les commérages, et la pression exercée sur l'équilibre fragile du couple. Que sait, à travers la rumeur, le public sur le couple observé dans

Madame de La Carlière? À peu près rien, sinon une suite de bruits colportés, d'anecdotes dénaturées et de mensonges intéressés. Entre Madame de La Carlière et Desroches se noue un réel amour. N'est-il pas dans l'ordre des choses que ce bonheur fasse des jaloux? Et du moment qu'on s'intéresse à la parole des envieux, le mal est fait. L'ennui, l'oisiveté et la bêtise provoquent le reste. Le couple se retrouve périodiquement au centre des discussions de salon, et chacun y va de son opinion, chacun se considère connaisseur en la matière; on s'anime, on dispute, on juge du comportement de cette femme et de cet homme sans connaître le quart de ce qui s'est réellement passé. Nul ne sait de quoi il parle, mais personne ne s'interdit de plaindre, tantôt Madame de La Carlière, tantôt Desroches. La médisance et la calomnie ne reposent-elles pas sur une approche approximative des faits? Comme une girouette au vent, l'opinion publique condamne l'un ou l'autre des protagonistes, parfois sans raison, et toujours sans preuve. On ne juge que sur les apparences, même si l'on sait pertinemment qu'elles sont trompeuses. Madame de La Carlière fait des scènes, s'expose devant le monde, se sert de l'opinion publique pour exercer de la pression sur son mari. Lui se place dans des situations délicates, s'oublie et cède à la tentation. Mais son crime s'avère-t-il aussi grand que ce que Madame de La Carlière veut bien lui faire croire? Se ranger dans l'un ou l'autre des camps et dénigrer le vis-à-vis relève pour Diderot du parti pris découlant du sexe, de l'âge et des préjugés. C'est l'embryon de cette haine, de cette violence qui rejette l'autre avant tout parce qu'il se révèle différent. Si les gens jugeaient moins et se prêtaient à plus de compassion, la morale y perdrait en faveur d'une concorde universelle.

Personne n'est entièrement bon ou méchant. Réduire un être humain à cette opposition morale équivaut à lui retirer sa singularité. Diderot préfère substituer la sensibilité à la vertu. Ne sont-ce pas les sentiments qui déterminent la part d'humanité de chacun? L'observance de codes moraux, étrangers à la nature humaine, qui empêche l'homme de s'ouvrir à la différence et à la tolérance? Dans *Madame de La Carlière*, la rumeur publique manque de compassion. Voilà pourquoi le sage philosophe se garde d'y participer. Pour parvenir à poser des jugements au-delà des apparences, un esprit doit entreprendre un patient apprentissage. Il doit se fortifier par le savoir, l'observation et l'expérience. Plus il s'enrichit, plus il grandit, mûrit et s'ouvre à de nouvelles perspectives. Après avoir bien assimilé une foule de connaissances, il acquiert enfin la précieuse capacité de nuancer ses jugements. Lui est-il alors possible de dégager des lois générales sur l'homme? Oui, à condition que ces lois prennent en compte tous les cas particuliers qui leur échappent. La vie recèle en effet des milliers de possibilités et de combinaisons. Les condamner, dès le moment qu'elles s'écartent de la norme, est le symptôme d'une pensée indigente.

Entretien d'un philosophe avec la maréchale de ***

En 1771, alors qu'il met au point son esthétique du conte, Diderot se rend à l'hôtel de Broglie. Le philosophe, mandaté par l'impératrice Catherine de Russie, doit négocier auprès du maréchal l'achat d'une collection. Mais le maître de céans tarde à rentrer et la maréchale offre au philosophe sa charmante compagnie. D'une grande piété, la jolie femme s'entretient donc pendant quelques heures avec ce célèbre philosophe, dont la réputation d'athéisme cadre mal avec sa civilité. On a dit à la maréchale qu'un athée était un homme sans foi ni loi : une sorte de bandit et de dépravé. Or, en femme intelligente et sans idées préconçues, elle découvre qu'il n'en est rien et veut des éclaircissements. Le philosophe s'empresse de les lui donner et, peu à peu, la conversation glisse sur la légitimité de la religion. Diderot souligne le tort qu'elle a causé et qu'elle causera encore longtemps à l'humanité, et pourquoi il faudrait s'écarter du fanatisme religieux. Toutefois, et fidèle en cela à la valeur que sa pensée accorde aux jugements nuancés, le philosophe athée incite la maréchale à pratiquer sa foi pour la bonne et unique raison qu'elle y trouve le bonheur. La religion n'est pas mauvaise en soi, mais elle le devient lorsqu'elle est imposée. Pourtant, elle peut aussi contribuer au bonheur. Et si la philosophie de Diderot n'impose qu'un seul devoir à l'homme ici-bas, c'est bien celui d'être heureux.

Diderot rédige, peu après la rencontre dans les salons de l'hôtel de Broglie, une première version de l'*Entretien d'un philosophe avec la maréchale de* ***, publiée en 1774, qui connaît des rééditions augmentées jusqu'à la mort de l'auteur. L'entretien s'est-il déroulé exactement comme il est ici relaté? On peut en douter. Diderot s'en est plutôt servi comme point de départ pour échafauder son discours sur la religion. Bien que la philosophie matérialiste repose sur la réalité, l'écrivain est en droit de recourir à la fiction pour ordonner sa réflexion à partir de ce que la vie offre en spectacle à son œil averti. Diderot considère que la plate transcription de la réalité contrevient au développement de la pensée. En outre, il faut imprimer au récit mouvement et organisation qui, tout en visant à reproduire la vie avec naturel, puissent proposer au lecteur une réflexion sur la nature humaine et les valeurs de société. L'*Entretien d'un philosophe avec la maréchale de* *** est un modèle du genre, et Diderot se montrait, non sans raison, fier du résultat. Le dialogue s'articule sur l'apparente opposition entre le philosophe athée et l'aristocrate dévote sans jamais quitter le ton léger de la conversation. Moins un débat, où il y aurait matière à se quereller, qu'une aimable discussion sur la religion, l'œuvre laisse transparaître la tentative estimable, de part et d'autre, de mieux se comprendre et de se respecter.

JEAN-JACQUES ROUSSEAU (1712-1778)

Données biographiques

La naissance de Jean-Jacques Rousseau, à Genève, en juin 1712, est liée à un triste événement : la mort de sa mère. Le père horloger s'occupe dès lors tant bien que mal de sa progéniture. François, le fils aîné à la vie dissipée, disparaît un jour sans laisser de traces. Jean-Jacques, plus sage, se plaît à écouter son père lui lire des romans précieux. Cette activité développe chez le jeune garçon une sensibilité précoce et une imagination excessive. Tout cela aurait probablement compté pour peu dans le développement du futur philosophe si son enfance n'avait été brusquement bouleversée : une querelle entre le père de Rousseau et un capitaine français, nommé Gautier, se résout par l'échange de coups violents. On accuse même l'horloger d'avoir mis la main à son épée dans la ville : geste interdit qui le contraint à s'exiler de Genève. Jean-Jacques, âgé de 10 ans, est mis en pension chez un oncle, où il subit une éducation sévère qu'il critiquera dans ses futurs ouvrages. De retour à Genève, il songe à divers métiers, mais, un peu comme son frère, il prend finalement la fuite. Il a 16 ans.

Au printemps 1728, sur la recommandation d'un curé français, Rousseau rencontre Mme de Warens, belle jeune femme et catholique fervente, qui le convainc d'abjurer le protestantisme. Il occupe divers petits métiers quand Mme de Warens, frappée de ses dons pour la musique, l'encourage à suivre des cours auprès du maître de chapelle de la cathédrale d'Annecy. Peu à peu, les liens entre la protectrice et le protégé se resserrent. Mme de Warens a déjà un amant en la personne de son valet de chambre, mais ce dernier consent à ce qu'elle considère le jeune Jean-Jacques comme un homme ; le ménage à trois vit en parfaite harmonie pendant des années. Après quelques problèmes de santé qui

Portrait de Rousseau.
Tableau de Quentin de La Tour.
Musée de Saint-Quentin.

l'obligent à effectuer un voyage dans le sud de la France, Rousseau monte à Paris et, en 1742, présente sans succès à l'Académie un nouveau système de notation musicale. Il rencontre, dans les cafés et les salons de la capitale, tous les beaux esprits et les grands artistes du temps : le philosophe Fontenelle, le dramaturge Marivaux, le compositeur Jean-Philippe Rameau et, surtout, Denis Diderot, avec lequel il entretient des liens étroits ; Rousseau rédigera dans l'*Encyclopédie* tous les articles concernant la musique.

Après un bref séjour à Venise, Rousseau rentre à Paris en 1744. Il s'y lie avec Thérèse Levasseur, une lingère, à qui il fait comprendre qu'il souhaite partager une vie commune sans contracter les liens du mariage. Cette femme lui donne cinq enfants que Rousseau refuse d'élever et qu'il abandonne à l'orphelinat.

Entre-temps, Rousseau améliore sa condition en obtenant des charges de secrétaire. Il accède à la célébrité lorsqu'il remporte, en 1750, le premier prix de l'Académie de Dijon pour son *Discours sur les sciences et les arts*. Deux ans plus tard, son opéra *Le Devin du village*, représenté à la cour avec succès, lui vaut l'offre d'une pension royale que Rousseau refuse par souci de garder son indépendance d'esprit et sa liberté. Il se retrouve néanmoins au centre de la controverse qui agite alors la cour de France, à savoir si la musique française est supérieure à la musique italienne. Rousseau explique pourquoi il estime mieux cette dernière dans sa *Lettre sur la musique française* (1753) et se crée tout un chœur d'ennemis. La situation s'envenime quand paraît, en 1755, son *Discours sur l'origine et les fondements de l'inégalité parmi les hommes*, où le philosophe attaque les institutions qui soutiennent l'injustice des hiérarchies sociales. Brouillé avec Voltaire, avec Diderot et avec les encyclopédistes, Rousseau se retire près de la forêt de Montmorency et s'astreint pendant cinq ans à l'écriture de romans et d'ouvrages philosophiques et politiques qui feront sa gloire : la *Lettre à d'Alembert sur les spectacles* (1758), *Julie ou la Nouvelle Héloïse* (1761), *Émile ou De l'éducation* (1762) et *Du contrat social* (1762). L'immense succès de ces ouvrages s'accompagne d'une condamnation d'*Émile* et *Du contrat social*. Ces livres sont brûlés publiquement, et Rousseau échappe de justesse à l'arrestation promulguée contre lui par le parlement de Paris. Il retourne en Suisse, mais les villes de Berne et de Genève refusent elles aussi la présence du penseur. Tous les milieux du pouvoir se liguent contre Rousseau. Les fidèles de toutes les confessions sont appelés à le chasser. Près de Neuchâtel, la foule en vient presque à le lapider. Ainsi s'amorcent les années d'errance. La Prusse et l'Angleterre lui accordent tour à tour des séjours de courte durée. De retour en France en 1767, Rousseau se cache sous de fausses identités et sillonne le pays en quête d'un havre de paix. De plus en plus irascible et misanthrope, l'homme développe un sentiment de persécution excessif. Des amis, des protecteurs l'installent à plusieurs reprises dans un lieu sûr, où il pourrait couler des jours paisibles, mais il s'enfuit précipitamment, croyant à quelque complot contre sa personne. Dans cet état d'esprit naît l'idée d'écrire ses *Confessions*, dont la rédaction s'échelonne de 1766 à 1769. À 56 ans, il épouse civilement Thérèse Levasseur dans une chambre d'auberge à Bourgoin. Le ménage doit sa subsistance à de petites rentes et au travail de copiste de partitions dans lequel Rousseau a toujours excellé. Néanmoins, les dernières années restent difficiles. On le perçoit à la lecture des *Rêveries du promeneur solitaire*, dernière œuvre autobiographique restée inachevée. Rousseau entreprend l'écriture de la dixième promenade le jour des Rameaux 1778, mais sa santé décline. Il accepte malgré tout l'hospitalité du marquis de Girardin au château d'Ermenonville où il est foudroyé par une attaque d'apoplexie le 2 juillet.

L'œuvre expliquée

L'auteur note en tête d'un manuscrit des *Confessions*: «Voici le seul portrait d'homme, peint exactement d'après nature et dans toute sa vérité, qui existe et qui probablement existera jamais.» Avant Rousseau, les écrivains hésitent à parler d'eux-mêmes. Par convention, on ne livre de soi que sa correspondance ou ses journaux, généralement dévolus à la chronique du temps. La plume sert à décrire et à observer le monde, rarement à plonger dans l'introspection d'une âme. Les exceptions transgressent à peine ce diktat tacite. *Les Confessions* de saint Augustin, écrites en l'an 400, illustrent le cheminement du débauché vers la foi du converti. C'est une œuvre édifiante. À la Renaissance, Montaigne se rapproche un peu plus de l'investigation intime chère à Rousseau. Ce dernier reproche toutefois à l'auteur des *Essais* d'être un faux sincère qui n'exhibe que ses défauts les plus aimables. Il n'y a pas ici à balancer et le philosophe des Lumières entend s'offrir sans fard au regard de ses lecteurs. *Les Confessions* proposent donc de révéler toutes les facettes d'une personnalité. Rien n'est épargné au lecteur, moins pour piquer sa curiosité que pour le faire pénétrer «dans le labyrinthe obscur et fangeux» d'une vie intime et lui faire toucher du doigt les plaies d'un être sensible. Rousseau compose en somme la première grande autobiographie moderne. Mais, peut-on se demander, dans quel but?

Les Confessions sont d'abord un plaidoyer du philosophe contre tous ceux qui, hostiles à ses théories, le poursuivent et le dénigrent sans relâche. C'est le cri d'un homme meurtri doublé d'une défense de la liberté d'opinion. S'adressant aux autorités civiles et à l'opinion publique, liguées contre lui, il veut prouver qu'il n'est pas l'ennemi du genre humain. S'il prône l'égalité entre les hommes et la mise en place d'un gouvernement démocratique, c'est parce que le caractère singulier de son expérience lui en a démontré la juste nécessité. Les théories philosophiques ne sont-elles pas le fruit de l'expérience? N'est-ce pas la vie qui a fait Rousseau tel qu'il est? Aussi le philosophe clame-t-il son innocence : il a toujours agi de bonne foi. Sa pensée a seulement tenté de favoriser la concorde universelle. Elle repose sur un véritable amour de la race humaine et découle de la synthèse de réflexions vertueuses. Par ses *Confessions*, Rousseau espère se disculper devant ses juges des accusations de misanthropie et de folie qui pèsent contre lui.

À la fois intimes et scientifiques, *Les Confessions* marquent aussi un tournant dans l'approche, la connaissance et la compréhension de l'être humain. En phase avec la conception anthropologique du philosophe, l'ouvrage traite de la fascinante étude d'un homme d'exception. Apprentissages, expériences, transgressions, coups du sort, fantasmes et perversion : tout sert ici à parfaire un portrait saisissant de vérité. Rousseau a compris l'importance de ne retrancher aucun fait, même les plus anodins, pour restituer l'image globale d'une conscience. Contribuant à la connaissance optimale de l'individu, implanté dans son milieu, *Les Confessions* font œuvre de pionnières et ouvrent la voie à la sociologie, à la psychologie et à la psychanalyse.

Œuvre comptant près de 1 000 pages, *Les Confessions* demeurent pourtant inachevées. Publié à titre posthume, l'ouvrage contient 12 livres (ou chapitres) distribués également entre deux parties, mais il manque la troisième et dernière que la mort de l'auteur lui a ravie. La présente anthologie propose les deux tiers du premier livre consacré à l'enfance et à l'adolescence naissante de Rousseau. C'est un des sommets des *Confessions* et sans doute la meilleure introduction à l'œuvre. Les pages chargées d'émotion, d'une remarquable transparence, permettent de suivre l'évolution du petit Jean-Jacques à travers ses lectures, ses jeux et les drames qui le bouleversent : mort de sa mère au moment de sa naissance, fuite de son frère, exil du père. Rousseau revient, entre autres choses, sur la découverte du plaisir sexuel, associé pour lui à la douleur ressentie à l'occasion d'une fessée. Il laisse aussi libre cours à sa colère au souvenir d'une injustice qui a profondément marqué son éducation. On sait tout le prix qu'attache le philosophe à ce sujet, et les autorités viennent à peine d'interdire son *Émile ou De l'éducation* (1762).

Dans *Les Confessions*, Rousseau refait la démonstration des carences de la pédagogie au XVIIIe siècle ; cette fois, il raconte ses mésaventures de jeune élève. Il réaffirme au passage qu'un enfant doit apprendre par sa propre expérience et que l'éducation doit s'adapter à son développement plutôt que de lui être imposée avec violence. Pour Rousseau, « la nature a fait l'homme heureux et bon, mais la société le déprave et le rend misérable[1] », notamment par l'usage de châtiments dans l'éducation. Le philosophe prône plutôt la stimulation du jugement de l'élève et l'assimilation de connaissances grâce, non à des livres, mais à des conversations, des expérimentations et des voyages avec le maître. D'aride et de contraignante, l'éducation devient ainsi attrayante et veille en outre à former un bon citoyen.

En effet, l'individu doit choisir un jour d'abandonner sa liberté naturelle pour s'engager dans la responsabilité civile. Ne s'y soumettra-t-il pas plus aisément si son éducation lui a transmis l'image d'une société qui lui accorde des bienfaits au lieu de le réprimer ? Dans le cas contraire, il ne peut que développer la haine, la démission ou le découragement devant le pouvoir. Ces tares, ce sont celles du rebelle que devient peu à peu le jeune Jean-Jacques. Ainsi, *Les Confessions* témoignent du tort causé à un enfant par une pédagogie mal adaptée à ses aspirations.

Avec *Les Confessions*, Rousseau confirme sa position de chef de file du courant de la sensibilité. Œuvre d'avant-garde, cette autobiographie d'un être écorché vif participe de l'éveil d'une nouvelle façon de percevoir les sentiments, annonciatrice du courant romantique. Pour l'heure, l'ouvrage ne tarde pas à faire scandale. Dans les salons parisiens,

---

1 Dans son troisième dialogue.

où l'auteur en donne de larges extraits, il ne rencontre que de la gêne et de l'incompréhension. Sur dépôt de plaintes, la police lui intime même l'ordre de cesser ses lectures. Aujourd'hui, c'est justement la sincérité bouleversante des *Confessions*, composées dans un style d'une séduisante élégance, qui assure l'immortalité de cet incontestable chef-d'œuvre des Lumières.

DONATIEN ALPHONSE FRANÇOIS, MARQUIS DE SADE (1740-1814)

Données biographiques

Le marquis de Sade naît à Paris le 2 juin 1740. Il passe sa tendre enfance au château de Saumane, dans le sud de la France, où l'abbé de Sade, son oncle paternel, mais aussi un grand libertin, ami de Voltaire, assure sa première éducation. De retour à Paris, le petit Donatien, âgé de 10 ans, étudie au collège jésuite d'Harcourt. En 1754, il s'inscrit dans une école équestre, gravit rapidement les grades de la cavalerie, devient sous-lieutenant, puis capitaine de cavalerie de l'armée du roi, avant de partir en Allemagne pour participer à la guerre de Sept Ans. À son retour, il quitte l'armée et, en mai 1763, épouse Renée Pélagie Cordier de Launay de Montreuil. À peine cinq mois après ce mariage, Sade est incarcéré à Vincennes une quinzaine de jours pour une première affaire de mœurs. C'est le début des frasques qui rendront célèbre dans l'Europe tout entière le nom du « divin marquis ».

En 1767, le marquis succède à son père, qui vient de mourir, et devient lieutenant général de Bresse. Il redore ainsi sa réputation. Mais en avril de l'année suivante éclate l'affaire Rose Keller qui le compromet très sérieusement : un soir, le marquis ramasse sur la place des Victoires, à Paris, une prostituée qu'il emmène chez lui, flagelle et enferme à double tour dans une chambre. La jeune femme s'évade, porte plainte et obtient gain de cause. Elle est dédommagée par de fortes indemnités pour les sévices reçus, et le marquis est emprisonné de nouveau. Grâce à ses contacts influents et à la haute noblesse de sa famille, il obtient toutefois un allégement de sa peine. Il paie une amende supplémentaire et est libéré en novembre. En 1772, à la suite d'une affaire encore plus grave, impliquant flagellation, sodomie et tentative d'empoisonne-

Portrait du marquis de Sade à l'âge de 20 ans.

ment, la cour d'Aix le condamne à mort par contumace[1] : le marquis est brûlé en effigie sur la place publique. Peu après, il est mis aux arrêts dans son château de Lacoste, mais il s'enfuit en Italie avec sa belle-sœur, une religieuse devenue sa maîtresse et qu'il fait passer pour sa femme.

L'existence de Sade en Italie se résume à une suite rocambolesque d'arrestations, suivies d'évasions, réussies le plus souvent grâce à la complicité de sa femme qui lui demeure fidèle en dépit de tous ses crimes. De retour en France, les scandales se succèdent encore, toujours plus sulfureux, entraînant des peines auxquelles le marquis parvient à se soustraire. Toutefois, en février 1777, son implication dans une affaire de pédophilie le conduit, sous bonne garde, au donjon de Vincennes. La cour d'Aix obtient alors son transfert. L'arrêt de mort du parlement est pourtant cassé, faute de preuve sur les prétendus empoisonnements dont il aurait été l'instigateur. Pendant le renvoi du prisonnier à Paris, celui-ci s'évade. Sa liberté est de courte durée : arrêté en août 1778, il est jeté en prison dès septembre. Cette fois, il purge 12 ans de captivité, d'abord à Vincennes et, à partir de 1784, à la Bastille, la prison de Paris à l'usage des nobles. Pendant cette longue détention, Sade trompe son ennui grâce à l'écriture d'œuvres diverses qu'il espère faire publier à sa sortie. Mais, en avril 1790, à sa libération, il découvre la France plongée en pleine révolution.

Sympathique au mouvement révolutionnaire, le marquis de Sade devient président de la section des Piques en 1793. Sous la Terreur, ayant refusé de faire voter une motion proposée par des extrémistes et qu'il juge inhumaine, il est accusé de « modérantisme », arrêté et condamné à mort par le tribunal révolutionnaire. Le jour de son exécution, l'huissier ne par-

---

1 *par contumace* : en son absence. L'appareil judiciaire peut instituer un procès et condamner un accusé absent. Pour signifier au coupable la sentence qui l'attend s'il vient se placer de nouveau sous la juridiction de la cour, on brûle une effigie – un mannequin le représentant – sur la place publique.

vient toutefois pas à le retrouver dans le labyrinthe des geôles, et le marquis échappe ainsi à la guillotine. Libre, en octobre 1794, il se remet avec fièvre à l'écriture, remanie ses anciens textes et en compose de nouveaux, dont *La Philosophie dans le boudoir*. En 1801, un tribunal du Consulat juge pornographiques les œuvres du marquis, qui se retrouve derrière les barreaux. Il est finalement interné à l'hospice de Charenton, où l'on traite surtout les fous. La vie dans l'institution de santé se révèle néanmoins assez clémente pour le marquis : sa maîtresse vient vivre avec lui – une pratique courante à l'époque – et l'écrivain obtient la permission que ses pièces de théâtre soient jouées par les malades, devant un public distingué. Sade meurt à Charenton le 2 décembre 1814.

Le marquis de Sade à l'asile de Charenton.

GRAVURE DU BAUDOUIN.
Mansell Collection.

L'œuvre expliquée

Le marquis de Sade aura passé 30 années de son existence en réclusion. C'est là qu'il compose la plus grande partie de son œuvre : une soixantaine de contes et de nouvelles, une vingtaine de romans, autant de pièces de théâtre, ainsi que divers opuscules, libelles, traités politiques, sans compter une imposante correspondance. Le quart des manuscrits du marquis disparaît sous le Consulat et l'Empire. Ce qui a été conservé révèle la richesse d'une œuvre unique où se côtoient l'humour, la psychologie, la philosophie et un érotisme fin mêlé aux plus vulgaires obscénités. Peintre complaisant des anomalies et des perversions sexuelles de l'humanité, Sade s'intéresse au plaisir lié à son contraire, la douleur. De là naît le « sadisme » auquel il donne son nom. Inventeur de la subversion sous toutes ses formes, le marquis demeure un visionnaire. Il illustre dans ses œuvres combien l'homme est égoïste, brutal et jouisseur. Plus l'individualisme devient une valeur, plus il conduit au chaos. Or, le marquis ose prétendre que c'est là le destin de la civilisation humaine. Pourquoi n'est-on pas encore parvenu à une société où l'individu est roi ? Parce que la société et la religion servent encore à masquer ou à empêcher la débauche. Pourtant, de façon naturelle, tous les individus tendent à s'y adonner sans frein. La finesse et la profondeur de ses réflexions en font l'historien subtil et le sociologue du préromantisme. Individualiste proclamant son athéisme, le marquis se réfugie dans le pessimisme le plus noir. La publication de plusieurs de ses œuvres, inédites jusqu'alors, influence la littérature et le cinéma des XXe et XXIe siècles.

Historiettes, contes et fabliaux, un projet d'édition avorté, regroupe des récits d'inspiration variée de haut niveau. L'écrivain y reprend inlassablement la cruauté, son thème de prédilection, modifiant chaque fois l'angle et l'éclairage sous lesquels il l'exploite. Dans *L'Heureuse Feinte,* le sadisme se révèle, non par les habituels sévices sexuels, mais par l'emprise psychologique, essence même de la perversion sadienne. Le marquis de Guissac se venge d'un supposé adultère en employant une ruse horrible. Convaincue d'être empoisonnée, la marquise se trouve à la merci de son mari qui prend un plaisir manifeste à la tourmenter. La conclusion, qui cède aux conventions de la nouvelle morale du XVIIIᵉ siècle, laisse poindre l'ironie de l'auteur devant l'amour, tendre sentiment qui repose ici sur la torture psychologique.

La Philosophie dans le boudoir, véritable somme de la doctrine sadienne, paraît en 1795. L'ouvrage se présente comme une parodie des contes philosophiques et des traités d'éducation des Lumières. Il s'agit d'une succession de dialogues entre Mᵐᵉ de Saint-Ange, une débauchée, le chevalier Dolmancé, un voluptueux, et Eugénie de Mistival, une innocente vierge de 15 ans. La conversation vise essentiellement à inculquer à la jeune fille les principes du libertinage sexuel. L'élève, à la satisfaction de ses maîtres, se révèle fort douée, notamment pendant les séances de mise en application de théories érotiques avancées. Au fil des pages se succèdent tous les interdits moraux du XVIIIᵉ siècle. Sade conteste l'autorité de l'Église et de la Justice qui mettent un frein à la débauche. En contrepartie, il glorifie l'athéisme, le blasphème, l'égoïsme, l'avidité, le vol, l'assassinat, l'adultère, l'inceste et la sodomie. Pendant le cinquième dialogue, cette dernière action, perpétrée par Dolmancé sur la personne d'Augustin, un garçon jardinier qui s'est joint à l'orgie, effarouche quelque peu la jolie Eugénie. L'occasion est trop belle, et le chevalier en profite pour servir à sa jeune élève une dissertation philosophique déniant l'existence du crime, considéré ici comme l'expression la plus naturelle de l'égoïsme humain. Reprenant les conceptions sur la nature de Rousseau, Sade les pousse ici à l'extrême. Il fait état du réel plaisir que prend l'homme à transgresser les interdits et à jouir de ses semblables, dût-il les détruire pour y parvenir. Ce constat impitoyable explique en partie l'émergence récurrente de la cruauté au sein de la civilisation. En somme, la pensée sadienne, loin d'être frivole, propose de sombres réflexions sur la destinée humaine.

CHAMFORT (1740-1794)

Données biographiques

Déclaré de parents inconnus à sa naissance, Chamfort serait le fruit d'une liaison interdite entre le chanoine Nicolas de la cathédrale de Clermont et une dame de la noblesse, Jacqueline Dauphin de Leyval. Adopté par François Nicolas, épicier auvergnat et frère du chanoine, l'enfant est baptisé Sébastien Roch Nicolas en juin 1740. D'une intelligence supérieure et d'une indiscipline avérée, le garçon poursuit toutes ses études, financées par sa mère naturelle, dans de grandes écoles parisiennes. Il refuse toutefois, le moment venu, de devenir prêtre, comme on l'attend de lui. Grand, large d'épaules et d'une puissante beauté, l'adolescent, qu'on surnomme «l'Hercule-Adonis», aime la vie et ne compte plus ses succès auprès des femmes. Il contracte d'ailleurs une syphilis qui, mal soignée, est cause d'incommodités sa vie durant.

Dès 1761, il signe du pseudonyme de Chamfort des articles dans le *Journal encyclopédique* et des pièces de théâtre. *La Jeune Indienne*, sa première comédie en un acte et en vers, reçoit un accueil triomphal du Tout-Paris. Chamfort devient à la mode. Il écrit un *Éloge de Molière* (1769) et un *Éloge de La Fontaine* (1774), qui sont couronnés de nombreux prix. Sa seule tragédie, *Mustapha et Zéangir*, présentée à la cour en novembre 1776, bouleverse le roi Louis XVI et lui vaut une sorte de consécration prématurée. Soutenu par le salon de Mme du Deffand, le voilà élu à l'Académie française en 1782. Il a à peine plus de 40 ans! Ce triomphe rapide, les intrigues de cour, les cabales des milieux du théâtre et les tractations mondaines nécessaires à son élection à l'Académie finissent par inspirer à l'écrivain le plus profond dégoût du genre humain. Il quitte Paris au printemps 1783 et s'installe dans

Portrait de Chamfort.

un manoir, en Beauce, avec Marthe Buffon, la seule femme qu'il ait jamais vraiment aimée. Celle-ci meurt malheureusement cinq mois plus tard, et l'écrivain se remet à peine de ce deuil que sa mère adoptive décède l'année suivante.

Chamfort se lance alors dans des activités subversives. Il rédige des textes incendiaires, condamnant les privilèges de la noblesse, préconisant l'éducation des masses et prêchant la démocratie et la révolution. Au même moment, il accepte pourtant un poste de secrétaire à la cour et obtient une pension royale! Mais toutes les sommes amassées sont immédiatement investies dans la Révolution qui éclate en 1789. Sous le régime républicain, il devient rédacteur à la *Gazette de France*, puis directeur de la Bibliothèque nationale en 1792. Un changement de gouvernement ayant rendu Chamfort suspect et indésirable, un collaborateur en profite pour le dénoncer: il est emprisonné. Les quarante-huit heures de sa détention, subies dans des conditions dégradantes et crasseuses, le rendent à moitié fou. Placé en garde à vue dans sa résidence, il croit recouvrer bientôt sa liberté quand il lui est annoncé qu'il doit retourner en cellule. L'écrivain passe dans la pièce contiguë, sous prétexte de préparatifs, et se tire une balle dans la tête. Mais le projectile ricoche sur son œil droit sans causer trop de dommages. Désespéré de se voir toujours vivant, l'homme saisit son rasoir et s'ouvre la gorge avant de s'évanouir. Il survit néanmoins et, bien soigné, reprend des forces, se remet même à l'écriture, avant qu'une infection se déclare dans les plaies presque refermées. Au terme d'atroces souffrances, il meurt le 13 avril 1794.

Médaillon à l'effigie de Chamfort.
GRAVURE ANONYME DU XVIIIe SIÈCLE.
Bibliothèque nationale, Paris.

L'œuvre expliquée

Retrouvées dans des cahiers, sur des bouts de papier et des feuillets épars, les maximes de Chamfort connaissent une publication posthume, en 1795, dans les *Produits de la civilisation perfectionnée*, un titre que les éditions modernes remplacent par *Maximes et pensées, caractères et anecdotes*. Le moraliste conçoit ici des maximes dont la vérité sied à toutes les époques. Les turpitudes de l'homme ne disparaissent en effet ni avec le temps ni au-delà des frontières. Partout, l'être humain s'avère une bête mauvaise et le demeure. Cet axiome, implacable de lucidité, laisse tout de même entrevoir un peu d'espoir. Influencé par Rousseau, Chamfort croit à la notion de progrès et, sans entretenir d'illusions sur l'évolution de la condition humaine, son pessimisme refuse le cynisme hautain de celui qui se complaît dans un dénigrement stérile de la bassesse humaine. Par son humour et sa sensibilité à fleur de peau, le moraliste témoigne d'une évidente tendresse pour l'homme, auquel les maximes rendent un bel hommage désabusé.

La présente anthologie propose un choix de maximes touchant les points essentiels de la pensée de Chamfort. Après avoir ironisé sur sa propre activité de moraliste (n° 1), l'auteur s'attaque (jusqu'à la maxime n° 12) à l'absence de probité et d'esprit des gens du monde. Il constate combien la médiocrité fait loi dans cet univers policé et superficiel où foisonnent les coups bas et les tractations douteuses. Chamfort y confirme sa réputation de misanthrope, mais ses sentences s'illuminent aussi de grands éclats de rire. Au fond, semble dire le moraliste, la bêtise humaine ne suscite-t-elle pas l'hilarité ? Pourquoi demeurer morose ? « La plus perdue de toutes les journées est celle où l'on n'a pas ri » (n° 14). Les maximes n°s 13 à 34 portent sur les idées et l'attitude que doit observer le sage pour se prémunir de la fange sociale. Moins pessimistes qu'aigres-douces, les maximes sur l'amour (nos 35 à 39) soulignent, quant à elles, l'absence de sentiments vrais entre les partenaires, cependant que la maxime n° 40 renvoie dos à dos les sottises du public et des milieux politiques.

La jeune liseuse.

TABLEAU DE FRAGONARD.
National Gallery of Art, Washington.

ANDRÉ CHÉNIER (1762-1794)

Données biographiques

Quatrième enfant d'une famille nombreuse, André Chénier naît en 1762, à Constantinople. Trois ans plus tard, sa famille quitte la Turquie pour la France, patrie du père commerçant et diplomate. Confié à un oncle de Carcassonne, ville du Sud, le jeune André ne retrouve le foyer familial, fixé à Paris, qu'en 1773. Il entre alors au même collège que ses frères où de premiers poèmes, écrits à l'âge de 17 ans, impressionnent ses maîtres par leur virtuosité.

En 1780, André Chénier tente d'embrasser la carrière militaire à Strasbourg, mais le maniement des armes et la vie de garnison ne lui conviennent guère. Il aime trop les femmes et la vie mondaine. Sa mère, femme cultivée d'origine grecque, tient à Paris un salon fréquenté par des artistes et des lettrés qui militent pour les droits de l'homme et l'égalité sociale. Le jeune poète forme là son esprit politique, s'attache aux idées de la Révolution et se convainc de la nécessité des grands bouleversements. Il se lance aussi, avec une exaltation mal contenue, dans de vastes projets d'écriture, mais sans parvenir à rien achever. Pour ne plus être à la charge de ses parents, il accepte en 1787 un modeste poste de secrétaire d'ambassade à Londres. Il s'y ennuie quand la Révolution lui permet de rentrer définitivement en France à l'été 1790. Avec l'aide de son frère Marie-Joseph, poète révolutionnaire tout comme lui, André Chénier écrit des articles polémistes où il attaque les contre-révolutionnaires et les tièdes à la cause. Il se fait prendre à son propre jeu : il s'aperçoit trop tard que l'extrémisme engendre la violence et favorise une tyrannie plus néfaste à la République que la monarchie l'était au royaume. Il revendique bientôt une position modérée et se porte à la défense du roi, arrêté lors de la fameuse nuit de Varennes. Le nombre de ses ennemis

Portrait d'André Chénier.

s'accroît et devrait le persuader de se taire ou, du moins, de travailler dans l'ombre. Or Chénier continue d'attaquer et de critiquer tous les partis. Il entend dénoncer les groupes d'intérêts et la corruption du nouveau régime. Devenu écrivain public, il publie, en marge de ses libelles enflammés, des poèmes d'inspiration antique ou révolutionnaire.

En 1792, des amis le convainquent non sans difficulté de se cacher quelques mois en Normandie. Il amorce pendant ce séjour l'écriture du recueil des *Iambes*. Mais toute prudence semble inutile à un homme qui se sait condamné et qui préfère affronter ses bourreaux que de ramper dans la clandestinité. Inscrit sur la liste des suspects, il est arrêté en banlieue de Paris en mars 1794. Le 25 juillet, le tribunal révolutionnaire le condamne pour trahison. Il est guillotiné le lendemain.

L'œuvre expliquée

Hormis quelques poèmes et des textes politiques disséminés dans des journaux républicains, André Chénier ne publie rien de son vivant. La veille de son exécution, il travaille encore à ses *Iambes* qu'il fait parvenir à son père, cachés dans des linges. Il laisse donc la plupart de ses recueils à l'état d'ébauche et demeure un poète méconnu jusqu'à la fin du XIXe siècle quand une première édition critique révèle la diversité de son inspiration et la force de son tempérament, auréolé, il est vrai, d'un tragique destin.

Trois grands thèmes irriguent l'œuvre poétique d'André Chénier : l'Antiquité, l'engagement politique et l'amour. Chaque poème est traversé par l'un ou par plusieurs de ces thèmes, aussi bien sur le plan formel que sur le plan discursif. Ainsi, au moyen d'une ode révolutionnaire, le poète tente parfois d'imiter le rythme poétique des œuvres gréco-latines. Il cherche plus précisément à avancer des idées nouvelles grâce à la forme antique. Il lui arrive aussi de céder au chant bucolique. Ses œuvres néoclassiques, influencées par les idées artistiques de sa mère, reprennent alors les figures hellénisantes des auteurs antiques : Homère, Virgile et Théocrite. Cette veine esthétisante représente longtemps le titre de gloire du poète. Elle paraît aujourd'hui artificielle et, pour cette raison, moins fréquentée. Ce sont les poèmes de revendication politique, composés dans la fièvre révolutionnaire, qui retiennent aujourd'hui l'attention. Bien que Chénier ait manifestement manqué de temps pour les peaufiner, les *Élégies* et les *Odes* expriment un discours pamphlétaire avec une virulence accrue et un désespoir troublant.

Tout homme a ses douleurs. Mais aux yeux de ses frères… est une élégie, c'est-à-dire un poème qui offre une plainte douloureuse, soutenue par le désespoir ou la mélancolie. Chénier traduit ici la solitude de la condition humaine, l'incommunicabilité entre les hommes et la conviction illusoire de tout individu à se croire seule victime de l'accablement du malheur. Le lyrisme sensible de cette œuvre, qui illustre l'être esseulé parmi ses semblables, annonce le romantisme de Lamartine, de Vigny et de Musset.

Vos cœurs sont citoyens. Je le veux. Toutefois… et *Peuple ! ne croyons pas que tout nous soit permis…* appartiennent à l'ode, forme poétique destinée en principe au chant et privilégiant des sujets de haute inspiration. L'engagement politique, moteur de l'action et de la pensée d'André Chénier, se déploie dans ces deux poèmes révolutionnaires qui interpellent le lecteur. Dans le premier, Chénier oppose l'homme et ses turpitudes aux responsabilités et à l'intégrité du citoyen de cœur. Dans le second, le poète harangue le peuple et l'implore de ne pas céder à ceux qui le flattent et le poussent au carnage. Sous la Révolution, c'est ce type de discours modéré et humaniste qui fit passer le poète pour un traître à la cause et qui le mena à l'échafaud.

André Chénier laisse à la postérité quantité de fragments, sauvés de l'oubli par les soins de son frère Marie-Joseph, lui-même poète, et grâce à des copies clandestines qui circulent de main en main après sa mort. Le plus célèbre des poèmes inachevés, *Sur la mort d'un enfant*, est une émouvante élégie en alexandrins, que Chénier songeait à développer, mais qui, telle qu'elle nous est parvenue, se suffit à elle-même. Le «nous» y représente les proches touchés par la disparition d'un enfant, évoqué ici par sa silhouette fragile et ses jeux puérils. Avec sobriété, une pleine authenticité est accordée au petit, encore incapable de s'exprimer, mais dont la course à travers champs remplit l'espace de cris joyeux. Le dernier vers, avec une concentration poignante, expose la figure de la mère, jalouse de la Mort qui lui a ravi son enfant.

Autre fragment très court, l'élégie *Et moi, quand la chaleur, ramenant le repos…* donne une idée de la veine sensible du poète. La sérénité s'y épanouit après la lutte et la violence révolutionnaires. Loin des villes, l'homme sur la plage contemple la mer et goûte un moment de bonheur. N'est-ce pas ici le songe intime du poète: se voir un jour heureux dans un monde idéal, ensoleillé et pur?

Un écrivain de la Révolution au cachot.

J. Challier dans sa prison, gravure anonyme.
Bibliothèque nationale, Paris.

Questions sur les
Lettres persanes de Montesquieu

Lettre 24

Compréhension

1. De quoi Rica doit-il se préoccuper dès son arrivée à Paris?
2. Qu'observe-t-il de l'activité humaine dans la capitale?
3. En quoi le roi de France est-il magicien?
4. Quel est l'autre grand magicien de l'Occident? Pourquoi? Que permettent les références à la religion musulmane?
5. Pourquoi les femmes se sont-elles révoltées contre l'autorité? Le texte leur est-il favorable? Justifiez votre réponse.
6. Quel est le sujet de la critique dans l'avant-dernier paragraphe?

Écriture

7. Relevez toutes les hyperboles contenues dans la lettre.

Analyse littéraire

8. Montrez que la critique de Rica va de l'anecdote à la remise en cause des valeurs fondamentales de la société française.
9. Montrez que l'usage de l'hyperbole contribue à adoucir la virulence de la critique par l'humour et la flatterie.

Lettre 30

Compréhension

1. Comment Rica estime-t-il la curiosité des Parisiens?
2. Expliquez la sottise des gens qui ne sont jamais sortis de leur chambre.
3. Quel sens prend l'adjectif «curieux» à la ligne 119?
4. Que fait le Persan pour tenter de se soustraire à l'étonnement qu'il suscite? Comment son action est-elle accueillie par la compagnie? Et par lui-même?
5. Que souligne la dernière réflexion entendue par le Persan?

Écriture

6. Quel ton emploie Rica dès le début de sa missive?
7. Identifiez la figure de style de la ligne 105.

8.   Identifiez la figure de style des lignes 106 et 107.
9.   Identifiez la figure de style des lignes 108 et 109.
10. Identifiez la figure de style de la ligne 111.
11. Sur quel ton le Persan s'exclame-t-il à la ligne 115?
12. Identifiez la figure de style de la phrase qui débute à la ligne 115.

Analyse littéraire

13. Analysez la présence du racisme et ses effets pernicieux sur le Persan.
14. Montrez que, dans les figures de style, Montesquieu joue la carte de l'humour pour masquer une attaque virulente du comportement intolérant et imbécile des Parisiens.

LETTRE 38

Compréhension

1.   Les opinions des Européens et des Asiatiques sur la condition féminine sont-elles parfaitement opposées?
2.   Quelle semble être la caractéristique première de la femme occidentale?
3.   Que soustrait, à la relation amoureuse, l'autorité exercée par les Asiatiques sur leurs femmes?
4.   Quel est le revers plaisant pour les maris européens à l'infidélité de leurs femmes?
5.   Comment Montesquieu introduit-il la loi naturelle pour réfuter l'autorité des hommes sur les femmes? Pourquoi ne pas faire exprimer cette loi par Rica?
6.   Qu'est-ce qui offre un contrepoids au pouvoir tyrannique des hommes sur les femmes? En quoi l'avantage féminin se révèle-t-il supérieur?
7.   Qu'est-ce que Rica trouve injuste dans le privilège d'autorité des hommes?
8.   Qu'est-ce qui permettrait une honnête évaluation entre les forces des hommes et celles des femmes?
9.   À quoi servent les références historiques dans l'argumentation de Rica?

10. Comment justifier la conclusion de Rica qui donne un degré d'avantage aux maris sur leurs femmes ?

Écriture

11. Identifiez la figure de style de la première phrase.

Analyse littéraire

12. Analysez la défense de l'égalité entre les hommes et les femmes à travers les propos de Rica.

Lettre 46

Compréhension

1. Quel paradoxe expose la première phrase de la lettre ?
2. Quelle est la volonté de Dieu envers les hommes ?
3. Quelle est la finalité de toute religion ?
4. Pour quelles raisons les cérémonies religieuses sont-elles d'une importance relative ?
5. Que remet en cause l'homme dans sa prière rapportée par Usbek à la fin de sa lettre ?
6. Plus que de se garder de transgresser des interdits, quel semble être le meilleur moyen de plaire à Dieu ?

Écriture

7. Identifiez la figure de style des lignes 207 et 208. Que révèle-t-elle sur la pratique de la religion ?

Analyse littéraire

8. Montrez que, selon Montesquieu, le meilleur chrétien est un bon citoyen.

Lettre 52

Compréhension

1. À quel instinct Rica fait-il allusion au début de sa lettre ?
2. Comment le voyageur persan répond-il à chacune de ces dames ? Lesquelles font de la médisance ? Lesquelles calomnient ?
3. Que conclut Rica sur le ridicule ?

4. Pourquoi, en «descendant», Rica ment-il à chacune des dames?
5. Selon Rica, qui sont les réelles victimes de la tromperie?

Écriture

6. Identifiez la figure de style de la ligne 281.

Analyse littéraire

7. Analysez le ridicule exposé dans cette lettre.

LETTRE 56

Compréhension

1. Quel jugement erroné demeure largement répandu?
2. Pourquoi les femmes s'adonnent-elles au jeu?
3. Que désire toute femme?
4. Qu'interdit Mahomet à ses fidèles? Pourquoi?

Écriture

5. Identifiez et expliquez le sens de la figure de style de la ligne 312.
6. Identifiez la figure de style de la ligne 324. Que permet-elle d'embrasser?
7. Identifiez et expliquez la figure de style de la ligne 328.
8. Identifiez et expliquez la figure de style de la ligne 329.
9. Identifiez et expliquez la figure de style de la ligne 333.
10. Identifiez et expliquez la figure de style de la ligne 340.

Analyse littéraire

11. Analysez l'opinion de Montesquieu sur le jeu.
12. Montrez comment les figures de style appuient les arguments contre le jeu.

LETTRE 76

Compréhension

1. Pourquoi les lois contre le suicide sont-elles injustes?
2. Dans le 2e paragraphe, citez le passage qui indique le caractère profondément personnel du suicide.
3. Comment Montesquieu considère-t-il les devoirs du sujet envers son roi?
4. Comment explique-t-il la position de Dieu sur le suicide?

5. Comment réfute-t-il que le suicide trouble l'ordre de la Providence?
6. Pourquoi l'homme considère-t-il le suicide comme un crime?
7. Que suppose Montesquieu à propos du regard de Dieu sur les hommes?

Écriture

8. Identifiez la figure de style des lignes 344 et 345.
9. Identifiez la figure de style de la ligne 349.
10. Identifiez la figure de style des lignes 356 et 357.
11. Identifiez la figure de style de la ligne 383.
12. Identifiez la figure de style des lignes 388 à 390.
13. Identifiez la figure de style des lignes 394 et 395.

Analyse littéraire

14. Analysez l'opinion de Montesquieu sur le suicide.
15. Montrez que les figures de style viennent illustrer chaque argument de Montesquieu en faveur du suicide.

Lettre 99

Compréhension

1. À quelle fréquence les caprices de la mode changent-ils? Quelle conséquence cela entraîne-t-il pour les maris?
2. Sur quel point Rica rapproche-t-il les mœurs et la mode? Qui est tenu responsable des deux?

Écriture

3. Identifiez la figure de style de la ligne 408. Quel effet produit-elle?
4. Identifiez la figure de style de la ligne 415. Quel effet produit-elle?
5. Identifiez la figure de style de la ligne 419. Quel effet produit-elle?
6. Identifiez la figure de style de la ligne 422. Quel effet produit-elle?
7. Identifiez la figure de style de la ligne 427.
8. Identifiez et citez la figure de style qui prouve que le roi imprime son caractère à toute la société française.

Analyse littéraire

9. Analysez l'opinion de Montesquieu sur la mode et ses caprices.
10. Démontrez que, dans cette lettre, la plupart des figures de style concourent au même effet.

QUESTIONS SUR LES CONTES
DE VOLTAIRE

L'ÉDUCATION D'UNE FILLE

Compréhension

1. À qui s'adresse le conte? Quand est-il raconté?
2. Dans le portrait de Madame Gertrude, quelles allusions laissent supposer les penchants de la soi-disant prude dame pour la volupté?
3. Que fait comprendre la présence de la Sainte Écriture, de l'ouvrage de Massillon et du petit Carême dans l'environnement immédiat du caractère religieux de Madame Gertrude?
4. Pourquoi la dévote n'est-elle pas médisante et se montre-t-elle même indulgente à l'endroit des femmes?
5. Quels mots et détails dans la description de l'oratoire de Madame Gertrude laissent supposer que le lieu sert au plaisir plus qu'à la dévotion?
6. Pourquoi Isabelle approche-t-elle en tremblant de la porte du boudoir de sa mère?
7. Quels adjectifs, dans les deux vers qui précèdent la naïve supposition d'Isabelle, viennent l'invalider? Pourquoi? Comment Isabelle se rassure-t-elle tout à fait sur le compte de sa mère?
8. Le lendemain, pourquoi, malgré son trouble, Isabelle interroge-t-elle sa mère?
9. Quelle réponse offre la mère à sa fille? Relevez-en l'ironie.
10. Justifiez le soudain aplomb d'Isabelle qui tient tête à sa mère en colère.
11. Citez la morale libertine qui justifie le changement de conduite de Gertrude.
12. Que gagnent les héroïnes à suivre cette morale?

Écriture

13. Identifiez la figure de style du vers 5.
14. Identifiez la figure de style du vers 14.
15. Quel sens prend l'adjectif « divin » au vers 23?

16. Identifiez et expliquez la figure de style des vers 28 et 29. En l'occurrence, cette figure de style se teinte-t-elle d'un peu d'ironie? Justifiez votre réponse.
17. Identifiez la figure de style du vers 32. Est-elle aussi teintée d'ironie? Justifiez votre réponse.
18. Identifiez et expliquez la figure de style du vers 44.
19. Établissez le champ lexical des sentiments aux vers 46 à 53. Que permet-il de faire conclure au lecteur sur la maturité d'Isabelle?
20. Identifiez et expliquez la figure de style du vers 55.
21. Établissez le champ lexical des parties du corps aux vers 57 à 61. Que permet-il de rendre au lecteur?
22. Identifiez la figure de style du vers 72. Précisez la nature de la progression qu'elle suggère au lecteur.
23. Expliquez l'ironie libertine qui traverse les interrogations intimes d'Isabelle aux vers 73 et 74.
24. Identifiez la figure de style du vers 89. Quelle ironie égrillarde y décèle-t-on?
25. En français, on conspire *contre* quelqu'un. Comment comprendre qu'au vers 92 le conteur écrive: «Tout conspirait pour lui...»?
26. Expliquez l'ironie blasphématoire du vers 95.
27. Identifiez la figure de style du vers 102.

Analyse littéraire

28. Examinez les étapes du cheminement psychologique d'Isabelle.
29. Analysez l'ironie de l'œuvre. Quel but poursuit Voltaire par son emploi?
30. Démontrez que les figures de style assurent la présence de l'esprit libertin d'un bout à l'autre du conte.

JEANNOT ET COLIN

Compréhension

1. Quel changement de caractère se rencontre chez Jeannot dès la réception de la première lettre de son père? Comment l'auteur marque-t-il une progression de ce changement après la réception de la deuxième lettre?
2. Comment les parents de Jeannot ont-ils fait fortune?
3. Que ressent Colin devant l'indifférence et la morgue de Jeannot?

4. Selon le célèbre auteur de la cour consulté par les parents, pourquoi l'éducation de Jeannot peut-elle se passer du latin? de la géographie? de l'astronomie? de l'histoire? de la géométrie et des sciences?

5. En contrepartie, quelles matières lui semblent-elles essentielles? Par qui et comment le jeune marquis pourra-t-il suppléer à son ignorance?

6. À plusieurs reprises, Voltaire nomme l'auteur célèbre grâce à un nom commun. Lequel? Quel effet donnent les adjectifs joints à ce nom commun répété?

7. Qu'est-ce qui explique les dépenses importantes que fait Jeannot?

8. Après la ruine des parents, que penser de l'offre faite à Jeannot par la voisine? de celle d'un jeune officier fort aimable? et des conseils d'un ancien gouverneur? ou de ceux du confesseur de sa mère?

9. Expliquez la cause des sentiments qui agitent Jeannot lorsque son ami Colin se jette à son cou pour l'embrasser.

10. En quoi la vie menée à la campagne par Colin s'oppose-t-elle à celle de Jeannot depuis son arrivée à Paris?

11. Quelle est la morale du conte?

Écriture

12. Identifiez la figure de style de la première phrase.

13. Identifiez la figure de style de la ligne 121. Pourquoi la conclusion qui suit cette figure de style prête-t-elle à rire?

14. Identifiez et expliquez la figure de style qui occupe les lignes 155 à 160.

15. Identifiez la figure de style de la ligne 237.

16. Dans la phrase qui débute à la ligne 267, quels mots assurent la présence de l'ironie?

17. Identifiez la figure de style de la ligne 287. Est-ce que l'examen de la valeur des sciences paraît avoir été aussi complet? Pourquoi?

18. Dans la phrase qui débute à la ligne 291, quels mots assurent la présence de l'ironie?

19. Dans la phrase qui débute à la ligne 303, qu'est-ce qui suscite le rire?

20. Dans la phrase qui débute à la ligne 306, quels mots assurent la présence de l'ironie? (Tenez compte de ce qui a été dit dans la phrase précédente.)

21. Dans la phrase qui débute à la ligne 314, qu'est-ce qui suscite le rire?

22. Identifiez la figure de style des lignes 318 à 320. Qu'est-ce que cette figure imprime à l'action? aux intentions profondes de la jeune veuve de qualité?

23. Au regard de ce qui précède, pourquoi juge-t-on ironique la ligne 326?

24. Identifiez la figure de style de la ligne 330. Quel sens prend-elle ici?

25. Identifiez la figure de style des lignes 346 et 347. Justifiez les mots mis en présence en rapport avec la vie menée par la mère de Jeannot.

26. Identifiez et expliquez la figure de style de la ligne 381.

27. Identifiez la figure de style de la ligne 400.

28. Identifiez la figure de style qui se répète aux lignes 427 et 429.

Analyse littéraire

29. Analysez la critique des valeurs et des mœurs des parvenus dans *Jeannot et Colin*.

30. Montrez comment les procédés d'écriture appuient la critique sociale.

QUESTIONS SUR LES CONTES
DE DENIS DIDEROT

MADAME DE LA CARLIÈRE

Compréhension

1. Pourquoi ce conte débute-t-il par un discours scientifique?
2. Pour quelle raison le sot public clabaude-t-il à l'unisson contre Desroches?
3. Pour quelles raisons Desroches a-t-il quitté l'habit ecclésiastique? la robe magistrale? Est-ce tout à son honneur?
4. Pourquoi les ragots se répandent-ils si facilement?
5. Dans quelles circonstances Madame de La Carlière contracte-t-elle son premier mariage? son second? Les premières ont-elles influencé les secondes?
6. Résumez le discours de Madame de La Carlière pendant un dîner d'apparat, à la veille des noces. Est-il sincère? Peut-on y déceler quelques excès? Qui en fit publiquement une parodie bien comique?
7. Quel sentiment rend l'humanité belle et estimable à elle-même?
8. Quel serment Madame de La Carlière impose-t-elle à son futur mari?
9. Classez, en circonstances atténuantes ou coupables, tout ce qui conduit Desroches à commettre son infidélité.
10. Que peut-on reprocher à Desroches? à Madame de La Carlière?
11. Les parents et amis donnent-ils des conseils raisonnables à Madame de La Carlière après avoir convenu de la faute de Desroches?
12. Pourquoi la condamnation de Madame de La Carlière est-elle injuste?
13. Comment la faveur du public d'abord accordée à Desroches lui est-elle retirée? Ce revirement provient-il d'une réflexion profonde ou de circonstances accidentelles?
14. Pourquoi les reproches sur la conduite de Desroches et sa responsabilité dans la mort du frère cadet, de la mère et de Madame de La Carlière sont-ils injustes?

15. À la mort de Madame de La Carlière, quel incident vient près d'être fatal à Desroches? Que souligne cet incident de la populace?
16. Quelle conduite l'interlocuteur conseille-t-il d'observer à l'égard des rumeurs que colportent les commères?
17. Comment Madame de La Carlière aurait-elle évité les drames qui ont suivi l'infidélité de son mari?
18. Comment l'interlocuteur croit-il que Desroches sera réadmis dans la faveur publique?

Écriture

19. Identifiez la figure de style de la ligne 32. Quel phénomène atmosphérique permet-elle de comprendre?
20. Identifiez la figure de style de la ligne 55. Quel effet dramatique produit-elle d'emblée sur le personnage de Desroches?
21. Identifiez la figure de style de la ligne 65. À quel sentiment renvoie chaque mot de cette figure de style?
22. Identifiez la figure de style répétée des lignes 70 à 73. Que déplore l'interlocuteur grâce à la répétition de la figure?
23. Identifiez et expliquez la figure de style de la ligne 103.
24. Quelles institutions représentent les deux périphrases de la réplique qui débute à la ligne 115? Expliquez l'humour et la critique sociale que contient ce passage.
25. Identifiez la figure de style de la ligne 118. Qu'est-ce que cette remarque implique dans l'orientation du récit qui est sur le point d'être amorcé?
26. Prouvez la présence d'ironie dans la réplique qui débute à la ligne 119.
27. Identifiez la figure de style de la ligne 125.
28. Identifiez la figure de style de la ligne 160. Que révèle-t-elle sur Madame de La Carlière et sur la pureté des sentiments de Desroches?
29. Identifiez et expliquez la figure de style de la ligne 263.
30. Identifiez la figure de style des lignes 276 à 278. Que révèle-t-elle de l'état émotif de Desroches?
31. Identifiez la figure de style de la ligne 430. Que révèle-t-elle de l'état émotif de Madame de La Carlière?

32. Identifiez la figure de style de la ligne 465. Que révèle-t-elle sur l'attitude de Madame de La Carlière à ce dîner?

33. Identifiez la figure de style de la ligne 593. Que révèle-t-elle sur la psychologie de Madame de La Carlière?

34. Identifiez la figure de style de la ligne 624. Justifiez son utilisation.

35. Identifiez la figure de style de la ligne 756. Justifiez son utilisation.

36. Identifiez la figure de style qui se répète des lignes 796 à 798. Quelle attitude constante du jugement public met-elle en lumière?

37. Identifiez et expliquez la figure de style de la ligne 805.

38. Identifiez et expliquez la figure de style de la ligne 823.

Analyse littéraire

39. Analysez l'influence néfaste de la rumeur publique sur les relations amoureuses.

40. Montrez que les figures de style appuient la critique sociale du conte.

ENTRETIEN D'UN PHILOSOPHE AVEC LA MARÉCHALE DE ***

Compréhension

1. De quoi la maréchale est-elle étonnée quand elle rencontre Diderot?

2. Que met en lumière la réplique de la maréchale (ligne 24) à l'interrogation de Diderot?

3. Selon la maréchale, pourquoi Diderot n'est-il pas conséquent?

4. Qu'est-ce qui, sans recours à la religion, a fait de Diderot un honnête homme?

5. Quels paradoxes sur la conduite de l'athée et du croyant exposent les répliques des lignes 76 à 96?

6. Que révèle la maréchale sur son état physique dans la réplique de la ligne 114?

7. Donnez les arguments qui prouvent, selon Diderot, que la religion est un mal plus qu'un bien. Montrez comment le philosophe athée nuance sa pensée.

8. Pourquoi un misanthrope aurait-il inventé la religion pour faire le malheur du genre humain?

9. Quels sont les fous les plus dangereux? Qui sont ceux qui tirent bon parti d'eux?

10. Quels avantages aurait-on à ne plus être chrétien?

11. Pourquoi Diderot affirme-t-il ne jamais avoir vu de chrétiens? Donnez l'argument en en retranchant l'anecdote.

12. Pourquoi obéit-on à peu près à la morale générale et commune à tous les cultes?

13. Pourquoi ne suit-on point celle propre à chaque nation et à chaque culte?

14. Quel argument Diderot établit-il grâce à l'anecdote du jugement d'un vicaire?

15. Pourquoi Diderot félicite-t-il la maréchale de son mariage et de sa piété? Que demande-t-il en contrepartie pour chacun?

16. Pourquoi l'homme ne peut-il se passer de la superstition?

17. À quel être Diderot fait-il allusion à la ligne 357?

18. Résumez l'argument de la pensée matérialiste de Diderot qui rejette la vie après la mort.

19. Expliquez ce que Diderot entend prouver grâce à l'anecdote du Mexicain.

20. Que recherche Diderot en établissant un parallèle entre l'attitude du vieillard devant l'incrédule Mexicain et celle de la maréchale et de son mari devant l'hypothétique mauvaise conduite d'un de leurs six jolis enfants?

21. Expliquez sur quelle double note humoristique se termine le texte. N'est-ce pas le moyen pour Diderot de conserver au dialogue son registre léger?

Écriture

22. Identifiez la figure de style de la ligne 4.

23. Identifiez la figure de style des lignes 21 et 22.

24. Établissez le champ lexical de la comptabilité et des affaires entre les lignes 27 et 58. En quoi ce vocabulaire paraît-il incongru?

25. Identifiez la figure de style des lignes 74 et 75.

26. Identifiez et expliquez la figure de style de la ligne 201.
27. Identifiez la figure de style répétée des lignes 205 à 207.
    Comment l'utilisation de cette figure permet-elle d'éviter d'atta-
    quer de front la croyance de la maréchale tout en la flattant?
28. Identifiez la figure de style de la ligne 227.
29. Identifiez et expliquez la figure de style de la ligne 264.
30. Identifiez et expliquez la figure de style des lignes 418 à 421.
31. Identifiez et expliquez la figure de style de la ligne 494.
32. Sur quel ton la maréchale prononce-t-elle la phrase de la
    ligne 500? Et sur quel ton lui réplique le philosophe? N'est-ce
    pas le ton général de tout ce dialogue?

Analyse littéraire

33. Analysez l'opinion de Diderot sur la religion.
34. Montrez que la maréchale, femme intelligente et ouverte d'es-
    prit, est croyante sans être fanatique.
35. Montrez que les figures de style permettent d'alléger la charge
    des attaques contre la religion.

Questions sur *Les Confessions* de Jean-Jacques Rousseau

Compréhension

1. Quel est le projet annoncé par l'auteur dès le 1ᵉʳ paragraphe?
2. Pourquoi ce projet doit-il concerner Rousseau plus que tout autre homme?
3. Dans le 3ᵉ paragraphe (lignes 11 à 28), citez les phrases qui font allusion à la croyance chrétienne. Quel but Rousseau poursuit-il en utilisant ces images religieuses?
4. Quelles tristes circonstances sont liées à la naissance de Rousseau?
5. Qu'est-ce qui explique la tendre affection du père de Jean-Jacques Rousseau pour son fils?
6. Quel unique don Rousseau recueille-t-il de ses parents?
7. De quelle anomalie physique Rousseau souffre-t-il sa vie durant?
8. Qu'advient-il du frère aîné de Jean-Jacques? Qu'est-ce qui en est la cause? Rousseau souffrit-il de cela lui aussi?
9. Rousseau était-il un enfant gâté? Expliquez.
10. D'après Rousseau, d'où proviennent les humeurs fantasques des enfants? Est-ce une opinion commune? Expliquez.
11. Quels méfaits enfantins Rousseau a-t-il commis? Lesquels a-t-il toujours évités?
12. Comment Rousseau explique-t-il qu'il ne soit pas devenu méchant?
13. Qu'est-ce qu'il ignorait jusqu'à son asservissement à un maître?
14. D'où provient son goût pour la musique?
15. Comment Jean-Jacques est-il séparé de son père?
16. Pourquoi le jeune élève apprend-il sans peine sous l'autorité de M. Lambercier?
17. Qu'est-ce qui rapproche Jean-Jacques de son cousin Bernard?
18. Quelle grande leçon Rousseau croit-il trouver dans l'éducation qu'il a reçue?
19. Que découvre Jean-Jacques la première fois que Mˡˡᵉ Lambercier lui inflige un châtiment physique? De quoi cette dernière s'aperçoit-elle la seconde fois?

20. Résumez les propos du paragraphe qui débute à la ligne 499.

21. De quel crime Jean-Jacques est-il injustement accusé? Quelles traces cette injustice a-t-elle laissées dans la mémoire de Rousseau?

22. Expliquez l'attitude de Rousseau devant «les cruautés d'un tyran féroce, les subtiles noirceurs d'un fourbe de prêtre» (lignes 600 à 602).

23. Quelles sensations sont liées à la description de la vie passée à Bossey qui débute à la ligne 636?

24. Résumez l'épisode du noyer.

Écriture

25. Identifiez et expliquez la figure de style de la ligne 5.

26. Identifiez et expliquez la figure de style de la ligne 8.

27. Identifiez la figure de style des lignes 13 et 14. Qu'embrasse-t-elle en quelques mots?

28. Identifiez la figure de style employée aux lignes 14, 15 et 16, et 18 et 19. Que tente de faire Rousseau en répétant ce procédé d'écriture?

29. Identifiez la figure de style des lignes 24 et 25. Que suppose-t-elle sur la réception de l'œuvre?

30. Établissez le champ lexical des sentiments de l'amour dans le 4e paragraphe (lignes 29 à 51).

31. Identifiez et expliquez la figure de style des lignes 88 et 89.

32. Identifiez les figures de style des lignes 126 et 127. Que révèlent-elles du caractère de Rousseau?

33. Pourquoi Rousseau emploie-t-il le mot «guérir» à la ligne 241?

34. Identifiez la figure de style de la ligne 257. Quelle sensibilité révèle-t-elle?

35. Identifiez la figure de style répétée des lignes 269 à 273. Que révèle-t-elle du caractère de Rousseau?

36. Identifiez la figure de style de la ligne 317. Que précise-t-elle?

37. Identifiez la figure de style des lignes 346 et 347. Que révèle-t-elle sur l'opinion que Rousseau a de lui-même enfant?

38. Identifiez la figure de style de la ligne 348. Que précise-t-elle?

39. Identifiez la figure de style des lignes 349 et 350. Que révèle-t-elle sur l'éducation reçue par le jeune Rousseau?

40. Identifiez la figure de style de la ligne 376. Que précise-t-elle ?
41. Identifiez et expliquez la figure de style de la ligne 414.
42. Identifiez et expliquez la figure de style de la ligne 423.
43. Identifiez et expliquez la figure de style de la ligne 429.
44. Identifiez les figures de style des lignes 455, 463 et 464, 469, 485 et 486. Que révèlent-elles sur la sexualité du jeune Rousseau ?
45. Identifiez la figure de style de la ligne 488. Que révèle-t-elle sur la sensibilité de Rousseau ?
46. Identifiez la figure de style des lignes 583 à 587. Que révèle-t-elle sur l'amitié entre Rousseau et son cousin Bernard ?
47. Identifiez et expliquez la figure de style de la ligne 618.

Analyse littéraire

48. Analysez les positions de Rousseau en matière d'éducation.
49. Montrez que les procédés d'écriture mettent l'accent sur les sensations et les sentiments et confèrent une sensibilité exacerbée au jeune Rousseau des *Confessions*.
50. Montrez que les procédés d'écriture contribuent à expliquer, sans heurter inutilement le lecteur, la singulière sexualité de Rousseau.

Questions sur les œuvres de Sade

L'Heureuse Feinte

Compréhension

1. Résumez en une phrase le propos du 1er paragraphe.
2. Pour quelle raison Mme de Guissac prend-elle à la légère les soupçons auxquels peut donner lieu sa correspondance avec le baron ?
3. Quelle anomalie de caractère explique la violente réaction du marquis dès l'instant qu'il croit sa femme infidèle ?
4. Comment le marquis peut-il être certain que Mme de Guissac choisira le poison au lieu du pistolet ?
5. Quel effet le marquis escompte-t-il de son apparent suicide auprès de sa femme ?
6. Pourquoi Mme de Guissac désire-t-elle voir ses parents et son confesseur ?
7. Qu'est-ce qui suscite la joie du marquis ?
8. L'inquiétude du marquis justifie-t-elle l'artifice employé contre Mme de Guissac ?

Écriture

9. Identifiez la figure de style de la ligne 10. Quelle impression générale laisse-t-elle du portrait de Mme de Guissac ?
10. Quel est le sens du mot « commerce » à la ligne 17 ?
11. Quel effet dramatique la répétition d'un segment de phrase produit-elle sur la réplique du marquis de la ligne 30 ?

Analyse littéraire

12. Montrez le plaisir que retire le marquis de l'artifice employé contre sa femme.

La Philosophie dans le boudoir
 (*extrait du 5^E dialogue*)

Compréhension

1. Quel argument permet à Dolmancé de dénier l'existence du crime ?
2. Que justifie-t-il par « tous les individus étant égaux aux yeux de la nature » ?

3. Donnez les points sur lesquels repose l'argumentation contre la préséance des droits de la majorité sur l'individu.

4. Comment Dolmancé explique-t-il la valorisation de la fraternité par les chrétiens?

5. Quelles vertus sont contraires à l'«état primitif de l'homme sauvage»?

6. Quels liens devraient demeurer ou s'établir entre deux personnes après le coït?

7. Quels bas intérêts gouvernent le développement des rapports filiaux? Quelle attitude les enfants devraient-ils observer à l'égard de leurs parents?

8. Quelle définition Dolmancé donne-t-il de l'amour? Que rejette-t-il et que conserve-t-il de ce sentiment? Pourquoi?

9. Quel sentiment encourage-t-il chez l'homme? Pourquoi?

10. Que prescrit-il à l'égard des lois?

Écriture

11. Établissez le champ lexical des sensations dans la réponse de Dolmancé débutant à la ligne 15. Quelle sensation revient le plus souvent?

12. Identifiez et expliquez la figure de style des lignes 79 à 81.

13. Identifiez et expliquez la figure de style des lignes 113 et 114.

14. Identifiez la figure de style des lignes 134 et 135.

Analyse littéraire

15. Démontrez la parfaite cohérence du discours de Dolmancé sur l'égoïsme.

16. Montrez que les figures de style servent à valoriser l'individu aux dépens des institutions.

Questions sur les maximes de Chamfort

Maximes n°s 1 à 12
(sur la société et les gens du monde)

Compréhension

1. Expliquez la conséquence du défaut commun aux faiseurs de recueils et aux mangeurs de cerises.
2. Selon les maximes n°s 2 et 3, quelles sont les qualités propres à l'honnête homme?
3. Expliquez la présence de la gaieté dans les maximes n°s 3 et 4.
4. Pourquoi faut-il souhaiter la paresse d'un méchant et le silence d'un sot?
5. À l'aide des maximes n°s 5, 6 et 11, faites le portrait du sot.
6. À l'aide des maximes n°s 7, 8, 9 et 10, rendez compte des faiblesses communes à tous les hommes.
7. Expliquez le sens de la maxime n° 12.

Écriture

8. Justifiez la comparaison de la maxime n° 1.
9. Identifiez la figure de style de la maxime n° 6. Pourquoi fait-elle sourire?
10. Identifiez et expliquez la figure de style qui termine la maxime n° 7.
11. Identifiez la figure de style de la maxime n° 8.
12. Identifiez les deux figures de style de la maxime n° 9.

Analyse littéraire

13. Démontrez les portraits qui sont dressés, dans les maximes n°s 1 à 12, de l'honnête homme et du sot.
14. Montrez que les figures de style appuient surtout la critique du monde.

Maximes n°s 13 à 34 et n° 40
(sur les idées et l'attitude du sage)

Compréhension

1. Selon la maxime n° 13, que permet une pleine et entière possession de la raison?

2. Face au public, quelle attitude Chamfort suggère-t-il au philosophe dans la maxime n° 15?
3. Quelle certitude est avancée dans la maxime n° 20 au sujet des hommes sans caractère?
4. Quelle certitude est avancée dans la maxime n° 21 au sujet de la masse?
5. Quel rapport logique est établi dans la maxime n° 22 entre l'habileté et la filouterie?
6. Que dénigre Chamfort dans la maxime n° 23? Justifiez votre réponse.
7. Qu'est-ce qui paraît presque impossible dans la maxime n° 26?
8. Quel constat amer est posé dans la maxime n° 27? Déduisez ici la position du sage.
9. Quelles qualités sont imposées, dans la maxime n° 29, au sage en société?
10. Appliquez au bonheur ce qui distingue, dans la maxime n° 32, les montres compliquées de celles qui le sont moins.
11. Expliquez la raison des conseils donnés au sage dans la maxime n° 34 en tenant compte de la vie de Chamfort.

Écriture

12. Identifiez et expliquez la figure de style de la maxime n° 14.
13. Identifiez les deux antithèses de la maxime n° 17. Expliquez leur paradoxe moral.
14. Identifiez les deux antithèses de la maxime n° 18. Expliquez leur humour.
15. Justifiez la répétition du mot «injures» dans la maxime n° 19.
16. Identifiez les énumérations de la maxime n° 24. Forment-elles une sorte d'antithèse dans ce contexte? Justifiez votre réponse.
17. Dans la maxime n° 25, quel(s) sens le mot «industrie» prend-il?
18. Identifiez la figure de style dans la seconde phrase de la maxime n° 28. Expliquez-la à la lumière de la première phrase.
19. Expliquez la métaphore de la maxime n° 30.
20. Identifiez la figure de style dans la seconde phrase de la maxime n° 31. Commentez sa logique paradoxale.
21. Identifiez et expliquez la figure de style de la maxime n° 33.
22. Identifiez et expliquez les figures de style de la maxime n° 40.

Analyse littéraire

23. Montrez ce que doit posséder le sage qui désire s'intégrer à la société tout en s'en prémunissant.

24. Démontrez que les procédés littéraires des maximes de Chamfort participent à l'élaboration d'une pensée à la fois paradoxale et humoristique.

Maximes n°s 35 à 39 (sur l'amour)

Compréhension

1. D'où vient le ridicule de l'amoureux selon la maxime n° 36 ?

2. À quel(s) registre(s), dans la maxime n° 37, Chamfort rabaisse-t-il l'amour ? Expliquez ici la double présence de l'adjectif numéral « deux ».

Écriture

3. Identifiez et expliquez chacune des deux figures de style de la maxime n° 35.

4. Identifiez et expliquez la figure de style de la maxime n° 38.

5. Identifiez et expliquez la figure de style de la maxime n° 39.

6. Établissez le champ lexical de l'amour dans les maximes n°s 35 à 39.

Analyse littéraire

7. Analysez la représentation de l'amour offerte ici.

8. Montrez que l'emploi du vocabulaire et des figures de style dévalue le sentiment amoureux dans les maximes n°s 35 à 39.

Questions sur les poèmes d'André Chénier

Tout homme a ses douleurs. Mais aux yeux de ses frères...

(*Élégies*, XXIII)

Compréhension

1. Quelles douleurs le poète évoque-t-il?
2. Au vers 1, que veut dire le mot « frères » ?
3. Qu'ont en commun tous les humains ?
4. Justifiez l'emploi de l'adjectif « importune » au vers 9.

Écriture

5. Identifiez et expliquez la figure de style au vers 2.
6. Justifiez la répétition du verbe « plaint » aux vers 3 et 4.
7. Justifiez la répétition du mot « pleurs » aux vers 7 et 11.
8. Justifiez la répétition du verbe « changer » aux trois derniers vers.

Analyse littéraire

9. Montrez que l'homme est responsable de son propre malheur.
10. Montrez comment les procédés de style renforcent l'idée d'accablement perpétuel.

Vos cœurs sont citoyens. Je le veux. Toutefois...

(*Odes*, 1, XV)

Compréhension

1. Expliquez l'opposition établie par le poète entre le citoyen et l'homme.
2. Qui est l'homme libre au vers 3? Contre quoi met-il en garde les autres hommes?
3. Expliquez le sens du vers 11.
4. De quelles négligences se rend coupable l'homme ambitieux? Qu'est-ce qui l'encourage à les commettre?
5. Pourquoi l'homme ambitieux est-il vaincu par sa propre victoire?

Écriture

6. Identifiez et expliquez la figure de style au vers 1.
7. Identifiez et expliquez la figure de style aux vers 4 et 5.
8. À quel mythe occidental font allusion «serpent insidieux» et «arbre impur»? Justifiez sa présence dans le poème.

Analyse littéraire

9. Montrez quels dangers recèle l'ambition chez l'homme.
10. Montrez comment l'écriture départage le citoyen de l'homme ambitieux.

PEUPLE! NE CROYONS PAS QUE TOUT NOUS SOIT PERMIS...
(*Odes*, 1, XVII, 1791)

Compréhension

1. Comment le poète s'adresse-t-il au peuple?
2. Justifiez l'emploi de l'adjectif «avides».
3. Pourquoi les orateurs sont-ils bourreaux? Pourquoi se nomment-ils amis du peuple?
4. Expliquez le sens du vers 6.
5. De quelles passions est-il question au vers 7? Pourquoi deviennent-elles lois?
6. Pourquoi les orateurs cherchent-ils des trahisons?
7. De quelle mort s'agit-il au vers 18?

Écriture

8. Justifiez l'emploi de la 1re personne du pluriel au vers initial.
9. Justifiez, au vers suivant, le glissement vers la 2e personne du pluriel.
10. Identifiez et expliquez la figure de style au vers 5.
11. Identifiez et expliquez les figures de style aux vers 12 et 13.
12. Expliquez la métaphore filée, évocatrice de l'Antiquité, qui débute au vers 16.

Analyse littéraire

13. Analysez le discours de la dénonciation dans ce poème.
14. Démontrez que les figures de style contribuent à illustrer l'attitude inhumaine ici dénoncée.

SUR LA MORT D'UN ENFANT

(*Élégie inachevée*, XIX)

Compréhension

1. Comment le poète introduit-il le souvenir de l'enfant?
2. Quand se déploient les souvenirs proprement dits?
3. Que faisait le petit disparu dans l'enclos de son père?
4. Que fait-on avec l'enfant du vers 13 au vers 15?
5. Que tente d'accomplir le bambin à partir du vers 16?
6. Au dernier vers, que désire la mère?

Écriture

7. Identifiez la figure de style aux vers 3 et 4. Quelles qualités sont accordées au petit?
8. Quelle valeur expressive prend la répétition de l'adieu aux vers 5 et 6? Et celle de l'emploi du futur au vers 7?
9. Que signifie la métaphore au vers 6? Où se trouve-t-elle répétée dans le poème? Pourquoi?
10. Identifiez la figure de style aux vers 7 et 8.
11. Identifiez la figure de style commune aux vers 10 et 16. Qu'est-ce qui les distingue l'une de l'autre?
12. Dressez la liste des adjectifs associés à l'enfant, son esprit et son corps.

Analyse littéraire

13. Montrez que la tristesse et le regret acquièrent ici une dimension universelle, tout en étant évoqués avec retenue.
14. Montrez comment l'écriture rend émouvant le portrait de l'innocente victime.

ET MOI, QUAND LA CHALEUR, RAMENANT LE REPOS...
  (*Élégie inachevée*, XXIX)

Compréhension

1. Où se trouve le poète?
2. En quelle saison?
3. De quoi s'est-il éloigné?
4. Que lui procure le spectacle de la mer?

Écriture

5. Établissez le champ lexical des sensations.
6. Établissez le champ lexical de la nature.

Analyse littéraire

7. Analysez ce qui anime ici le bonheur du poète.

ANNEXES

TABLEAU CHRONOLOGIQUE

	ÉVÉNEMENTS HISTORIQUES EN FRANCE	VIE ET ŒUVRE DES ÉCRIVAINS DES LUMIÈRES
1685	Louis XIV révoque l'édit de Nantes qui garantissait la liberté du culte en France.	
1689		Naissance de Montesquieu.
1694		Naissance de François Marie Arouet (Voltaire).
1697	Traité de Ryswick : première paix de compromis pour Louis XIV.	
1701	Début de la guerre de Succession d'Espagne. Premières émissions de papier-monnaie par le Trésor de France.	Mort de la mère de Voltaire.
1704		Voltaire étudie à Paris chez les jésuites.
1710	Correction du régime d'impôt sur le revenu des sujets.	
1712	Début de la mise en valeur de la Louisiane.	Naissance de Rousseau à Genève.
1713	Traité d'Utrecht.	Mort du père de Montesquieu. Naissance de Diderot.
1715	Mort de Louis XIV. Régence du duc d'Orléans.	Mariage de Montesquieu et de Jeanne Lartigue.
1716	Fondation par Law de la Banque royale à Paris.	Montesquieu nommé président du parlement de Bordeaux.
1717	Traité de La Haye entre la France, l'Angleterre et les Pays-Bas. Fondation par Law d'une société par actions pour l'exploitation de la Louisiane.	Voltaire incarcéré 11 mois à la Bastille pour avoir écrit un insolent poème contre le Régent.
1718	Dubois devient secrétaire d'État.	Voltaire, Œdipe, tragédie.
1719	Épidémie de variole à Paris. La France déclare la guerre à l'Espagne.	Voltaire adopte définitivement son pseudonyme.

TABLEAU CHRONOLOGIQUE

ÉVÉNEMENTS LITTÉRAIRES ET CULTURELS EN FRANCE	ÉVÉNEMENTS HISTORIQUES ET CULTURELS HORS DE FRANCE	
		1685
	Angleterre : Guillaume d'Orange met en fuite le roi catholique Jacques II.	1689
	Canada : Monseigneur de Saint-Vallier interdit de jouer *Tartuffe* à Québec.	1694
Louis XIV expulse de France les Comédiens-Italiens. Perrault, *Contes de ma mère l'Oye*.	Italie : naissance d'Antonio Canal dit Canaletto.	1697
	Angleterre : mort de Jacques II. De nombreux prêtres catholiques irlandais, victimes de la répression protestante, émigrent vers la France.	1701
		1704
Ouverture du salon de la marquise de Lambert.	Italie : Cristofori conçoit le *pianoforte*, ancêtre du piano actuel.	1710
Naissance du marquis de Montcalm. Watteau est admis à l'Académie.	Italie : naissance du peintre Guardi.	1712
Robert Challe, *Les Illustres Françaises*.	Angleterre : George 1er devient roi. Irlande : naissance de Laurence Sterne.	1713
Lesage, *Histoire de Gil Blas de Santillane* (premières parties).	Angleterre : Haendel, *Water Music* (1re suite).	1715
Les Comédiens-Italiens rappelés à Paris par le Régent.	Allemagne : mort de Leibniz.	1716
Watteau, *L'Embarquement pour Cythère*, peinture. Galland complète sa traduction des *Mille et Une Nuits*. Naissance d'Alembert.	Angleterre : naissance du général Wolfe. Angleterre : Haendel, *Water Music* (2e suite).	1717
	Angleterre : Haendel, *Acis et Galatea*, cantate.	1718
	Defoe, *Robinson Crusoé*.	1719

TABLEAU CHRONOLOGIQUE

	Événements historiques en France	Vie et œuvre des écrivains des Lumières
1720	Effondrement du système de Law. Épidémie de peste à Marseille.	
1721	Fondation de la première loge maçonnique française. Dubois devient cardinal.	Voltaire séjourne au château de la Source, chez lord Bolingbroke. Montesquieu, *Lettres persanes*.
1722	Le cardinal Dubois, premier ministre.	Rousseau, confié à son oncle Bernard, est mis en pension à Bossey.
1723	Mort du cardinal Dubois et du duc d'Orléans. Début du règne de Louis XV.	Diderot étudie au collège des jésuites de Langres.
1726	Fleury devient ministre du roi et cardinal.	Voltaire enfermé à la Bastille, puis exilé en Angleterre après l'altercation avec le chevalier de Rohan.
1728		Voltaire, *La Henriade*, poème épique. Montesquieu entre à l'Académie française. Diderot se rend étudier à Paris. Rousseau s'enfuit de Genève.
1729		Voltaire est de retour à Paris. Rousseau est recueilli par Mme de Warens.
1730		
1731	Suppression de la peine de mort pour sorcellerie.	

TABLEAU CHRONOLOGIQUE

ÉVÉNEMENTS LITTÉRAIRES ET CULTURELS EN FRANCE	ÉVÉNEMENTS HISTORIQUES ET CULTURELS HORS DE FRANCE	
Watteau, *L'Enseigne de Gersaint*, peinture.	Italie : naissance de Goldoni.	1720
Mort de Watteau.	Allemagne : Bach, *Six Concertos brandebourgeois*.	1721
Couperin, *Concerts royaux*. Rameau, *Traité de l'harmonie réduite à ses principes naturels*.	Allemagne : Bach, *Le Clavier bien tempéré* (1er livre).	1722
Marivaux, *La Double Inconstance*. Les Comédiens-Italiens acquièrent le titre de «Comédiens ordinaires du roi».	Écosse : naissance d'Adam Smith, économiste.	1723
	Irlande : Swift, *Voyages de Gulliver*. Italie : Vivaldi, *Les Quatre Saisons*.	1726
	Angleterre : George II devient roi. Angleterre : John Gay, *The Beggar's Opera*.	1728
Saint-Simon, rédaction de ses *Mémoires*.	Allemagne : naissance de Lessing. Allemagne : Bach, *La Passion selon saint Mathieu*.	1729
Marivaux, *Le Jeu de l'amour et du hasard*. Couperin, *Quatrième Livre de pièces pour le clavecin*. En art, apparition d'un style nouveau, appelé «rocaille».		1730
Abbé Prévost, *Manon Lescaut*.	Angleterre : mort de Daniel Defoe.	1731

TABLEAU CHRONOLOGIQUE

	ÉVÉNEMENTS HISTORIQUES EN FRANCE	VIE ET ŒUVRE DES ÉCRIVAINS DES LUMIÈRES
1732	Déclaration royale interdisant aux magistrats de délibérer sur des affaires religieuses.	Voltaire, *Zaïre*, tragédie. Diderot décroche son diplôme de maître ès arts.
1734	Guerre de Succession de Pologne.	Voltaire, *Lettres philosophiques*. L'œuvre est brûlée sur la place publique. Montesquieu, *Considérations sur les causes de la grandeur des Romains et de leur décadence*.
1738	Traité de Vienne : la Lorraine reviendra à la France en 1766.	Voltaire, *Éléments de la philosophie de Newton* et *Discours sur l'homme*.
1740	Disette de quelques jours à Paris. Guerre de Succession d'Autriche.	Naissance probable de Sébastien Roch Nicolas (Chamfort). Naissance du marquis de Sade.
1741		Voltaire, *Mahomet*, tragédie.
1742		Élection de Marivaux à l'Académie française, au siège que Voltaire convoitait. Diderot et Rousseau se lient d'amitié.
1743	Mort du cardinal de Fleury, ministre du roi.	Voltaire, *Mérope*, tragédie. Diderot épouse Anne-Antoinette Champion à Paris.
1745	Victoire de Fontenoy pendant la guerre de Succession d'Autriche. Mme de Pompadour devient la favorite de Louis XV.	Voltaire, sous la protection du roi et nommé son historiographe. Rousseau, *Les Muses galantes*, opéra.
1746	Échec d'une expédition française en Acadie.	Élection de Voltaire à l'Académie française. Diderot entreprend le projet de l'*Encyclopédie*. Diderot, *Pensées philosophiques*.

TABLEAU CHRONOLOGIQUE

ÉVÉNEMENTS LITTÉRAIRES ET CULTURELS EN FRANCE	ÉVÉNEMENTS HISTORIQUES ET CULTURELS HORS DE FRANCE	
Lesage, *Les aventures de M. Robert Chevalier dit de Beauchêne, capitaine de flibustiers dans la Nouvelle-France*, roman. Naissance de Beaumarchais. Naissance du peintre Fragonard.	Autriche : naissance de Joseph Haydn. Amérique : naissance de George Washington.	1732
	Italie : ouverture à Rome du musée du Capitole par Clément XII.	1734
	Italie : débuts des fouilles d'Herculanum (celles de Pompéi en 1748).	1738
Marivaux, *L'Épreuve*.	Prusse : Frédéric II, le Grand, devient roi. Angleterre : Richardson, *Paméla ou la Vertu récompensée*.	1740
Naissance de Laclos.	Angleterre : Haendel, *Le Messie*.	1741
	Canada : fondation de Montréal par Maisonneuve.	1742
		1743
Rameau, *Le Temple de la gloire*, opéra sur un livret de Voltaire.	Irlande : mort de Jonathan Swift.	1745
Vauvenargues, *Maximes et Réflexions*.	Espagne : naissance de Goya.	1746

TABLEAU CHRONOLOGIQUE

	ÉVÉNEMENTS HISTORIQUES EN FRANCE	VIE ET ŒUVRE DES ÉCRIVAINS DES LUMIÈRES
1747		Voltaire, *Zadig*, conte.
1748	Le traité de paix d'Aix-la-Chapelle met fin à la guerre de Succession d'Autriche au profit de la Prusse.	Montesquieu, *De l'esprit des lois*. Diderot, *Les Bijoux indiscrets*, roman libertin.
1749		Diderot, *Lettre sur les aveugles à l'usage du ceux qui voient*. Incarcération de l'auteur à Vincennes.
1750	Tremblement de terre dans tout le sud-ouest de la France.	Voltaire, *Lettre d'un Turc*. Voltaire séjourne à la cour de Frédéric II à Berlin. Chamfort amorce ses études à Paris.
1751	Fondation d'une école royale militaire.	Voltaire, *Le Siècle de Louis XIV* publié à Berlin sous un nom d'emprunt. Diderot publie les premiers volumes de l'*Encyclopédie*.
1752	Guerre franco-anglaise des Indes.	Voltaire, *Micromégas*. Condamnation de l'*Encyclopédie* par un arrêt du Conseil. Rousseau, *Le Devin du village*, opéra.
1753	Le roi exile le parlement de Paris à Pontoise.	Diderot fait paraître le tome III de l'*Encyclopédie*. Rousseau, *Lettre sur la musique française*.
1754	Le parlement rentre d'exil.	Diderot fait paraître le tome IV de l'*Encyclopédie*.
1755		Diderot fait paraître le tome V de l'*Encyclopédie*. Rousseau, *Discours sur l'origine et les fondements de l'inégalité parmi les hommes*. Mort de Montesquieu.

TABLEAU CHRONOLOGIQUE

Événements littéraires et culturels en France	Événements historiques et culturels hors de France	
Naissance de Vivant Denon. La Mettrie, *L'Homme-Machine*. Mort de Lesage.	Allemagne : Bach, *L'Offrande musicale*.	1747
	Italie : découverte des ruines de Pompéi.	1748
Rameau, *Zoroastre*, opéra.	Angleterre : Fielding, *Tom Jones*. Allemagne : Bach, *L'Art de la fugue*.	1749
	Allemagne : mort de Jean-Sébastien Bach.	1750
		1751
Les représentations de *La Serva Padrona* de Pergolèse à Paris déclenchent la querelle des Bouffons.	Amérique : grâce à un cerf-volant, Benjamin Franklin découvre le principe électrique de la foudre.	1752
Chardin expose ses natures mortes.	Italie : Goldoni, *La Locandiera*.	1753
		1754
Condillac, *Traité des sensations*.	Portugal : tremblement de terre à Lisbonne. Canada : déportation des Acadiens.	1755

TABLEAU CHRONOLOGIQUE

	ÉVÉNEMENTS HISTORIQUES EN FRANCE	VIE ET ŒUVRE DES ÉCRIVAINS DES LUMIÈRES
1756	Début de la guerre de Sept Ans.	Voltaire, *Poème sur le désastre de Lisbonne*. Diderot fait paraître le tome VI de l'*Encyclopédie*.
1757	Tentative d'assassinat sur la personne du roi par Damiens. Ouragan sur la côte atlantique française.	Diderot, *Le Fils naturel*, drame. Diderot fait paraître le tome VII de l'*Encyclopédie*. Polémique et rupture entre Diderot et Rousseau.
1758	Vague de froid dans le sud de la France.	Diderot, *Le Père de famille*, drame.
1759		Voltaire, *Candide*, conte. Diderot subit la révocation du privilège de l'*Encyclopédie*.
1760		Voltaire s'installe à Ferney. Diderot, *La Religieuse*, roman.
1761	Début de l'affaire Calas.	Rousseau, *Julie ou la Nouvelle Héloïse*, roman. Chamfort adopte son pseudonyme.
1762	Procès et exécution de Jean Calas.	Voltaire éveille l'opinion publique au sujet de l'affaire Calas. Diderot se rend en Russie à l'invitation de l'impératrice Catherine II. Rousseau, *Du Contrat social*. Rousseau, *Émile*. Naissance d'André Chénier.
1763	Traité de Paris : la France cède la Nouvelle-France à l'Angleterre.	Voltaire, *Traité sur la tolérance*. Mariage de Sade et de Mlle Cordier de Launay de Montreuil et première incarcération du marquis pour mœurs dissolues.

TABLEAU CHRONOLOGIQUE

Événements littéraires et culturels en France	Événements historiques et culturels hors de France	
	Allemagne : naissance de Mozart.	1756
Mme Leprince de Beaumont, *La Belle et la Bête*. Mort de Fontenelle.	Indes : prise de Calcutta par les Anglais. Espagne : mort de Domenico Scarlatti.	1757
Boucher, *Amoureux dans un parc*, peinture.	Canada : capitulation de Louisbourg.	1758
Suppression des banquettes sur la scène de la Comédie-Française.	Nouvelle-France : prise de Québec par Wolfe. Allemagne : naissance de Schiller. Angleterre : mort de Haendel.	1759
	Canada : capitulation de Montréal. Angleterre : Sterne, *Vie et Opinions de Tristram Shandy*.	1760
	Italie : Gozzi, *L'Amour des trois oranges*.	1761
	L'Espagne déclare la guerre à l'Angleterre. Autriche : Gluck, *Orfeo ed Euridice*, opéra.	1762
Mort de Marivaux. Mort de l'abbé Prévost.		1763

TABLEAU CHRONOLOGIQUE

	ÉVÉNEMENTS HISTORIQUES EN FRANCE	VIE ET ŒUVRE DES ÉCRIVAINS DES LUMIÈRES
1764	Mort de Mme de Pompadour. Édit royal supprimant les jésuites en France.	Voltaire, *Contes de Guillaume Vadé*, recueil de contes en vers et en prose, dont *L'Éducation d'une fille* et *Jeannot et Colin*. Chamfort, *La Jeune Indienne*, comédie.
1765	Réhabilitation de Calas et de sa famille par le parlement de Toulouse.	Diderot vend sa bibliothèque et plusieurs manuscrits à Catherine II. Rousseau écrit *Les Confessions*. La famille d'André Chénier s'installe à Carcassonne.
1766	La Lorraine devient une province de France.	Diderot amorce la publication des tomes VIII à XVII de l'*Encyclopédie* à Neuchâtel, en Suisse.
1767		Voltaire, *L'Ingénu*, conte. Rousseau, *Dictionnaire de musique*. Scandale de l'affaire Rose Keller qui éclabousse la réputation du marquis de Sade.
1769	Naissance de Napoléon Bonaparte en Corse.	Diderot, *Le rêve de d'Alembert*. Chamfort, *Éloge de Molière*.
1772	L'Inquisition n'a plus de juridiction en France.	Diderot fait paraître le dernier volume de l'*Encyclopédie*. Sade est condamné à mort par contumace et brûlé en effigie sur la place publique à Aix.
1773	Grave famine. Émeutes des populations à Toulouse, Montpellier et Bordeaux.	Diderot, publication dans des revues de *Deux amis de Bourbonne*, *Entretien d'un père avec ses enfants*, *Ceci n'est pas un conte*, *Madame de La Carlière* et *Supplément au voyage de Bougainville*, contes philosophiques. Diderot voyage en Russie. André Chénier étudie avec ses frères à Paris.

TABLEAU CHRONOLOGIQUE

ÉVÉNEMENTS LITTÉRAIRES ET CULTURELS EN FRANCE	ÉVÉNEMENTS HISTORIQUES ET CULTURELS HORS DE FRANCE	
Mort de Rameau. Début de la construction de l'église Sainte-Geneviève (futur Panthéon).	Angleterre : Walpole, *Le Château d'Otrante*, ancêtre du roman fantastique.	1764
Sedaine, *Le Philosophe sans le savoir*, comédie.		1765
Boucher, *Le Joueur de flageolet*, peinture. Fragonard, *Les Hasards heureux de l'escarpolette*, peinture.	Espagne : émeute à Madrid.	1766
	Allemagne : mort de Telemann.	1767
	Autriche : Haydn, *Six quatuors du soleil*, op. 20.	1769
Cazotte, *Le Diable amoureux*.		1772
Arrivée de Gluck à Paris.	Italie : dissolution par le pape Clément XIV de l'ordre des jésuites.	1773

TABLEAU CHRONOLOGIQUE

	ÉVÉNEMENTS HISTORIQUES EN FRANCE	VIE ET ŒUVRE DES ÉCRIVAINS DES LUMIÈRES
1774	Début du règne de Louis XVI.	Diderot, *Le Neveu de Rameau*, conte philosophique. Chamfort, *Éloge de La Fontaine*.
1775		
1776		Rousseau écrit *Les rêveries du promeneur solitaire*. Chamfort, *Mustapha et Zéangir*, tragédie.
1777	Le général La Fayette se rend en Amérique.	Diderot, *Entretien d'un philosophe avec la maréchale de ****, dialogue philosophique.
1778	Alliance militaire franco-américaine.	Voltaire, *Irène*. L'auteur assiste à une représentation qui donne lieu à son apothéose. Mort de Voltaire. Mort de Rousseau. André Chénier compose ses premiers vers.
1779	Suppression de la torture lors des interrogatoires.	Catherine II achète la bibliothèque de Voltaire. Diderot, *Jacques le Fataliste et son maître*, roman (version tronquée).
1780		Parution des œuvres complètes de Voltaire grâce à Beaumarchais.
1781		Diderot, *Est-il bon? Est-il méchant?*, drame.
1782		Rousseau, publication posthume des *Confessions* et des *Rêveries du promeneur solitaire*. Chamfort est élu à l'Académie française.
1784	Hiver très rigoureux.	Mort de Diderot et de Sophie Volland. André Chénier voyage en Suisse.

TABLEAU CHRONOLOGIQUE

ÉVÉNEMENTS LITTÉRAIRES ET CULTURELS EN FRANCE	ÉVÉNEMENTS HISTORIQUES ET CULTURELS HORS DE FRANCE	
Gluck, *Iphigénie en Aulide*, opéra.	Allemagne : Goethe, *Les Souffrances du jeune Werther*.	1774
Beaumarchais, *Le Barbier de Séville*.	Allemagne : Goethe, *Faust* (1re partie ou *Urfaust*).	1775
	Amérique : proclamation de l'indépendance américaine.	1776
Vivant Denon, *Point de lendemain*, nouvelle libertine. Gluck, *Armide*, opéra.	Italie : éruption du Vésuve. Allemagne : naissance de Heinrich von Kleist.	1777
Fragonard, *Le Verrou*, peinture.	Italie : achèvement de la Scala de Milan.	1778
Mort de Chardin.	Autriche : Mozart, *La Messe du Couronnement*.	1779
Inauguration du Grand-Théâtre de Bordeaux.		1780
Houdon, statue de Voltaire assis.	Allemagne : Kant, *Critique de la raison pure*. Allemagne : Lessing, *Nathan le Sage*.	1781
Condorcet, *Réflexions sur l'esclavage*. Laclos, *Les Liaisons dangereuses*.		1782
Beaumarchais, *Le Mariage de Figaro*.		1784

TABLEAU CHRONOLOGIQUE

	Événements historiques en France	Vie et œuvre des écrivains des Lumières
1785	Pilâtre de Rozier se tue en tentant de franchir la Manche en montgolfière.	André Chénier compose ses premières idylles.
1787	Manifestations populaires à Paris.	André Chénier devient secrétaire de l'ambassadeur de France à Londres.
1788	Banqueroute de l'État. Crise économique.	Sade, composition des *Historiettes, contes et fabliaux*.
1789	Début de la Révolution et prise de la Bastille. Déclaration des droits de l'homme.	Chamfort s'installe au Palais-Royal à Paris.
1790		Retour d'André Chénier en France.
1791	Capture à Varennes de Louis XVI en fuite. An I de la République.	Transfert des cendres de Voltaire au Panthéon. Sade, *Justine ou les Malheurs de la vertu*. Chamfort, pendant son arrestation, se tire une balle dans la tête et se taillade la gorge à l'aide d'un rasoir, mais il survit à ses blessures. André Chénier se fait écrivain public et rédige des poèmes sur la Révolution.
1792	Emprisonnement de Louis XVI et de la famille royale. Début de la Première République.	Chamfort est nommé administrateur de la Bibliothèque nationale. André Chénier amorce la composition des *Iambes*.
1793	Louis XVI est guillotiné.	
1794	Danton et de Robespierre sont guillotinés.	Mort de Chamfort. André Chénier est arrêté et guillotiné.
1795	Début du Directoire.	Sade, *La Philosophie dans le boudoir*. Chamfort, publication posthume des *Maximes et pensées, caractères et anecdotes*.

TABLEAU CHRONOLOGIQUE

ÉVÉNEMENTS LITTÉRAIRES ET CULTURELS EN FRANCE	ÉVÉNEMENTS HISTORIQUES ET CULTURELS HORS DE FRANCE	
	Autriche : Haydn, *Symphonies parisiennes n°s 82 à 87.*	1785
Bernardin de Saint-Pierre, *Paul et Virginie.*	Allemagne : Schiller, *Don Carlos.* Autriche : Mozart, *Don Giovanni*, opéra.	1787
		1788
Lavoisier, *Traité élémentaire de chimie.*	Amérique : Washington, 1er président des États-Unis.	1789
Guillotin invente la guillotine pour réduire les souffrances des condamnés à mort.		1790
	Autriche : mort de Mozart.	1791
Composition de *La Marseillaise* par Rouget de Lisle.		1792
David, *Marat assassiné*, peinture.		1793
		1794
		1795

	TABLEAU CHRONOLOGIQUE	
	ÉVÉNEMENTS HISTORIQUES EN FRANCE	VIE ET ŒUVRE DES ÉCRIVAINS DES LUMIÈRES
1800	Le Consulat.	
1802	Napoléon Bonaparte devient Premier Consul à vie.	
1804	Premier Empire : Napoléon, empereur des Français.	
1814	Restauration : la monarchie reprend le pouvoir. Louis XVIII, roi.	Mort de Sade.
1872		Parution de la première édition critique des œuvres poétiques d'André Chénier.
1873		Découverte à Leningrad de la version intégrale de *Jacques le Fataliste et son maître* de Diderot.

TABLEAU CHRONOLOGIQUE

ÉVÉNEMENTS LITTÉRAIRES ET CULTURELS EN FRANCE	ÉVÉNEMENTS HISTORIQUES ET CULTURELS HORS DE FRANCE	
	Italie : Volta invente la pile électrique.	1800
Naissance de Victor Hugo. Chateaubriand, *René*.		1802
	Allemagne : Schiller, *Guillaume Tell*.	1804
	Allemagne : Hoffmann, *Kreisleriana*.	1814
		1872
		1873

La Mort de Chatterton.
TABLEAU DE WALLIS.
Tate Gallery, Londres.

GLOSSAIRE DE L'ŒUVRE

Aristide : héros des récits historiques de Plutarque.

auguste : digne, noble, qui inspire le respect.

balancer : hésiter.

billet : courte lettre, missive.

Brutus : héros des récits historiques de Plutarque.

chaise : petite voiture tirée par des chevaux.

Chalval : correspond au mois de décembre.

derechef : à nouveau.

dessein : projet, objectif, but.

dévote : personne pieuse qui observe la pratique sincère de la religion.

éclat : scandale.

entendre : comprendre.

faire l'amour : faire la cour, chanter la pomme.

fortune : chance, circonstance opportune.

fruit : résultat.

galant homme : homme de bonne éducation et de haute valeur.

gorge : poitrine féminine, seins.

goûter : apprécier.

honnête homme : idéal de comportement, empreint de mesure et d'élégance.

inconstance : infidélité.

incrédule : qui ne croit pas en Dieu, athée.

incrédulité : absence de croyance en Dieu, athéisme.

ma mie : nom familier de la nourrice, cette femme qui nourrit au sein un enfant en remplacement de la mère.

ministre : ministre du culte, pasteur de la religion protestante.

objet : préoccupation, intérêt, but. Ou personne, sujet. Ou encore, personne digne d'amour.

obliger : rendre service, faire plaisir.

ouï : entendu.

providence : destin assujetti à la volonté de Dieu.

prude : femme pudique, vertueuse et austère.

Saphar : correspond au mois d'avril.

société : réunion de gens de qualité, assemblée mondaine.

Vénus : déesse mythologique de l'amour.

BIBLIOGRAPHIE

LES ŒUVRES MAJEURES DES ÉCRIVAINS DU XVIIIe SIÈCLE DE CETTE
ANTHOLOGIE PEUVENT SE LIRE DANS :

CHAMFORT. *Maximes et pensées. Caractères et anecdotes*, Paris,
Gallimard, coll. « Folio classique », n° 1356, 1982.

CHÉNIER, André. *Œuvres poétiques*, Paris, Gallimard, coll.
« Poésie », 1994.

DIDEROT, Denis. *Œuvres*, Paris, Laffont, coll. « Bouquins »,
édition de Laurent Versini, 5 tomes, 1994-1995.

MONTESQUIEU, Charles de Secondat, baron de. *Œuvres
complètes*, Paris, Seuil, coll. « L'Intégrale », 1964.

ROUSSEAU, Jean-Jacques. *Œuvres complètes*, Paris, Gallimard,
coll. « Bibliothèque de la Pléiade », édition de Bernard
Gagnebin et Marcel Raymond, 5 tomes, 1959-1995.

SADE, Donatien Alphonse François, marquis de. *Œuvres
complètes*, Paris, J.-J. Pauvert, 1956-1986.

VOLTAIRE. *Romans et Contes*, Paris, Librairie générale française,
coll. « La Pochothèque – Le Livre de poche », 1994.
(Les principales tragédies de Voltaire se trouvent dans les deux
volumes du *Théâtre du XVIIIe siècle* de la « Bibliothèque de la
Pléiade ». Cette collection comprend aussi un volume d'œuvres
diverses intitulé *Mélanges*, toute la correspondance en 13 volumes,
ainsi que les *Œuvres historiques* de Voltaire.)

SUR LA LITTÉRATURE, LES MŒURS ET L'HISTOIRE DU XVIIIe SIÈCLE

KERAUTRET, Michel. *La littérature française du XVIIIe siècle*,
Paris, P.U.F., coll. « Que sais-je ? », n° 128, 2002.

MAUREPAS, Arnaud de et Florent BRAYARD. *Les Français
vus par eux-mêmes : le XVIIIe siècle*, Paris, Laffont, coll.
« Bouquins », 1996.

PINAULT, Madeleine. *L'Encyclopédie*, Paris, P.U.F., coll.
« Que sais-je ? », no 2794, 1993.

VIGUERIE, Jean de. *Histoire et dictionnaire du temps des Lumières*,
Paris, Laffont, coll. « Bouquins », 1995.

Sur André Chénier

GAUSSERON, Jacques. *André Chénier et le drame de la pensée moderne*, Paris, Scorpion, 1963.
PRADÈS, Pierre. *Ils ont tué le poète : André Chénier*, Paris, Éditions des écrivains, 1998.

Sur Chamfort

ARNAUD, Claude. *Chamfort : biographie*, Paris, Laffont, coll. «Les Hommes et l'Histoire», 1988.
DOUSSET, Émile. *Sébastien Roch Nicolas Chamfort*, Clermont-Ferrand, Éditions Volcans, 1974.

Sur Diderot

BOURDIN, Jean-Claude. *Diderot : le matérialisme*, Paris, P.U.F., 1998.
MOUREAU, François. *Le roman vrai de L'Encyclopédie*, Paris, Gallimard, coll. «Découvertes», 2001.
ROUSSEAU, Nicolas. *Diderot : l'écriture romanesque à l'épreuve du sensible*, Paris, Champion, 1997.
SCHMITT, Éric-Emmanuel. *Diderot ou La philosophie de la séduction*, Paris, Albin Michel, 1997.
STENGER, Gerhardt. *Nature et liberté chez Diderot : après l'Encyclopédie*, Paris, Universitas, 1994.
WILSON, Arthur M. *Diderot : sa vie et son œuvre*, Paris, Laffont, 1985 (1972).

Sur Montesquieu

ALTHUSSER, Louis. *Montesquieu : la politique et l'histoire*, Paris, P.U.F., 1981.
GOYARD-FABRE, Simone. *Montesquieu : la nature, les lois, la liberté*, Paris, P.U.F., 1993.
MORILHAT, Claude. *Montesquieu : politique et richesses*, Paris, P.U.F., 1996.
STAROBINSKI, Jean. *Montesquieu par lui-même*. Paris, Seuil, 1953.

Sur Rousseau

ACHER, William. *Jean-Jacques Rousseau, écrivain de l'amitié*, Paris, Nizet, 1971.

BURGELIN, Pierre. *La philosophie de l'existence de J.-J. Rousseau*, Paris, Vrin, 1973.

DEMONGE, Gérard. *Rousseau ou la révolution impossible*, Paris, L'Harmattan, 2002.

GOYARD-FABRE, Simone. *Politique et philosophie dans l'œuvre de Jean-Jacques Rousseau*, Paris, P.U.F., 2001.

HABIB, Claude. *Le consentement amoureux*, Paris, Hachette, coll. « Pluriel », 2001.

STAROBINSKI, Jean. *Jean-Jacques Rousseau : la transparence et l'obstacle*, Paris, Gallimard, coll. « Tel », 1976.

Sur Sade

BARTHES, Roland. *Sade, Fourier, Loyola*, Paris, Seuil, coll. « Points », 1980.

BRIGHELLI, Jean-Paul. *Sade*, Paris, Larousse, coll. « La vie, la légende », 2000.

HÉNAFF, Marcel. *Sade, l'invention du corps libertin*, Paris, P.U.F., 1978.

LEVER, Maurice. *Donatien Alphonse François, marquis de Sade*, Paris, Fayard, 1991.

PAZ, Octavio. *Au-delà érotique : le marquis de Sade*, Paris, Gallimard, 1994.

Sur Voltaire

ADAMS, D. J. *La femme dans les contes et romans de Voltaire*, Paris, Nizet, 1974.

CAMBOU, Pierre. *Le traitement voltairien du conte*, Paris, Champion, 2000.

GOLDZINK, Jean. *Voltaire : la légende de Saint Arouet*, Paris, Gallimard, coll. « Découvertes », 1989.

GOLDZINK, Jean. *Voltaire*, Paris, Hachette, coll. « Portraits littéraires », 1994.

POMEAU, René. *Voltaire en son temps*, 2 vol., Paris, Fayard, 1995.

ŒUVRES PARUES